川崎フロンターレ

「365日まちクラブ」の作り方

愛されて、勝つ

原田大輔

Daisuke Harada

発売 小学館

発行 小学館クリエイティブ

はじめに

２０１５年に改築された等々力陸上競技場のメインスタンド上層に記者席はある。晴天のデイゲームの日は、バックスタンド越しに見える青空が、川崎フロンターレのチームカラーのようで、Ｇゾーンから聞こえる声援とともに、いつも選手たちを後押ししているような気がする。

記者席の並びには関係者席もあり、強化部をはじめとするクラブスタッフの姿も見られるが、ハーフタイムになると、挨拶やそれぞれの業務を行うために座席を立ち、記者席も関係者席も人の姿はまばらになる。

あれは本書の取材が始まっていたから、２０２２年のいつかのホームゲームだっただろう。ピッチにほど近い陸上トラックでは、川崎フロンターレのパートナー企業が紹介されていた。すると、人の少なくなった関係者席で一人、ピッチに向かって一生懸命に拍手を送っている人物がいた。

目を凝らして見ると、クラブの代表取締役社長を務めた武田信平だった。

武田は２０００年12月、火中の栗を拾うかのように、Ｊ２リーグ降格が決まったばかりだった川崎フロンターレの代表取締役社長に就任した。それから勇退する２０１５年４月まで、Ｊリーグ史上最長である15年もの長きにわたって同職を務めた。その後は会長、特別顧問を歴任したが、2022年はクラブでの役職には就いていなかった。それでも、ホームゲームには毎試合のように足を運んでいる姿を見かけた。その日も、せわしなく働くスタッフの代わりに、クラブを代表するかのように、パートナー企業に〝拍手〟で「感謝」を伝えていた。

その光景と行動、姿勢に、どこか川崎フロンターレの原点を見たような気がした——。

富士通サッカー部を前身とする川崎フロンターレが創設されたのは1997年だった。

「存続か、廃部か」——二択を迫られた末、存続の道を選び、プロ化を目指して川崎フロンターレは歩みをはじめた。すでにJリーグは華々しい開幕を迎えていて、川崎フロンターレは、その波に乗れなかった後発のクラブだった。

「川崎の地にスポーツは根づかない」——かつてプロ野球では大洋ホエールズ（現・横浜DeNAベイスターズ）にはじまり、ロッテオリオンズ（現・千葉ロッテマリーンズ）も町から出ていった。サッカーではヴェルディ川崎（現・東京ヴェルディ）が去ろうとしていて、プロスポーツ不毛の地と呼ばれていた。

クラブは創設したときから、逆境のスタートだった。

しかし、川崎フロンターレで働く人たちは、この逆境を強みにして前に進んできた。

存続するだけではなく、地域から必要とされるクラブになる。

町にシンボルと呼べるものがないのであれば、自分たちがその象徴になる。

Jリーグ百年構想にある「スポーツで、もっと、幸せな国へ。」の理念のもと、川崎フロンターレは、今日まで地域密着を続けてきた。

その努力は、目に見えないものだけでなく、数字や成果にも如実に表れてきた。Jリーグスタジアム観戦調査では、10年連続の地域貢献度1位に輝き、営業収入でもJリーグナンバーワンを誇るクラブへと成長した。

逆境に挑み続ける姿勢は、試合に臨むチームも、ピッチに立つ選手も同様だった。何度も……あと一歩のところでタイトルを逃しながら、諦めることなく、哲学である〝攻撃的なサッカー〟を追求し続けた。また、選手たちも顔を下げることなく前を向き、勝てる方法を導き出そうともがいてきた。

2位や準優勝に終わるたびに「シルバーコレクター」と揶揄されながらも、逆境に立ち向かう姿が常にあった。

だから、初めて歓喜した2017年も、最終節で逆転の末、明治安田生命J1リーグで優勝を勝ち獲り、その後のタイトル獲得にもつながったのだろう。

事業であるクラブも、強化を担うチームも、地域に愛され、勝てるクラブになるために貫き続けてきた。その〝継続性〟こそが、クラブの財産といえるだろう。

川崎フロンターレは1日にして成らず――。

クラブ創設から26年が経ち、名実ともに〝川崎のまちのシンボル〟となったクラブの歩みをひもとくべく、本書では23人の関係者にさまざまな視点から話を聞いた。

話を聞いた人たちに共通していたのは、地域への感謝、ファン・サポーターへの感謝、そして関わる人たちが聞かせてくれたのもまた、地域を思うクラブへの感謝だった。

そういえば、無名の大学生からクラブの象徴へと駆け抜けたレジェンドの座右の銘も、「感謝、感激、感動」だったことを思い出す。

地域とともに歩み続ける川崎フロンターレに、ゴールはないのだろう。

これからも続いていく地域に愛されるクラブとなるために、今日までの川崎フロンターレの物語をつづる。

証言者として登場してくれた23人には、それぞれのエピソードがあるように、きっと、川崎フロンターレに携わるすべての人に珠玉の物語があるのだろう。それは、ピッチに立つ選手、クラブで働くスタッフ、クラブを支援するパートナー企業、ファン・サポーター、そして地域に暮らす人々——そのすべてに川崎フロンターレとのストーリーは紡がれていく。

※所属・役職等は2022年の本書取材時点のもの

協力 川崎フロンターレ
ブックデザイン 三森健太（JUNGLE）
DTP 竹内直美
写真 大堀優／大師駅前商栄会
校閲 円水社
編集 寺澤薫

第1章

プロスポーツ不毛の地のサッカークラブ

第1章の証言者

武田信平（たけだ・しんぺい）

1949年12月11日生まれ。前身クラブである富士通サッカー部の出身で、2000年12月に川崎フロンターレの代表取締役社長に就任。Jリーグの歴史において最長となる15年間にわたりクラブの社長を務め、2015年4月に勇退。その後は会長、特別顧問を歴任し、現在は日本アンプティサッカー協会理事長を務める。

庄子春男（しょうじ・はるお）

1957年4月18日生まれ。元・富士通サッカー部の選手で、川崎フロンターレ創設時のスタッフ。クラブのJリーグ参入後は、強化部長、強化本部長を歴任し、長らくチーム作りの核を担う。現在はエグゼクティブアドバイザーを務める。

中西哲生（なかにし・てつお）

1969年9月8日生まれ。名古屋グランパスでDF/MFとして活躍し、1997年に当時Jリーグ参入を目指していた川崎フロンターレへ加入。頼れるキャプテンとしてクラブの黎明期を支え、2000年に現役引退。その後はスポーツジャーナリストやアスリートのパーソナルコーチとして多方面で活躍しながら、川崎フロンターレクラブ特命大使としても活動。

証言 01

武田信平

やるなら片道切符。ある富士通社員の決断

Shinpei Takeda

「川崎フロンターレってなに？」からのスタート

地域の新年会や賀詞交換会に顔を出すたびに、武田信平は愕然とした。

「川崎フロンターレです。よろしくお願いします」

返ってくるのは、決まってつれない言葉だった。

「川崎フロンターレってなに？」

「川崎フロンターレはなんのチームなの？」

川崎フロンターレがサッカークラブだと認知されていないどころか、川崎フロンターレ

という名前すらほとんど知られていなかった。

また、クラブの名称を知り、競技を把握していたとしても反応は手厳しかった。

「どうせお前たちもすぐにこの町から出ていくんだろう？」

「親会社に資金を出してもらって補強してもらいなよ」

「弱いチームだよね。強くなったら応援してあげるよ」

世の中が新世紀の幕開けに希望を抱いていた２００１年初頭だった。手応えを得られず、肩を落として家路につくなか、武田は拳を握りしめながら思っていた。

「強くなってから応援してほしいのではなくて、弱いからこそ、応援してほしいんだ」と……。


あれから20年以上もの年月が過ぎた。今は武田自身もクラブを離れ、川崎フロンターレを取り巻く環境も様変わりした。武田は当時を懐かしむように、苦い記憶を呼び覚ます。

「少しでも多くの人に、スタジアムへ足を運んでもらおうと、試合前日に川崎市内の駅前でチラシを配っても、まったく受け取ってもらえませんでした。50人、１００人にチラシを差し出して、一人が受け取ってくれるかどうか。それでも川崎フロンターレを知ってもらうためには、やめるわけにはいかなかった。チラシを配ってまで応援してもらいたいという我々の思いに、熱意を感じてくれる人がいるかもしれない。積極的に地域の新年会や賀詞交換会、各団体の総会に参加していたのも同様でした。顔を出し続けることで我々の熱意を感じてもらえるようになるかもしれない。それには、会社のトップである自分が足を運び、顔を覚えてもらわなければいけないと考えていました。地域の人たちにとっても、クラブの社員にとっても、社長である自分がチラシを配り、地域の会合に顔を出すことに意味があると信じて続けてきました」

Jリーグが実施しているJリーグスタジアム観戦者調査では、2010年から2019年まで10年連続で地域貢献度1位に選ばれた。クラブ創設から、実に8度も2位や準優勝に泣いたチームは、2017年の明治安田生命J1リーグ優勝を皮切りに、4度のリーグ制覇を達成。ここ6年で6つの星をユニフォームに刻んだ。今や名実ともにJリーグを牽引するクラブになった川崎フロンターレだが、決して創設当初から人気、実力のあるチームだったわけではない。

川崎フロンターレが地域から愛され、かつタイトルを獲得できるクラブへと歩み出す大きな契機は、クラブとしての窮地、むしろどん底ともいえる2000年にあった。

富士通サッカー部を前身とする川崎フロンターレは、1993年のJリーグ開幕から遅れること3年、1996年にJリーグ参入を表明した。1997年にJリーグ準会員となり、川崎フロンターレとしてJリーグ昇格を目指してJFL（ジャパンフットボールリーグ）を戦ったが、勝ち点1差で3位に終わり、初年度でのJリーグ昇格を逃した。

1998年はJFLで2位になり、アビスパ福岡とのJ1参入決定戦に挑んだが、延長

Vゴールの末、2―3で敗れて再び昇格を逃した。

1999年は、この年からスタートしたJ2リーグを戦うと、ついに優勝。3度目の正直ならぬ、3回目の挑戦にして、悲願のJ1リーグ昇格を勝ち獲った。

しかし2000年は、ようやくたどり着いたJ1リーグの舞台だったが、16チーム中16位の最下位に終わり、わずか1年で2部のカテゴリーに舞い戻ることになった。

武田が川崎フロンターレの社長に就任したのは、J2リーグ降格が決まった2000年11月18日から約1カ月後の12月20日――。まさにクラブが希望から一転し、絶望を味わっていた最中だった。当時は現在の「株式会社川崎フロンターレ」ではなく、社名変更前だったから、「富士通川崎スポーツ・マネジメント株式会社」の代表取締役社長に就任と記すのが正しいだろう。

「富士通の本社に呼ばれ、そこで川崎フロンターレの社長を任せたいと内示を受けました。体制を変えるのは、クラブ内も円滑に運営されているとは言いがたく、組織自体を立て直してほしいということが一つ。もう一つは、J2リーグへの降格が決定していたように、チームの成績が振るわなかったことが原因だと思いました。私が指名されたのは、自分がサッカー経験者で、富士通サッカー部に在籍していたことから適任だと考えてくれたのでしょう」

川崎フロンターレが初めてJ1リーグを戦った2000年、チームはシーズン中に2度も監督交代を行っている。成績だけでなく、フロントを含めたクラブ内が一枚岩になり切れなかったことも、J2リーグ降格に起因していた。それは当時の新聞などでも取り沙汰され、そのときはサッカー界から離れていた武田の耳にも届いていた。

「1991年にJリーグが創設され、各企業のサッカー部がプロ化に舵を切っていったとき、富士通でもサッカー部を存続させるべきか、それとも廃部にするべきかを検討するようになっていました。私自身は川崎フロンターレの創設には関係していませんでしたが、自分の二つ年下で、富士通のサッカー部でともに過ごした小浜誠二くんが、Jリーグを目指すクラブとして、富士通サッカー部を存続させようと、会社に掛け合い、奔走している姿を見ていました。その過程で、小浜くんから相談されたこともありました。自分も背中を押した一人として、彼が存続させたクラブを衰退させるわけにはいかないと思いました」

2000年の川崎フロンターレは、前年に監督としてチームをJ1リーグ昇格へと導いた松本育夫が社長、クラブ創設に尽力した小浜が副社長を務めていた。J2リーグ降格の責任を取る形で、二人の退任が決まり、後任として白羽の矢が立ったのが武田だった。

「わかりました。やります」

富士通の本社に呼ばれたその日、武田はその場で社長就任を引き受けた。当時の年齢は51歳。関連会社の社長とはいえ、前例のない若さだった。

1949年に宮城県亘理郡亘理町に生まれた武田は、中学からサッカーを始めると、サイドバックとして高校、大学とプレーを続けた。1972年に富士通に入社すると、サッカー部に所属する。その年、JSL（日本サッカーリーグ）2部に昇格したチームは過渡期にあり、翌年には選手として日本代表で活躍した八重樫茂生を監督に迎え、チームの強化を図っていた。「選手としては芽が出なかった」という武田は、その八重樫監督から「選手は諦めろ。その代わり、マネージャーとしてチームを支えてくれ」と命を受け、裏方に回る。そこから富士通の沼津工場に転勤する1982年まで、マネージャーや運営委員を務めた。

サッカー部を離れてからは社業に邁進し、電算機事業本部ソフトウェア管理部工務課長、ソフトウェア事業本部ビジネス推進統括部長など要職を務めてきた。それが関連会社、しかもサッカークラブの社長に就くとなれば、出世の道から大きく逸れることになる。そのため上司や周囲からは、少なからず反対する声もあった。それでも武田は、即断即決で、社長を引き受けた。前身である富士通サッカー部への思いや、後輩の小浜が並々ならぬ努力をして川崎フロンターレを創設し、サッカー部を存続させたことを知っていたからだろう。

「一度、その部署を出てしまえば、戻れないことはわかっていました。それなので『やるなら片道切符』だと覚悟を決めました」

武田のそうした覚悟や姿勢もまた、人を引きつけたのだろう。社長に就任した2000年当時のクラブが置かれていた状況を、先ほどは窮地、どん底と表現したが、武田は決してそう思ってはいなかった。

「たしかに、引き受けた時期はどん底、もしくは最悪だったのかもしれない。でも、一方でこれ以上、下がることはないとも思っていました。あとは上がるだけだろうと」

〝プロスポーツ不毛の地〟川崎で

「実際、いざフロンターレに行ってみたらそれは大変だったのですが、受けたときには、覚悟はしていたもののあまり深くは考えていませんでした。それに、行けばなんとかなるだろうと思っていたところもありました」

そう言って武田は当時を振り返ったが、想像していた以上に川崎フロンターレが置かれていた環境や状況、事態は深刻だった。

川崎フロンターレが再びJ2リーグを戦うことになった2001年、ヴァンフォーレ甲府をホームに迎えたリーグ開幕戦の入場者数はわずか「3945人」だった。その年の1試合平均観客動員数も3784人と、前年の7439人を大きく下回り、著しく落ちこんだ。

新型コロナウイルス感染症が世界中に蔓延し、それまでの日常が失われる前だった2019年の1試合平均観客動員数が、2万3272人だったことを考えると、当時の人気や知名度がいかに低かったかは一目瞭然だ。

「2万5000人収容のスタジアムに、平均で4000人弱しか来てもらえない。雨の日の試合になると、1000人ちょっとしか観客がいないこともありました。だから、『フロンターレの試合はいつ行ってもすぐに入れる』と評判になっていたくらいでした」

武田が挙げたその試合とは、2001年9月10日、J2リーグ第31節の水戸ホーリーホック戦だ。天候は雨だったとはいえ、シーズン終盤に差し掛かろうかという試合で、訪れた観客は1169人。声援よりも雨音のほうが聞こえてきそうなほど、本拠地・等々力陸上競技場のスタンドは閑散としていた。

川崎の町に出ても、知名度の低さや人気のなさを痛感させられた。

クラブの社長に就任すると同時に、地域の新年会や賀詞交換会があると聞けば、時間を惜しまず参加した。5月になり、各団体の総会があると知れば、労をいとわず顔を出した。そのたびに、「川崎フロンターレ」と名乗っても、まったく見向きもされなかった。ようやくクラブの存在を知っている人に遭遇したとしても、応援してもらえる雰囲気や空気は微塵もなかった。

そこには、〝プロスポーツ不毛の地〟と呼ばれていた川崎の歴史も密接に関係していた。古くはプロ野球の大洋ホエールズ（現・横浜DeNAベイスターズ）やロッテオリオンズ（現・千葉ロッテマリーンズ）が川崎を拠点としていたが、時代とともに町から撤退した。1993年にJリーグが開幕し、ヴェルディ川崎（現・東京ヴェルディ）が川崎市をホームタウンに活動していたが、2000年2月には東京都への移転を発表し、翌2001年から呼称を東京ヴェルディ1969に変更した。ホームスタジアムも調布市にある東京スタジアム（現・味の素スタジアム）に移し、まさに川崎の町から出ていった。

川崎の町にとって、市民にとって、プロスポーツ、さらにはサッカークラブに対する印象は最悪だったと言っていい。

「お前たちも、成績がよくなれば、どこかへ移るんだろう」

「親会社である富士通に資金を出してもらってチームを強くすればいいじゃないか」

実業団、もしくは企業スポーツという認識がまだまだ根強かった時代である。地域の会合に顔を出すたびに、厳しい言葉をかけられた背景には、町の歴史や時代も強く、強く影響していた。武田が言う。

「試合をしてもお客さんは入らず、応援してくれる人も少ない。川崎の町に出ていっても応援してくれている人はほとんどいない。こんな状態でやっていけるのかという危機感ばかりが募りました。なんのために川崎フロンターレを経営していくのかということを、一から考えさせられたんです」

〝なんのために川崎フロンターレを経営するのか〟

武田はクラブの存在意義を考えに考えた。

「子会社として利益を出して、親会社である富士通に還元するのか。それはクラブを運営していくにあたって本筋ではなく、求められていることではないと考えました。では、富士通グループの一つとして富士通の社員たちの士気高揚のために存在しているのか。それはチームが勝てば、多少はつながるところもあるかもしれませんが、決して本来の目的ではない。前身が富士通サッカー部であるチームが、川崎フロンターレとして遅ればせながらも、Jリーグに参入した背景にはなにがあるのか。もう一度、立ち止まって考えると、それはJリーグの理念に賛同したからではないかという考えにたどり着きました」

Jリーグの理念を調べていくうちに、目に留まるものがあった。

それが「Jリーグ百年構想」だった。

武田が言う。

「私は社長を引き受けた当初、Jリーグのことも知らなければ、フロンターレのことも知りませんでした。そこでJリーグとはなにを目的・主旨として活動しているのかを知ろうと、資料や本を読み漁り、一から知識を得ました。そのなかの一つに『Jリーグ百年構想』がありました。そのスローガンが『スポーツで、もっと、幸せな国へ。』だったのですが、それを見たときに『これだ！』と思ったんです。『地域に根ざしたスポーツクラブを核として、地域に豊かなスポーツ文化を育むための活動に取り組んでいく』。これがクラブの役割であると。スポーツには、単なるエンターテインメント、娯楽や興行という面だけではなく、生活する地域の人々の活力や、喜びを満たす原動力になれる可能性がある。そういうことだと理解しました。川崎フロンターレは、そうした地域の人々の心を幸せにする存在を目指して活動していこう、活動するしかないと考えたんです」

サッカーという競技の枠組みにとらわれることなく、スポーツを通じて地域に、町に、そして人に根ざして地域に貢献していく。それこそが、Jリーグクラブがその土地に存在する意義だった。

「このスローガンは実に素晴らしいなと思いました。なにより、素晴らしいものというのは年月が経っても残っていくものなんですよね。だから、これから時代が移り変わり、クラブがいろいろと迷ったときには、この原点に立ち返って考えてみることも、大切ではないかと思います」

スポーツで、もっと、幸せな国へ。

武田は2000年12月に川崎フロンターレの社長に就任すると、退任する2015年4月まで15年間にもわたって同職を務めた。今や60クラブに増えたJリーグ全体を見ても、それだけの長期にわたり、クラブのトップを担ってきた人物はいない。その15年間で武田が着手、実施した事業や施策は、それこそ数え切れない。

なかでも驚かされるのが、就任から1年も満たない時期に、今日の川崎フロンターレの基盤・基軸となる方針を打ち出していることだった。川崎フロンターレの取締役会には、富士通本体の副社長や取締役がボードメンバーとして加わっているが、2001年9月に行われた取締役会で、地域密着型クラブを目指すという骨格を提案し、承認されたのである。

そのうえで、武田がまず着手したのが、企業色を消すことだった。

「町の人から『富士通に資金を出してもらってチームを強化すればいい』と言われたように、当時は富士通の色がまだまだ強くありました。川崎市に富士通の工場があり、当時は1万5000人くらい働いていた。川崎フロンターレを応援してもらう人たちとして、その彼らだけをターゲットにすればいいのか。それでは地域密着はもちろん、それ以上の広がりはありません。やはり地元の企業や商店、地元の人たちを中心に、もっと多くの人たちに応援してもらえるクラブにならなければ、川崎フロンターレが存続していくことはできないと考えました」

幾重にも絡まったひもを一つひとつほどいていくかのように、武田は順序立てて筋道を模索していった。

「地元に応援してもらうには、地元に根づかなければならない。その活動を通して、川崎フロンターレのファン・サポーター、そして〝シンパ〟を増やしていく必要がありました。『スポーツで、もっと、幸せな国へ。』を現実のものにするために、地域密着を推し進め、地域に愛されるクラブへと生まれ変わっていく。それを推し進めるということは、富士通の色を消すことでもありました。これは口で言うと簡単なことに聞こえるかもしれませんが、実際は大変なことでした」

武田が考えたのが、富士通が100%出資している子会社からの脱却だった。他からの資本を募り、川崎市のクラブ、自分たちのクラブという意識を持ってもらえれば、地域に根ざしたサッカークラブへの一歩を踏むことができる。それを実行に移すためには、まず親会社である富士通を説得しなければならなかった。

「スポーツクラブが長期的に存続していくためには、地元の支持・支援が必須で、まずは地域密着型のクラブを作り、さらにそれを推進しなければならないと訴えました。そのために富士通色を薄め、行政、地元企業、市民が参加する体制作りを図っていく必要がある、と。公共性を強調することにより、支援を受けやすい環境を作り、川崎フロンターレが市民の共通財産であることを示す。また、フロンターレは企業だけではなく、一人ひとりのものなんだという意識を持ってもらうことで、愛着や愛情が生まれていくはずだとも訴えました」

同時に、社名の変更も依頼した。地元の人々に、フロンターレが市民のクラブであることを認識してもらうために、富士通の文字を社名からなくし、「株式会社川崎フロンターレ」とすることを提案したのである。その後、社名を富士通川崎スポーツ・マネジメント株式会社から株式会社川崎フロンターレに変更することを発表したのは、２００２年5月。また、２００４年11月には、エンブレムからも「FUJITSU」の文字をなくすことを発表し、より地域に根ざしたスポーツクラブとして活動していくことをアピールした。

「この決断には、ファン・サポーターからもフロンターレが本気で地域に根ざそうとする姿勢が見えるとの反響をもらいました」

武田は、そのすべてに理解を示してくれた富士通に対して感謝を言葉にする。

「他からの資本を募り、100%の子会社ではなくなったとはいえ、富士通にはその都度、その都度、助けてもらったので心から感謝しています。だからこそ、誠実に対応していかなければいけないと肝に銘じていました。親である富士通はITで社会に貢献し、子である川崎フロンターレはスポーツで社会に貢献していく。やり方や歩く道こそ違いますが、目指すところや思いは同じ。だから感謝する一方で、遠慮することはないと思って取り組むことができました」


そうした方針が固まったとき、武田が最初に相談を持ちかけたのが、ホームタウンである川崎市だった。

2001年当時、川崎市の人口は約130万人、活動拠点である等々力陸上競技場がある中原区だけでも約20万人が住んでいた。川崎市に出資してもらえることになれば、民間企業も資本参加しやすく、生活する人たちにも市民のクラブという印象を強く抱いてもらえることになる。

武田は、その年の10月に川崎市長に当選したばかりの阿部孝夫を訪ねた。

政治家になる以前、いくつもの大学で教授を務めていた阿部市長が、『スポーツを活用した地域振興の将来』という論文を発表していたことも調べていた。また、当選してすぐに『音楽とスポーツのまち』とうたい、スポーツ文化都市を目指していることも把握していた。スポーツに理解のある阿部市長ならば、力を貸してもらえると考えたのである。

ところが、返ってきたのは厳しい言葉だった。

「阿部さんには、『自治体は〝一番風呂〟には入れないものなんです』と言われてしまいました。川崎市に出資してもらえれば、民間企業も出資しやすくなるだろうと考えていたのですが、これが実は逆だった。『自治体が出資しやすい環境を整えてほしい』と言われましたよ。地元の民間企業が川崎フロンターレを応援している状況があれば、自治体としても出資しやすくなると。出資をスムーズに実行するために、行政としてサポートはするので、先に民間からの出資と支持を得てほしい、と提案されました」

実際、川崎市は口だけではなく、一緒になって手も足も動かしてくれた。

「当時の経済局の課長さんが一緒になって動いてくれました。川崎市で活動する各業界の会合がいついつにあるとの情報を教えてくれ、その都度、一緒に行きましょうと、ともに足を運んでくれました。そのたびに私は出資の趣意書を配って、説明して回りました」

武田は自らの足を使って、粘り強く、根気強く顔を出し続け、そして協力を、支援を呼びかけていった。

「我々は市民クラブとして、川崎の町の活性化に貢献したいんです。みなさんのお力添えを、ぜひお願いします！」

地元の企業や、商店街への働きかけも同様だった。

武田は社員にリサーチすると、大師商店街に店を構え、川崎市商店街連合会青年部の部長を務めている故・石渡俊行に会うことを提案された。石渡はクラブが創設して間もないころから応援してくれている、数少ない理解者だった。武田は大師商店街まで足を運ぶと、ときには酒を酌み交わしながら、石渡と意見交換をした。たとえば、石渡はすでに自分の住む商店街を川崎フロンターレの旗で飾ってくれていたが、川崎市内のすべての商店街を川崎フロンターレのタペストリーで埋めつくしてはどうか、という提案をしてくれた。これは、時間をかけながら実行に移し、実現した事業だった。

「もちろん、社員も各地を回り、各方面に顔を出してくれていましたが、やっぱり社長である自分が行って挨拶をしなければダメだと考えていました。それが信頼を勝ち得る一つの道だと思っていたからです。商店街の人たちもそうですが、どこの誰だかわからない人間がいきなりやってきて、『川崎フロンターレです。応援・支援してください』と言っても、そんなところにいきなりお金は出せませんよね。みなさんが汗水流して働いて稼いだお金で支援してもらうのだから、それには社長である自分が顔を出して、頭を下げることが大切なんですよ」

武田は商店街や組合をはじめ、地域の団体の新年会や総会に顔を出していただけでなく、会合のあとに行われる飲み会にも必ずついていった。

「川崎市の商店街といっても、規模は大小ありました。でも、大きい小さいに関係なく、呼んでもらえたら全部に顔を出していました。最初のうちは、こちらに対して馴染みがないから警戒心があって、よそよそしい対応をされることもありました。でも、不思議なもので何回も顔を出していると、だんだん会話が弾むようになる。そうすると、二次会にも誘ってもらえるようになって、二次会に行くと、三次会、さらには次の機会にも声をかけてもらえるようになる。そこではずっと川崎フロンターレの宣伝をしているわけではなく、よもやま話をしたり、各商店街の話を聞いたりと、話題はさまざまでした。それがスポーツクラブの経営の役に立つかと言われたら、全部が全部、生かせるわけではない。それでも知ることに損はないし、なにより親しみを感じてもらうことが大切だったんです。のちにさまざまな方から『武田さんはどの会合に行っても必ずいるね』と言われました。長く顔を出し続けていれば親しみが湧くし、絆が生まれ、強まっていくのだと思います」

オセロの石を一つひとつひっくり返していくように、徐々に盤面は変わっていった。武田よりも古くからクラブで働いていたスタッフの天野春果のように、以前から地域に根ざした活動を精力的に行っていた人間もいたが、武田の姿勢にならうように、他の社員たちも積極的に町へと出ていくようになった。

地道な活動を続けた結果、2002年には川崎市とともに30数社が名乗りを挙げてくれ、増資に成功した。2003年には、川崎フロンターレ持株会を設立し、企業だけでなく、個人にも出資を募った。一人ひとりの市民にも、川崎フロンターレが自分たちのものだと思ってもらおうと考えたのである。募集をかけると、川崎市民はもちろんのこと、地方の川崎出身者も含めて400名以上の会員が集まり、3300万円（当時）の出資に成功した。

同じ2003年、川崎フロンターレ市民後援会と川崎フロンターレファンクラブが統合され、「川崎フロンターレ後援会」ができた。その会長に、歴代の川崎市長が名を連ねていることも、一つの成果と言えるだろう。2004年9月には、川崎市は川崎フロンターレの地域密着活動を高く評価して「川崎市ホームタウンスポーツ推進パートナー」を制定した。これは、スポーツ団体や個人を活用してホームタウンスポーツの振興と川崎のイメージアップを図ることを狙いとした制度であり、地域振興にスポーツを活用しようとする自治体の先進的な取り組みの例だった。武田が社長に就任したときに思い描いていた形が、一つ実現したのである。

「当時の阿部市長をはじめ、副市長を務められていた砂田慎治さんにも多大なるバックアップをしてもらいました。阿部市長は、市内での会合など機会があるごとに『フロンターレを応援してください』と宣伝してくれました。たとえば、川崎市技能職団体連絡協議会は、これに応える形で会がチケットを買って会員がスタジアムに応援に行く、応援デーを毎年催してくれるようになりました。最も変化があったのはお膝元の市職員でしょう。最初は、営利企業には支援できないといって顔を向けてくれませんでしたが、市長がフロンターレの支援を大々的に表明すると徐々に対応が変わってきて、火の用心や献血のポスターに選手を採用したり、イベント当日にはマスコットのふろん太を賑やかしのために呼んでくれたりするようになったんです。私は、かねてからフロンターレをもっと使って、市の行事やPRに役立ててくださいとお願いしていたのですが、それが形になりはじめたということです。それから、阿部市長は等々力にも足繁く観戦に訪れてくれました。間に合えば後半からでも駆けつけることもしばしばで、自治体の首長で、スタジアムに応援に来た回数は誰にも負けないのではないでしょうか。応援の姿勢を行動で示してくれたのだと思います。そして砂田さんには、市と関係する案件があるたびに相談に行って、どのように進めればスムーズに解決するのか、アドバイスをもらっていました。砂田さんはいつの間にか根回しをしてくれていて、いつも担当部署とは円滑に物事を進めることができるんです。他にも、川崎の重鎮でもある元参議院議員の斎藤文夫さんには、一肌も二肌も脱いでもらいました。斎藤さんの協力と尽力がなければ、等々力のメインスタンド改築は成しえなかったと思います。川崎フロンターレのために協力してくれた方の名前を挙げればキリがないですよ」

時間を惜しまず、足を使い、少しずつ、少しずつ川崎の町で信頼を勝ち獲ってきた武田がしみじみと言う。

「私自身がやってきたことに、〝教科書〟的なものがあるわけではありません。でも、一つなにかがあるとすれば、私に親しみを感じてもらうことはイコール、フロンターレに親しみを感じてもらうことだと思っていました。熱意や誠意というのは、当たり前のことかもしれませんが、実はこれが一番、大切なのではないかと思います。自分たちが熱意を示さずに、応援してもらえるわけはないですよね」

　徐々にその輪が広がっていく感覚があった。

「商店街でのイベントにしても、最初は選手を派遣したって、3〜4人しか人が集まらないこともありました。でも、商店街の人たちもそれでは申し訳ないということで、頑張って人を集める努力をしてくれるようになりました。それで人が集まるようになれば、握手会をしましょう、撮影会をしましょうと、だんだんと自分たちが参加することをありがたがってくれるようになる。同時にフロンターレが強くなり、チームや選手の名前が知られるようになると、徐々にやってきたことが一気に進み、好転していきました」

　川崎フロンターレが地域のイベントに参加した回数は、気づけば年間120回を超えるようになっていた。1年が365日だから、単純計算しても3日に一度は地域の活動に参加していたことになる。

　そうした地道な活動が実を結んできたと、武田自身も感じるようになったのは、J2リーグで優勝した2004年ごろからだった。

　J2リーグに降格した2001年、3784人まで落ちこんだリーグ戦の平均観客動員数は、2004年には9148人に増えていた。再びJ1リーグを戦うことになった2005年は1万3658人と、ついに大台の1万人を突破した。

　かくして、川崎フロンターレは、徐々に川崎の町に、川崎に住む人たちに愛されるクラブになっていった。そして、その背景には事業と二軸を担う〝強化〟もうまく回りはじめたことがあった。

「事業」と「強化」は大事な両輪

川崎フロンターレの社長を引き受けたとき、「自分一人でクラブを立て直すことはできない」と考えた武田は、旧知の仲である福家三男に声をかけ、チームの強化を任せた。

福家は武田の後輩にあたり、大学卒業後の1974年に富士通に入社すると、サッカー部のGKとして長くプレーした選手だった。現役を引退したあとはコーチ、監督を歴任。当時は武田と同じくサッカー界を離れ、社業に専念していたが、指導者としても経験のある彼にならば任せられると考えた。

その意図について、武田はこう明かす。

「まずクラブを経営していくには、事業と強化の両輪が重要になると考えました。社長に就任するとはいえ、自分はサッカーのことはまったく知らない。事業のほうは自分が見ることができますが、現場であるチームのことまで見られるわけではない。福家は監督経験もあり、サッカーのことをよく知っている人間だったので、彼にチームの強化を任せたいと声をかけました。自分は会社を、福家は現場、すなわちチームを見ていくことで、事業と強化の両輪を回すことができる。もちろん、富士通のサッカー部で一緒だったこともあり、気心が知れているということもありましたが、現場を見る立場にありながら親会社である富士通の仕組み、予算制度や人事制度をよく知っているということも大きかった」

事業面においては、「Jリーグ百年構想」をベースに、地域に根ざしたスポーツクラブを目指す方針を示した武田は、強化面においても指標を掲げた。

「チーム強化は最も重要なテーマで、J1リーグに定着できるチームにならなければ、クラブとしての経営の自立や安定もありえないと考えていました。そのため、焦らず時間をかけて、J1に定着できる基盤を作ることを方針として固めました。J2に降格した2001年からチームを立て直し、3年間でしっかりとした基盤を築き、2004年までにJ1に昇格することを目標にしました。結果的にJ1に再昇格したのは2005年、4年かかってしまったので、1年遅れてしまいましたけどね」

福家がチームの強化本部長に就任した際も、「チームの立て直し」「時間をかけたチーム作り」「戦力の補強」をミッションとして明確に提示した。

「強化に対して口を出したことは一度もない」と語るように、その指標に応じて、強化本部長の福家と強化部長の庄子春男が中・長期的にチーム作りを考え、育成・強化に定評のある石崎信弘監督、そして関塚隆監督を迎えていった。

選手では立命館大学から2001年に加入した伊藤宏樹がプロ1年目から即戦力として頭角を現したこともあり、選手育成を強く意識させ、加速させたところもあるだろう。2003年に中央大学から中村憲剛が加わったのも、そうした視野によるところが大きかった。武田が言う。

「週に一度の試合を見ただけで、チームのどこが良いとか、どこが悪いとかを言うことは私にはできません。毎日、練習を見ているわけでもないですし、サッカーのことに詳しいわけでもないですからね。素人は口出しをしないほうがいい。監督や選手の人事というプロフェッショナルなことは、プロフェッショナルな人に任せたほうが最善かつ円滑だと考えていました。ただし、時間をかけるかわりに、J1に昇格したあとも優勝争いができるチームを作ってほしいという要望は出しました。それは常に優勝するということではなく、優勝争いや上位に行ける実力のあるチームにしてほしいというお願いです」

プロモーションは「手作り」で

今や川崎フロンターレの代名詞になっているプロモーションについても同様だった。スタジアムに来場するメインターゲットに近い年齢の社員たちに、すべて任せたのである。

「(社長に)就任してみると部門別の予算というものがなく、プロモーションにしてもイベント会社に丸投げしていました。そのため部門を作り、細分化して、各部門に予算を与え、計画を立てていく。プロモーションにしても、予算がないのであれば、イベント会社にお願いするのではなく、手作りでやるように話しました」

川崎フロンターレがホームゲームで実施しているイベントの数々は、そのおもしろさ、大胆さ、驚きもさることながら、一つひとつの企画にスタッフの顔が見えるような〝手作り感〟がある。武田のそんな指示こそが、今日の川崎フロンターレの原点だった。

「ハーフタイムイベントを企画することであっぷあっぷして他に手が回っていない。そんなことならイベントはやらなくてもいいとも伝えました。なんのためにイベントを企画するのか。それは集客のため、スタジアムに来てくれた人たちのため。決して義務ではないので、手段と目的をはき違えないように、ということはいつも言っていました」

2001年から再びJ2リーグで戦うことになり、観客動員が落ちこむなか、2002年には「等々力満員大作戦」なるプロモーションを敢行し、10月13日に行われたJ2リーグ第37節のセレッソ大阪戦では、クラブ史上初となる2万人を超える観客動員数を記録した。ときにはフォーミュラカーが陸上トラックを爆走したりするなど、突飛な企画で来場者を楽しませてきた。そうした数々の試みをチャレンジする社風、クラブのカラーを築く後押しも、武田の方針あってだった。

「たしかに、スタッフたちが提案してくる企画はいつも突拍子のないものが多かった。しかし、そのときも思ったのは『なんでもやってみよう』という精神にありました。自分はすでに年寄りで、富士通という比較的、固いイメージの会社で生きてきた人間。でも、スタジアムに来てくれる人たちの多くは、当時の天野たちと同世代の若い方々でした。だから、年配の自分の価値観や感覚で良い悪いと判断するのではなく、彼らがおもしろいと思うものを企画していくことが、またスタジアムに足を運んでもらえるきっかけになるのではないかと感じていました」

スタジアムでいえば、サポートカンパニーである笠原不動産の笠原幸男から、「フロンターレのファンはスタジアムでユニフォームに着替えているよね。そうではなく、胸を張って自宅から着てきてもらえるようなキャンペーンをやろうよ」とじかに提案を受けた。武田は直ちに実行へと移し、これが、のちにサポーターが手掛けた「スタジアムはもちろん、町全体を青く染めよう」というテーマの『Paint it Blue』の活動へとつながった。武田にもまた、社員たちと同じく、アイデアを逃さずに実行に移す行動力があった。

また自らが時間と足を使って築きあげてきた人と人のつながりが、今日の川崎フロンターレを支えていると言っても過言ではない。

実は、川崎市麻生区にあるクラブの練習場もその一つだ。武田は「中山茂さんはクラブにとって大恩人で、足を向けて寝ることができない」と話す。

「麻生グラウンドは、もともと大東学園という学校のグラウンドを購入したもので、私が社長に就任した当時はサッカーコート1面しかありませんでした。でも、1面ではいずれ芝が傷んでしまうため、どうしても2面が必要になります。地主である中山さんに話をしたら、当初あったグラウンドの奥にある山を削っていいと言ってくれ、2面分のグラウンドを確保することができました。さらに残った山に生えている木が日陰を作ってしまい芝生が育たないという話をしたら、伐採の了承までしてくれました。それで今のグラウンドが整備できたのです」

麻生グラウンドの近くにある若手選手たちが暮らす「青玄寮」もまた、中山の所有だ。土地も建物も提供してくれ、それをクラブが借りることで寮が運営できているという。

そもそも中山は古くからの農家であるが、日本最古の甘柿と言われる禅寺丸柿の保存など、地元文化を継承する活動などを通して地域の発展に尽くしてきた人物だという。これはグラウンド購入前の話になるが、中山は大東学園からグラウンド売却の相談を受けた際、「地域発展に貢献する相手でなければならない」との思いから、川崎フロンターレに橋渡しをしたという。実際、麻生グラウンドを建設する地鎮祭で、中山はこう挨拶している。

「この地は昔から農村地帯でしたが、ここで健全なスポーツ施設のある町づくりをすることは私の夢でした。本日の起工式は新たな地域の歴史を開く一ページとなります。今ここに広い緑の芝生のグラウンドを作る工事が始まります。完成の暁には、選手たちよ、君たちは草原を駆ける若駒のように思う存分、走り回って活躍してほしい。そしていつの日か優勝できたとき、この草原は（片平金井原地区という）地名の通り、黄金の色に輝くでありましょう。私たちはいつまでも、フロンターレの活躍を期待し、応援していきます」

その思いに沿うように、中山はグラウンドや寮を提供してくれただけでなく、地域ぐるみで応援しようと、２００９年には「麻生アシストクラブ」を結成し、チームを応援してくれるようになった。

川崎市は東京と横浜に挟まれ、細長く、北部は丘陵地帯が広がる新興住宅地、中部は武蔵小杉に代表されるような商業地帯、南部は工場が多く見られる工業地帯と、それぞれ異なる顔を持っている。生活圏の違いから、エリアによって意識も異なり、それもまた市としての一体感を育みづらい理由だと言われていた。

川崎フロンターレは創設から26年で、北部である麻生区に練習場という拠点、中部に等々力陸上競技場というホームスタジアム、クラブが運営するフットサル場の「フロンタウンさぎぬま」、そして南部には同じくクラブが運営する「富士通スタジアム川崎」や手厚い支援をしてくれている大師商店街など、川崎の町のいたるところに活動の幅を広げている。さらに２０２３年3月には「Ankerフロンタウン生田」も新拠点として加わる。

武田は社長としての在任期間中にやり残したこととして「優勝できなかったこと」を悔やんだが、スタジアムのメインスタンドの改築を働きかけ、クラブハウスを新築するなど、ハードを整えたことが、選手の意識や自覚を引き上げ、２０１７年のＪ１リーグ初優勝につながったことは言うまでもない。

「東京と横浜に挟まれ、スポーツ不毛の地と呼ばれ、灰色の町とまで言われていた場所で、シンボルになろうと活動を続けてきました。それがタイトルを獲ったことで初めて、川崎市民が誇りを持って、自信を持って川崎フロンターレのある川崎市民ですと言ってもらえるようになったのであれば、こんなにうれしいことはありません。そういう意味ではやはり、タイトルを獲れたことはとても大きいのではないかと思います」

町のシンボルになるためには、もちろんチームが強くなければいけない。一方で、勝っても負けても応援してもらえるクラブになることが、川崎フロンターレの原点だった。強くても弱くても、勝ち負けに関係なく応援してもらえるクラブになりたい。挨拶回りをするたびに見向きもされず、拳を握りしめていた武田が、ずっと思い描いていたクラブの姿に気づけば近づいていた。

「川崎だったからよかった、とも思っています。いくつもの市町村をホームタウンにしているクラブもありますが、私たちはそうではなく、川崎市だけを見ればよかった。一つに集中し、注力できたことで、市としては細長いかもしれないけれど、その町を一つにしようと活動していくことができました。川崎市は150万人以上の人口を誇る都市。この町に、それだけのポテンシャルがあったということだとも思います」

武田は言った。

「リーグ優勝はもちろん、スタジアムが満員になったときもうれしかったですけど、それに劣らず感動したのは、試合の日に、高齢の方がフロンターレのユニフォームを着て、リュックを背負って、スタジアムに向かって歩いている姿を見たときでした。そのとき、若い人たちだけでなく、幅広い年齢の人に応援してもらえるクラブになったんだなと感じました。あの光景は感慨深かったですね」

川崎のシンボルであるとともに、老若男女から愛されるクラブになる。等々力陸上競技場に向かう人たちはいつもワクワクとした表情を浮かべ、笑顔にあふれている。

「スポーツで、もっと、幸せな国へ。」

間違いなく武田は、川崎の町にその礎を築いた。

「川崎フロンターレは川崎市がホームタウンだったから、ここまでのクラブに成長することができたと考えています。きっと、この町でなければダメだったとも思っています。Jリーグ創設時にはヴェルディ川崎というクラブがあり、彼らが等々力をホームにしていたときはJリーグもバブル期で、地域での活動をしなくてもチケットはバンバン売れて、全国的なチームだったこともあり外に目を向けていた。その彼らが川崎の町から出ていったことで、私たちは彼らを反面教師にして取り組んできた部分もありました。『お前らも出ていくんだろう』と思われていた時期には、いくら口や言葉で『違います』と説明したところでわかってもらえなかった。それを町や市民をはじめ、応援してくれる人たちに信用してもらうためにはやっぱり時間が必要でした。そうした住民感情を含め、チームがタイトルを獲れず、勝ち切れなかったことも含めて、いつかわかってもらおう、いつか見返してやろうという精神がクラブの原動力になっていた気がします。改めて今、思うのはチームが勝つことは大事ですが、勝利だけが応援してもらえる理由のすべてではないということ。それだけは、はっきりと断言できます」

地域に住む、地域に関わる人と人との絆を育むことで、川崎フロンターレは愛されるようになった。窮地、どん底と表現したが、そこには逆境を力に変えるメンタリティーがあった。

証言 02

庄子春男

Haruo Shoji

究極の二択、悲劇、歓喜、そして転機

プロ化か？　それとも廃部か？

クラブ創設を知る数少ない一人である庄子春男は、当時を思い出して笑う。

「創設当時は3人しかスタッフがいなかったですからね。自分は主にチーム管理業務や選手の契約ごとを担当していましたが、当然、それだけというわけにはいかなかった。運営や広報、チケットの手配まで……本当にいろいろなことをやりましたよ」

当時はチケットもデジタルではなくアナログで、紙しかなかった。届いたチケットを、必要に応じて人数分に切り分け、各所に郵送していた。ホームゲーム前日には、試合を担

当するマッチコミッショナーや審判に事前連絡し、詳細を伝えるのも庄子の仕事だった。

「チケットの発送といっても、当時は観客も限られていたので、仕事のボリュームとしてはさほど多くはありませんでしたけどね。Jリーグに参入してからはそうした仕事もだいぶ内容が変わりましたが、創設時にいろいろな経験をしていたことで、『この時期にはこういうことをやっているんだろうな』『今の時期はこうした取り組みが必要なんだろうな』と、担当外の仕事もイメージできることは、大いに役立ったように思います」

川崎フロンターレ創設の背景も、昨日のことのように覚えている。26年前とはいえ、庄子にとっては強烈な出来事だったからだ。

1993年にJリーグが開幕した当時は、バブルが弾けたあとでもあり、多くの企業で〝企業スポーツのあり方〟が見直された頃合いだった。廃部に追いこまれた企業のスポーツチームも多かった。富士通も例外ではなく、上層部では「サッカー部はこのままでいいのか」という議論があった。

プロ化か、それとも廃部か。それを決めるために、富士通サッカー部のOBである小浜誠二が本社に呼ばれた。そこで小浜は、廃部ではなく、プロ化してサッカー部を存続させようと決意したという。そうやって動き出した小浜に、「手伝ってほしい」と声をかけられた一人が、庄子だった。1995年12月のことだ。彼を含めてわずか3人でプロ化へ向けて動き出した庄子は、当時の時代背景を次のように推測する。

「Jリーグが創設され、企業スポーツとしてのサッカーはそれほど注目されなくなってきていました。企業としてサッカー部を運営していく意味もあるとは思いますが、Jリーグ以前と以降とでは、メディアへの露出や活動することによる露出は、減ってきていたように感じました。また、当時はJFL（ジャパンフットボールリーグ）だったとはいえ、キャンプを行ったり、遠征があったりで、それなりに運営費もかさんでいた。本社としても『自分たちでその費用をまかなうことはできないのか』という側面もあったと思いますし、だからこそ『やるからにはプロで活動する。それが難しいのであれば廃部にする』という考えにいたったのではないかと思います」

小浜の働きがなければ、今日の川崎フロンターレの姿はなかったどころか、存在すらしていなかった。

「声をかけてもらった私自身も、自分がプレーした富士通サッカー部を廃部にすることなどできない、という思いがありました。ならば、やるべきことは一つ。プロ化を目指して進む以外に道はなかった。富士通には他競技も含めた担当部署があったので、連携を図りながらプロ化に向けて準備を進めていきました」

1996年11月にはJリーグ参入を目指して運営会社となる「富士通川崎スポーツ・マネジメント株式会社」が設立された。翌1997年には、公募によりチーム名が「川崎フロンターレ」になることを発表し、6月にはJリーグ準会員として承認された。

目まぐるしく状況が変わっていく渦の中心にいた庄子は、Jリーグ準会員の申請が受理されるまでの過程も覚えていた。

「現行のクラブライセンス制度ほど、厳しくはありませんでしたが、それでもスタジアムや練習施設など、加盟に必要な項目や条件はありました。当初、川崎フロンターレとして活動していくなかで課題になったのが育成部門でした。Jリーグ加盟には、将来的にアカデミーを立ち上げなければならなかった。でも、当時は企業のサッカー部だったため、育成組織など存在するわけもなく……。そのため最初は、スタジアムのある等々力緑地の土のグラウンドにスクール開催の幕を張って、アカデミーというよりも、子どもたちに向けたスクールをスタートさせました。それをアカデミーの出発点として、計画書を出したんです」

プロ化、博多の森の悲劇、そして念願のJ1へ

クラブとして、事業面でJリーグ参入への準備を進めていくと同時に、Jリーグで戦うにふさわしいチームを作るための強化も必須だった。それまで所属選手は富士通の社員だけだったが、1996年からはプロの選手も獲得していくことになった。庄子が運営から広報までなんでも担っていたように、選手の獲得も数少ないスタッフがそれぞれエリアを分担し、めぼしい選手に声をかけていった。自分たちが富士通サッカー部でプレーしていたときの知り合いを通じて情報を集め、伝手を頼って誘っていくという方法で選手を集め

た。また、その年は当時富士通の社員だった城福浩が監督を務めていたが、1997年には「プロを目指すならば監督もプロでなければならない」との考えから、斉藤和夫が指揮することになった。そして、現在はクラブ特命大使である中西哲生が名古屋グランパスから、スカウトとして活躍している向島建が清水エスパルスから加入したのも、Jリーグ参入に向けて本格的な活動がスタートした1997年のことだった。

「Jリーグ昇格を目指してチームを強化していくなかで、一つモットーや使命として考えていたのは『プロサッカークラブとしてやっていくからには、おもしろいチームを作らなければいけない』ということでした。では、『おもしろいサッカーとはなんなのか』と話し合ったとき、『やっぱり点が入らなければおもしろくない』という考えにいたりました」

スタイルは異なるものの、いつの時代も川崎フロンターレが攻撃的なサッカーを貫いてきた原点は、クラブ創設時にあったと言えるだろう。

「振り返ると、攻撃的なサッカーとはなにか、おもしろいサッカーとはなにかを、ずっと考え続けてきたように思います」

ただし、Jリーグ昇格の道のりは決して平坦ではなかった。Jリーグ準会員になった1997年は、JFLで2位以内に入ることがJリーグ昇格の条件だったが、川崎フロンターレは勝ち点1差で3位に終わり、昇格を逃した。庄子は「すぐに昇格できると思いこんでいた」が、いきなりつまずいてしまったのだ。「次こそは」と意気ごんだ1998年は、外国人監督としてブラジル人のベットを招聘し、助っ人の外国人選手にもペッサリ、ヴァルディネイ、ツゥットと多くの補強を行った。結果、なんとかJFLで2位に入り、Jリーグ参入戦を戦う資格は得られたものの、ここでも悲願は達成できなかった。

「いわゆる〝博多の森の悲劇〟と言われる試合ですよね……アビスパ福岡と参入戦を戦い、後半終了間際に同点に追いつかれ、延長前半にVゴールを許して負けてしまいました」

博多の森の悲劇――1998年11月19日に行われたJ1参入決定戦だった。Jリーグで最下位に終わったアビスパ福岡と入れ替え戦を戦った川崎フロンターレは、61分にツゥットのゴールで2―1とリードを奪ったが、アディショナルタイムに追いつかれると、延長に突入した104分に失点し、当時のルールだった延長Vゴール負けを喫した。

ちなみにこの試合には、中西をはじめ、現在トップチームの監督を務めている鬼木達、U―18監督の長橋康弘、U―18コーチの久野智昭も出場している。

再びJリーグ昇格を逃した川崎フロンターレは、1999年から創設されたJ2リーグを戦うことになる。チームを昇格へと導いたのは、庄子が「熱い人」と語る松本育夫だった。1999年もベット監督のもとでスタートを切ったが、開幕3連敗を含み4試合、勝利から見放された。そして、アウェイで戦ったJ2リーグ第5節のヴァンフォーレ甲府戦を終えた直後だった。庄子は小浜から事務所に呼び出された。

「このままでは今シーズンも厳しくなる。シーズンが始まって間もない今のタイミングで、チームを立て直さなければ、きっと間に合わなくなる。だからこそ今、監督を交代しようと考えている。どう思う？」

監督交代の相談だった。存続か廃部か。二択を迫られながら、プロ化に踏み切り、存続の道を歩み出していただけに、結果を出さなければいけないプレッシャーは常にあった。2度の悔しさを噛みしめて臨んだ3年目だっただけに、同じ結末を繰り返すわけにはいかなかった。庄子は言う。

「あのタイミングで監督交代について相談されたことをよく覚えています。監督交代、次期監督について、富士通サッカー部で監督を務められた八重樫茂生さんにも相談したところ、何人か候補が挙がったのですが、『劇的かつ急速にチームを変えるならば、松本育夫しかいない』とアドバイスを受けたことが決め手になりました。育夫さんは、ときに熱すぎて、冷静さを失ってしまうところもありましたけどね（笑）」

ベット監督との契約を解除すると、かつて日本代表でプレーし、1968年メキシコシティーオリンピックで銅メダルを獲得した松本が、第6節から監督としてチームの指揮を執ることになった。初陣となったコンサドーレ札幌（現・北海道コンサドーレ札幌）戦に2―0で勝利すると、第9節から12戦無敗を貫くなど、川崎フロンターレは上昇気流に乗った。9月10日に行われたJ2リーグ第25節のコンサドーレ札幌戦や、10月24日に行われた第32節のFC東京戦では、「1万人大作戦」と銘打ったプロモーションを行うと、1万3000人以上の観客が等々力陸上競技場に集まった。そうした観客の後押しもあり、川崎フロンターレはJ1リーグ昇格を争うライバルとの一戦に勝利して、貴重な勝ち点3を奪取する。

そして11月5日、ホームで戦った第34節で、サガン鳥栖に延長Vゴール勝ちを収めると、J1リーグ昇格が決まった。

チームをJ1リーグ昇格へ導いた松本監督のありあまる情熱について、庄子は今でもよく覚えている。ミーティングでマグネットを使って次節の戦い方について話すとき、口調に熱がこもるあまり、いつの間にか対戦相手のマグネットが一人多い「12人」になっていたことがあった。試合中、相手がコーナーキックを蹴るときには熱中するあまり、「誰かに合わせてくるから気をつけろ！」と、当たり前と言えば当たり前の指示を送ったこともあった。そうした熱すぎるエピソードも、今では「笑い話の一つ」と庄子は笑う。

「本当に情熱のある人でした。1999年もスタートはつまずきましたが、育夫さんの熱量が選手たちに伝播して、最終的にはJ2リーグ優勝、J1リーグ昇格につながったように思います」

廃部ではなく、プロ化を目指す。その最初の目標として位置づけていた、J1リーグの舞台に、川崎フロンターレはとうとう立った。

ところが、である。

2000年、J1リーグを戦った川崎フロンターレは、1stステージを3勝2分10敗の15位、2ndステージも4勝2分9敗の15位と低迷する。Jリーグヤマザキナビスコカップ（現・JリーグYBCルヴァンカップ）ではクラブ史上初となる決勝に駒を進めた一方で、リーグ戦では低空飛行を続けた。そして11月18日、2ndステージ第13節で柏レイソルに0―1で敗れると、たった1年でのJ2リーグ降格が決定した。

「これはシーズンを終えて振り返ったときに、教訓として気がついたこと、わかったところですが」と、前置きしながら庄子は言った。

「初めてJ1を戦うことになった2000年、我々は積極的に戦力補強を行いました。それにより、もともと在籍していた選手と、新たにチームに加わった選手をうまく融合することができませんでした」

J1リーグに臨むにあたって、トップリーグでのプレー経験がある選手を数多く獲得した。彼らには長くJ1リーグでプレーしてきたプライドがあり、当時は決して整っているとはいえない川崎フロンターレの環境に不満をこぼすこともあった。前年にJ1リーグ昇格を勝ち獲った選手たちは、自分たちが環境も含めて、このチームを築き上げてきたという自負もあり、両者の思いや考えは錯綜し、チームとしての一体感を生み出すことができなかった。

クラブにとっても、庄子個人にとっても、この苦い経験が分岐点になった。

「チームを強化していくうえでも、事業、プロモーションやイベントへの理解も含めて転機になりました」

昇格したら2度と降格しないチームを作る

1年でのJ2リーグ降格が決まった2000年末、クラブの創設に尽力した小浜は、責任を取り、当時務めていた副社長の役職を降りた。チームの強化に携わっていた庄子自身も、同様に責任を取るべきだと考えていた。

それを小浜に告げると、首を横に振られた。

「お前はクラブに残れ」

戸惑う庄子に向かって小浜は続けた。

「これからまたクラブは体制が変わって、一からチームを作っていく。そのなかで、これまでのチームのことを知っている人間がいなければ教訓を生かすことはできない。だから、お前はクラブに残るんだ」

そう告げた小浜は、親会社である富士通に戻る選択肢もあったが、会社自体を辞めた。その姿を見て、庄子は小浜がかつて言っていた言葉を思い出していた。

「プロの選手や監督と折衝をするならば、自分たちもプロでなければいけない」

庄子が回想する。

「強化部という部署は、プロの選手や監督を獲得する一方で、契約解除や解雇を通達しなければならない立場でもある。そうした人生に大きく関わる契約をする人間に〝戻れる場所〟があるとわかれば、選手や監督の印象や接し方も変わってくるだろうし、戻る場所があると思っていたら自分自身の言動すら変わってしまうかもしれない。だから自分自身も、小浜さんが辞めて、チームの強化を任されることになったときは、なにかあっても富士通に戻ることはないと決意を固めました。同時に、この仕事をするのであれば、他のJリーグクラブからオファーをもらえるような仕事をやっていこうという気持ちになりました。小浜さんの背中を後ろから見て、なおさら、そう感じたんです」

J2リーグへの降格が決まり、そう庄子が決意を新たにした直後の2000年12月、新社長に武田信平が就任した。

「武田さんが社長に就任し、2001シーズンを戦っていくなかで、『J1リーグに昇格したら2度と降格しないチームを作る』というチームの方針を掲げてくれました。1999年までは『J1に行くこと』が目標で、2000年は『J1を戦うこと』があくまで目標で、その先の未来を描いていなかった。J1に残留するストーリーまでしか描けず、その先にあるべきビジョンがなかった。その背景としては、富士通からプロ化か、廃部かの二択を迫られ、まずは結果を残さなければいけないというプレッシャーもあったように思います。武田さんも富士通の人間ではあるけれども、目先の結果も大事にしつつ、クラブの未来、チームとして中長期の目標を掲げ、我々にその絵を見せてくれました」

武田もまた社長就任を引き受ける際に「片道切符」だと決意していた覚悟を、言葉にせずとも醸していたのだろう。

武田が提示した指標は、庄子に2000年の不振の理由を考えさせる契機になった。

「一つは、J1リーグに再び昇格しても戦えるチーム、選手たちを育てるということでした。2000年は多くの新戦力を獲得して彼らを軸にJ1を戦い、結果的に降格という結果を招いてしまった。J1昇格を勝ち獲った功労者たちは試合に出られず、悔しい思いをさせただけでなく、チームがそこまで積み上げてきたことをまったく生かすことができなかった。その反省としては、チーム作りを少し急ぎすぎてしまったきらいがありました。それが移籍による補強が多くなってしまった要因でもありました」

J2リーグを戦っているときから、J1リーグを視野に入れてチームの強化を図っていく。選手も同様で、J1リーグで戦える選手を育てていく。J2リーグに降格したとき、すでに2001年のチーム編成は終わっていたため、本格的に着手したのは2002年以降からになる。まさに2003年に加入した中村憲剛がその筆頭だった。J2リーグ降格が決まった2000年に立命館大学からの獲得が決まっていた伊藤宏樹が、プロ1年目の2001年から即戦力として活躍していたことも、チーム編成を行ううえでのヒントになった。

「移籍により獲得した選手を中心にチームを強化し、J1を戦って失敗した2000年の教訓から、生え抜き選手を育てていこうという考えになりました。チームを編成するうえでは、当然、他クラブから移籍により獲得する選手も必要ですが、移籍に依存しすぎないようにする。そのために生え抜き選手、すなわちアカデミー出身の選手や高卒、大卒といった新卒選手を育てていこうという方針を固めました。特に大卒選手は憲剛をはじめ、帰属意識も強く、クラブに対して惜しみない協力をしてくれる選手が多かった。のちの小林悠や谷口彰悟も同様で、加入した当初からクラブの成り立ちを理解し、クラブの在り方を知ることで、周りの選手たちに対しても自然と協力を仰いでくれ、伝統として積み上げていくことができました」

「折衝のプロ」のコミュニケーション術

また、強化部とチームの距離感を見直す契機にもなった。

「強化部として練習や試合もできるだけ見るようにはしていたのですが、もう一歩、踏みこんで中に入り、チームを見ることができていれば、選手たちの思っていることや雰囲気を感じることができるのではないかと省みました」

それまでは、一歩引いた位置からチームを見ていた。だが、練習を見られるときにはピッチレベルまで行き、練習を見るようにした。選手を評価する強化部という立場ではあるが、自分もチームの一員として戦っているという印象を、選手に抱いてもらうのが重要と考えたからだ。

「遠くから眺めているだけでは、選手も本音を話してくれることはない。いつも彼らのことを見ていればこそ、いざというときに腹を割って話してもらえる」

２００１年から、強化本部長の福家三男とともに庄子は強化部長としてチームの編成に携わる。２０１１年からは福家から強化本部長の役職を継ぎ、２０２１年に退任するまでチーム強化の重役を務めあげた。約20年間に及び、監督や選手との折衝を担ってきた庄子が培ってきた交渉術、コミュニケーション術とは——。

「基本的には変化球は使わず、直球で話すことが大切だと思っていました。気を遣わず、取り繕わず、正直に思ったことは伝えるようにする。他には試合に出場している選手、たまに出場機会を得ている選手、まったく試合に出場していない選手と、選手たちを３つの状況に分類して考え、もちろん個人差はありますが、それぞれに対して話す内容には気をつけていました」

どのような思考のもとで接していたのか。

「試合に出場している選手には、厳しいことを言うようにする。それもチームに関することではなく、個人のプレーについて話すようにしていました。例えば『この前の試合はパスミスが多かったな』といった感じに。それは現状に満足することなく、さらに成長してほしいと考えていたからです。

たまに出場機会を得ている選手には、『あのときのあのプレーはよかったな』といった感じで、逆によかったプレーについて話すように心掛けていました。いいプレーについて触れることで、選手自身もそこに目が向きますし、見てもらえているという意識も働くからです。

　そして、まったく試合に出られていない選手とは、プレーについては話さず、どちらかというと世間話をするようにしていました。私がプレーについてあれこれ言う前に、コーチングスタッフからすでにいろいろと言われているからです。そのため、アドバイスではなく、気分転換になるような話題を振るなど、それぞれ接し方は変えていましたね」

　庄子は、それらの話はグラウンドやクラブハウスで偶然、会ったときにするとも決めていた。選手を評価する立場である自分と、選手が話をするときに、応接室や会議室に呼び出して話すことで緊張感を感じさせないための工夫でもあった。それがチームの風通しをよくし、いざというときに腹を割って話すことができる材料になることがわかったうえでの行動だった。

　一方で、監督と本音で意見を交わすときは、他の誰も入れずに二人だけで話をしようと決めていた。関塚隆、相馬直樹、風間八宏、そして現監督の鬼木と、誰が監督をしているときも、同じようにした。

「自分も監督も、第三者がいると、どうしても本音で話すのが難しくなる。第三者を意識して会話を進めていくことになるからです。だから、交渉はもちろん、チームの分岐点や大事な話、いわゆる腹を割って話す状況ほど、二人だけで話をするようにしてきました」

　その代わりというわけではないが、選手と大事な話をするときには、常に現場のトップである監督に事前、または事後であっても話を通しておくことを忘れなかった。

「どんなに些細なことや小さなことでも、監督の耳には必ず入れておくことが、信頼関係を築いていくうえでは大事なことだと思っていました。自分だけで勝手に動かない。それが鉄則。情報にしても、メディアを通じて監督が知るようなことはもってのほか。チームのすべてを監督は把握しているという状況を用意しておくことが、組織において物事を円滑に進めるうえでは重要です。それは獲得や移籍といった選手人事だけでなく、事業についても言えることでした」

事業──イベントへの参加やメディアへの露出──に選手を起用するにも、現場の責任者である監督の理解を得なければならない。現場のトップに納得してもらうために、庄子は他のスタッフたちにも監督には些細なことでも伝えるようにと徹底した。

事業と強化はクラブを運営していく両輪ではあるが、ときには「水と油」という見方もできる。事業＝プロモーションとしては、選手を積極的に活用して、クラブの認知を広げたい。その一方で、強化＝チームは選手をサッカーに集中させたいがために極力、活動を軽減させたいという思いがある。多くのプロスポーツチームで見られる課題でもあるが、川崎フロンターレの選手たちは他に類を見ないほど、積極的にイベントなどに参加している。その背景には、やはり2000年のJ2リーグ降格と、庄子自身の意識の変化が大きく関係していた。

「冷めた熱」を呼び水に事業と強化が歩み寄り

川崎フロンターレが再びJ2リーグを戦うことになった2001年、庄子は等々力陸上競技場のスタンドを見て愕然とした。

「ガラガラになった観客席を見れば、否が応でも危機感を抱きますよ」

待望のJ1リーグを戦った2000年、鹿島アントラーズを等々力陸上競技場に迎えたホーム開幕戦の観客数は、1万4285人だった。ところが、J2リーグに降格した2001年のホーム開幕戦は3945人だった。第3節、第5節のホームゲームはなんとか5000人を超えたが、第6節の湘南ベルマーレ戦では4674人と、再び数字は落ちこんだ。J1リーグ昇格を機に湧き出してきているように感じていた熱が、再びJ2リーグに降格したことで、一気に冷めてしまったことを痛感させられた。

「当時からクラブで働いていた天野(春果)には、『勝敗に関係なく応援してもらえるようなチームを目指していきましょうよ』と言われていた。でも、自分のなかでは、『勝敗こそが大事だろう』と思って、いまいちピンときていなかった。でも、J2リーグに降格した2001年のホームゲームの状況を見て愕然とし、自分自身も天野の言葉を強く意識、実感するようになりました」

ガラガラの観客席が、庄子自身も、強化部も大きく考え方を変える契機になった。

Ｊ２リーグに降格する以前も、地域のイベントに選手を派遣してはいた。しかし、決して協力的ではなかったと庄子は振り返る。

「クラブ創設当初は、選手はサッカーをするもので、タレントや芸能人ではないと考えていた。だから、クラブスタッフから地域のイベントがあるので選手を参加させてほしいと言われても、『ダメだ』と言って、シャットアウトしていた。それでも、どうしてもと言うので、しぶしぶ選手をイベントに参加させたこともありましたが、２、３時間も参加して、ファン・サポーターが３、４人しか来なかったという報告もありました。そのときはさすがに、『選手がかわいそうだ』と担当したスタッフには伝えましたね。もちろん、クラブは創設したばかりで、川崎フロンターレの知名度は高くなかったので、選手がいろいろなところに顔を出す必要性は感じていましたけど、やっぱり選手はサッカーをするもの、ピッチのなかで結果を出すことが一番だという考えはどこかにありました」

それが２００１年からＪ２リーグを再び戦うことになり、明らかに観客が減ったことで、事業面だけでなく、強化面でもこれまで以上に〝地元〟を意識せざるをえなかった。

「事業部、さらには当時から応援してくれたファン・サポーターともいろいろと話をするなかで、地域のありとあらゆるイベントにクラブの顔である選手を参加させよう、そして熱心に応援してくれるコアなファン・サポーターを増やそうという考えに、私自身も賛同するようになりました。そこからですね。強化部がプロモーションやイベントに理解を示し、協力するようになったのは」

2001年を契機に、強化部も地域＝川崎の町を意識するようになった。

「パートナー企業のイベントに選手を出したいと提案されたときも、以前ならば渋っていましたが、『よし、なんとかしよう』と選手を派遣するようになりました。それ以上に大切にしていたのが地域です。当時はファン・サポーター、地域の人たちと、選手の間には明らかに距離がありました。イベントに参加したからといって距離が縮まるわけではないかもしれませんが、少しずつでも縮まっていけばと思うようになりました。また、選手が参加することで、徐々に人も集まるようになって、選手たち自身が地元からの期待感を感じてくれるようにもなりました。地域の人たちから応援されているのだから、もっと頑張らなければいけないという自覚が芽生えたように思います。だから、以前は選手がイベントに参加することでコンディションに影響が出るなど、マイナス面ばかりを考えていましたが、プラスになることもたくさんあるということを知りました」

積極的にイベントに参加する。
クラブのプロモーションに協力する。

この二つは、いつしか監督、選手への伝達事項になった。
新たな監督を迎えるときも、サッカーの内容とともに、「フロンターレは事業にも力を入れているので、選手たちをイベントやプロモーションに積極的に活用していく」ということを必ず伝え、理解してもらうことから始めるようになった。メディアの取材についても同様で、「試合の何日前からは取材を入れない」という線引きを前提にして、積極的に取材を受けるようにしているとも伝えた。新しい選手を獲得するときも同様だった。

「フロンターレに来たら、さまざまなイベントに参加してもらうことになるし、ときには被り物をしてもらうこともあるけど大丈夫か？ということを事前に聞くようになりました(笑)。そうした取り組みを長年、続けてきたことで、今では新たに加入する選手たちは、ピッチ外での活動について、もともと知ったうえでフロンターレを選んでくれるようになりましたね」

今では庄子も、「フロンターレはなぜ、選手がイベントやプロモーションに協力的な体制を築けているのか」と、逆に聞かれる立場になった。

そこには2001年を契機に、強化が事業に歩み寄り、理解を示した背景があった。武田の言葉を借りれば「事業と強化はクラブ経営の両輪」である。その両輪がそれぞれ別々に回るのではなく、同じ方向に進んでいくきっかけが2001年だった。

「失敗から学んで、考え方を改め、前進していく。地域との絆の築き方、チームの強化も含め、川崎フロンターレは失敗から教訓を得て、ここまで前進する力に変えてきました」

さらに庄子は言う。

「アカデミーを強化している原点もここにあります。アカデミーにおいては、2006年にU―12を創設したことが大きな分岐点だと思っています。当時、強化本部長だった福家さんの尽力で、川崎市サッカー協会と連携しながら、地元クラブへの理解を得て、なんとか立ち上げることができました」

川崎フロンターレU―18が、2022年に高円宮杯JFA U―18サッカープレミアリーグEASTで、昇格1年目にして優勝したように、近年、アカデミーの成長、発展は著しい。カタールワールドカップを戦った日本代表で活躍した板倉滉、三笘薫、田中碧も川崎フロンターレのアカデミーで育ち、トップチームに昇格し、さらには世界へと羽ばたいていった選手たちだ。そうした選手を輩出し、アカデミーの強化を加速させたのも、地域の熱が関係していると、庄子は語る。

「川崎フロンターレU―12を立ち上げたときの1期生である三好康児と板倉滉が、トップチームに昇格して、等々力のピッチに立ったとき、ファン・サポーターの拍手や歓声をはじめ、ものすごい応援の熱を感じました。そのとき、改めて『地域・地元というのはすごいな』と感じさせられました。ファン・サポーターがいつも以上の声援を送っていたのは、おそらく彼らが生え抜き選手で、小さいころからフロンターレのアカデミーで育った地元出身の選手たちだったから。その雰囲気を見たとき、地元出身の、アカデミー出身の選手たちを多く育てていくことが地域への貢献になり、地域に元気や力を与えることにもつながっていくと考えました」

アカデミーの育成方針に大きな影響を与えたのは、2012年に風間八宏がトップチームの監督に就任したことだったが、間もなくしてU―12からアカデミーで育ってプロとしてデビューした三好、板倉の存在が、より一層、クラブがアカデミーに力を注いでいく契機になっていた。

その方向性を示したのは、ファン・サポーターが彼らに送る応援の熱だった。それはすなわち、チームの強化にも地域の存在があったことになる。

「シルバーコレクター」の称号と「攻撃的」のジレンマ

視点を再びチームの強化に戻すと、J2リーグに降格した2001年以降も、クラブ創設時に掲げた「おもしろいサッカー」の探求は変わらなかった。その先にある「点が入らなければおもしろくない」という指標も同様だった。庄子が「攻撃的サッカーとはなにか」と語るように、それを主題に追求し、模索し続けてきた。

「2004年に関塚隆を監督に迎えましたが、彼は個人の特長をうまく引き出すことのできる監督でした。そのため、得点パターンの多くが、司令塔である憲剛からジュニーニョへの1本のパスだったように、攻撃はカウンターがメインでした。カウンターから複数得点が奪えるチームにはなっていましたが、果たしてこれが攻撃的なサッカーなのか、という定義づけに一度、ぶつかりました。というのも、カウンターが主軸のため、引いて守りを固める相手に対して、勝ち点を取りこぼす試合が多かったからです」

２００４年にＪ２リーグを優勝し、２００５年から再びＪ１リーグを戦うようになった川崎フロンターレは、攻撃では中村、我那覇和樹、守備では伊藤宏樹、寺田周平といった〝生え抜き選手〟が主軸を担うようになっていた。それは強化が掲げた方針が実を結んできた結果だった。

その２００５年を８位で終え、続く２００６年はＪ１リーグで初めて２位になった。２位になったことで、２００７年以降からチームの目標はタイトル獲得になった。それまでは、Ｊ１リーグに定着することが目標だったが、２００７年以降は、明確にタイトル獲得へと方針が変わったのである。

日本のトップリーグで戦えるだけの土台は築くことができた。一方で、２００８年は２位、２００９年も２位と、リーグ３連覇を達成した鹿島アントラーズにあと一歩のところで及ばず、タイトルに手が届かなかった。また、２００７年にはＪリーグヤマザキナビスコカップ（現・ＪリーグＹＢＣルヴァンカップ）で決勝に進出したが、ガンバ大阪に０―１で敗れて苦杯を嘗めた。２００９年もナビスコカップで決勝に勝ち進んだが、ＦＣ東京に０―２で敗れて、カップを掲げることはできなかった。そして、気がつけば川崎フロンターレは「シルバーコレクター」と揶揄されるようになっていた……。

「特にリーグ戦は、自分たちよりも下位の相手に勝ち点を取りこぼす試合が多かった。そうしたシーズンが続いたことで、考えさせられましたね。たしかにカウンターから点は取れるようになりましたが、それは互角の戦いを挑んできてくれる相手に対してだけ。下位のチームは我々に対して、守備的に戦ってくる。そうなるとカウンターは仕掛けられず、ゴール前をこじ開けることができずに、引き分け、もしくは負ける試合も多かった」

カウンターは相手の戦い方があっての「リアクション傾向が強い」戦術だ。庄子は、攻撃でも守備でも自分たちが主導権を握る「アクションしていくサッカー」こそが〝攻撃的〟なのではないかという定義にたどり着く。

これまでカウンターを主体にしたスタイルを続けてきたが、チームの目標が明確に〝タイトル〟となり、その目標を達成できなかったため、舵を切らざるを得なかった。

2011年から相馬直樹監督に、チームの指揮権が引き継がれたのも、そのためだった。

「チームはいろいろなスタイルがあっていい。だから、カウンターが決して悪いというわけではなかったんです。重要なのはどこでボールを奪うかで、自分たちからよりアクションを起こしてボールを奪い取り、攻撃に転じることができれば、それも攻撃的なサッカーにつながる。そういう意味では、ショートカウンターを武器にしていた相馬監督も、攻撃的なサッカーを目指そうとはしてくれていました……」

攻撃的なサッカーの定義を模索していくと同時に、チームを編成していくうえで、庄子はもう一つ理想を思い描いていた。

「生え抜き選手を大事にしていたように、日本人選手だけで強いチームを作ることはできないかと考えていました」

意識したのは、2002年に1stステージ、2ndステージをともに制覇し、完全優勝を成し遂げたジュビロ磐田だった。藤田俊哉、名波浩、福西崇史、中山雅史、高原直泰と、GKヴァン・ズワムを除く主軸のすべてが日本人選手だけで構成されたチームだった。

「日本人選手を中心にしたチーム作りを目指そうと、2011年は外国籍選手をジュニーニョ一人にしました。相馬監督が目指すスタイルにおいても、新たな外国籍選手を加えるよりも、日本人選手のほうが理解や浸透が早いだろうという思惑もありました。実際、シーズン序盤は結果も出ていて、いいスタートは切れたのですが、夏以降からケガ人が続出したこともあって、最終的には11位に終わってしまった。そこで、まだまだ外国人選手の力が必要であることを痛感しました。その教訓を生かして、2012年はレナトやジェシといった外国人選手も獲得して相馬監督をバックアップしました。でも、肝心の目指すサッカーそのものが変わってしまった」

結果こそ伴わなかったが、2011年は高い位置でボールを奪い、素早くゴールに迫るショートカウンターを指向していた。だが、迎えた2012年は引いて戦う守備的なサッカーに変貌してしまった。それはクラブの哲学である攻撃的なサッカーとはかけ離れていた。

「2012年はリーグ開幕から2勝1分2敗と、決して悪い数字ではなかったですが、それ以上に内容が伴っていないことを重く見て、監督交代を決意しました」

庄子は再び「攻撃的なサッカーとはなにか」を考えさせられることになった。そこで出会ったのが、元日本代表MFで、かつてサンフレッチェ広島で活躍した風間八宏だった。

「当時、時間があれば大学サッカーも見に行っていたのですが、ちょうど風間が監督をしていた筑波大学の試合に足を運んだんです」

試合を見て、庄子はずっと考え続けていた攻撃的なサッカーの答えを見つけた。

「筑波大学が相手を圧倒して、確か5―4で勝利したんです。点は取られるけれども、それ以上に点を取る。なにより、筑波大学はボールを保持し、パスをつないでゲームを完全に支配していた。そのサッカーを見たときに、これまでのモヤモヤが晴れるみたいに『これだ！』と思いました。大学生ではありましたが、選手たちがのびのびとサッカーをしていて、攻撃にも迫力があった。こちらが驚くようなパスワークを見せたかと思えば、今度は予想していない位置で選手がフリーになっていたりして、とにかく見ていておもしろかった。自分がおもしろいと感じるのであれば、きっと他の人も、プレーしている選手たちもそう思うに違いない。それで彼にチームを指揮してもらうことになりました」

当時、風間はプロのカテゴリーを指導した経験がなかったため、監督への抜擢には賛否が巻き起こった。むしろ、当初は懐疑的な声や意見のほうが多かった。

「周りからは当然、『なぜ風間なのか？』という意見はあったと思います。でも、そうした批判も覚悟のうえでした」

風間新監督は、2012年のJ1リーグ第8節から川崎フロンターレの指揮を執る。その年はJ1リーグを8位で終えたように、選手の理解が深まり、戦術が浸透するまでには時間を要した。2年目の2013年も開幕から6試合未勝利が続くなど、結果が出ない時期もあった。周囲からのプレッシャーはかなり厳しくなっていた。だが、庄子にはやろうとしているサッカーが浸透するまでに時間がかかることはわかっていた。

「ここは我慢するときだな、耐えるときだなと思っていました。あのときはファン・サポーターにも助けられました。他のクラブであれば、開幕から6試合も勝てない状況が続けば、『監督交代しろ』と騒ぎ立てていたかもしれない。でも、フロンターレのファン・サポーターは結果が出ないときも、辛抱強くチームを応援してくれた。そうした後押しがあったから、クラブも交替ではなく継続を進めることができました」

ボールを正確に〝止めて蹴る〟。風間の代名詞であるこの言葉に代表されるように、選手個々の技術を高めていく彼のサッカーは、最終的には2013年に3位という好結果を残したように、徐々にチームに変化をもたらした。そうした結果以上に、当時33歳を迎えていた中村が「この年齢でもサッカー選手としてうまくなれる」と感じ、大久保嘉人や小林悠、登里享平と、指導を受けた選手たちが確実に技術力を向上させていったことが大きかった。

ボールを大切にするという風間の考えは、今日の川崎フロンターレを語るうえで切っても切り離せない一つと言える。それはトップチームだけでなく、アカデミーにも大きく影響を与え、クラブのフィロソフィーになっているからだ。

チーム編成においても、風間の存在が変化をもたらしたと庄子は言う。

「選手の特長として、『うまい』『速い』『強い』といった項目があるとすれば、そのときどきによって優先順位は変わってきます。もちろん、3つがそろっているのが一番ですが、そうした選手はなかなかいない。だから、たとえばカウンターを指向している関塚監督や相馬監督のときは、『速い選手』が優先になる。でも、風間監督になってからは、『速い選手』よりも『うまい選手』を集めようと考えるようになりました」

ボールを止めて蹴るという技術を武器に、ゲームを支配し相手を圧倒する風間監督のサッカーは、まさに庄子が追い求めていた「攻撃的なサッカー」の答えだった。その一方で、攻撃的すぎるがあまり、攻守のバランスを欠いていたのも事実だった。J1リーグが2ステージ制で行われた2016年は、年間勝ち点で2位になり、チャンピオンシップに進出したが、準決勝で鹿島アントラーズに0―1で敗れて、またしてもタイトルを逃した。年が明けた1月1日には、クラブ史上初となる天皇杯決勝を戦ったが、またしても鹿島アントラーズに1―2で敗れた。これが風間体制で臨んだラストゲームだった。

「風間革命」その後、悲願の初タイトルへ

風間体制でも、結局タイトルに手は届かなかった。だが、庄子には手応えがあった。

「守備を強化し、失点を減らすことができれば、タイトルを獲れるのではないかと考えていました。風間監督が指揮した最後の２０１６シーズンは2ステージ制でしたが、年間で見れば、リーグ最多得点の68ゴールを記録していました。一方で、失点はリーグ6位の39でした。このシーズンの年間勝ち点で1位だった浦和レッズの失点が28。その他のシーズンを見ても、得点は1試合平均2得点以上、失点は1試合平均1失点以下にすることができれば優勝に近づくということはデータとして出ていました。過去に優勝したチームの数字を見ると、攻撃は1試合平均2得点以上の数字を達成していなくても優勝しているチームはありますが、やはり失点は1試合平均が1失点以上のチームが優勝しているケースはほとんどない。だから、うちも攻撃的サッカーを目指しつつも、守備を強化し、失点を少しでも減らすことができれば優勝できる確率を上げられると考えていました」

風間監督の後を継いだのは、コーチを務めていた鬼木達だった。新監督も、それを理解していたのだろう。後任を託したとき、「このスタイルを継続していく方向でいいのか」と確認されたというが、鬼木監督は攻撃的なサッカーを継続しつつ、守備にも力を入れた。その結果、71得点（1試合平均2・08得点）32失点（1試合平均0・94失点）と、庄子の言う優勝の法則をクリアし、シルバーコレクターと揶揄されてきたクラブに初のタイトルをもたらした。

「特にリーグ戦は常に失点が少ないチームが上位にいます。攻撃的なサッカーを指向しながらも、やはり守備を疎かにするわけにはいかない。タイトルを獲るためには、攻守のバランスが大事になる」

　1997年のクラブ創設から哲学を失わずに、導き出した答えでもあった。

　2017年12月2日――それまで首位を走っていた鹿島アントラーズはジュビロ磐田に0―0で引き分け、ホームで大宮アルディージャに5―0で快勝した川崎フロンターレは、最終節に逆転でJ1リーグ優勝を決めた。優勝した背景は、数字だけで表せるものではないが、クラブが取り組んできたすべてが結実した初タイトルだった。

「優勝が決まった瞬間はスタンドから見ていましたが、まずは憲剛がどこにいるのかを探しましたね」

　記憶をたどりながら、庄子は言った。

「憲剛は自分が持っていないといいますが、自分のほうがその思いは大きい。なぜなら、あいつが加入する前の2000年にも、カップ戦の準優勝を経験しているので、自分のほうが1回、2位や準優勝を経験している回数は多いんです」

　そう言って庄子は笑ったが、その目は真剣だった。中村が2003年に加入してからは、悔しさをともに経験してきた戦友のような存在だった。

「ピッチに降りていくと、憲剛が泣いている姿を見て、もらい泣きしそうになりました」

　喉から手が出るほど欲していたタイトルを獲ったことで、なにが変わったのか。

「達成感はありました。同時に『来年も』という思いはこみ上げてきました。鹿島アントラーズで強化責任者を務めていた鈴木満とは高校の同級生なのですが、いつも彼から『一つ獲れれば、2つ目、3つ目は早いぞ』と言われていて。ただ、その一つ目を手にするまでが本当に長かった。タイトルを獲ったことで大きく変わったのは、周りの目ですね。それはクラブに対してもそうですし、個人に対しても興味を持ってくれるようになりました。特に事業面は大きく変化したように感じていますが、タイトルを獲ったことで我々はもちろん、川崎の町、応援してくれた地域の人たち、そしてファン・サポーター、川崎フロンターレに関わってくれたすべての人のこれまでの日々が報われたように思います」

前述した数字を指標とするのであれば、タイトルを獲れた要因はなんだったのか。庄子に尋ねると、即答した。

「失敗があったから、ではないでしょうか」

「でもね」と言って庄子は言葉を続ける。

「失敗が多ければ多いほど、成功したときの喜びも大きいんですよ」

クラブが創設された1997年に富士通から、川崎フロンターレに籍を置くことになった。その当時、クレジットカードを作ろうと店舗に足を運び、勤務先の欄に「川崎フロンターレ」と記入すると、担当者が不審に思い、調べるために奥へと消えていったと笑って、当時のクラブの知名度のなさを教えてくれた。

それが今や、川崎フロンターレと名乗れば、誰もが認知してくれる存在になった。

「川崎市内でお酒を飲みにいったときに、お店の人に自分が川崎フロンターレの人間だとわかると、ありがたいことに試合結果についての感想を聞かせてくれる人が増えました。それをきっかけに『じゃあ、今度はクラブのカレンダーを持ってきますね』と言って交流が続いたりして。それが川崎市内だけじゃなくて、県外にまで広がったりして、やっぱりタイトルを獲った影響は大きいなと、しみじみ感じます」

川崎フロンターレを通じて、会話が広がり、場が盛り上がる。閑散とした等々力陸上競技場のスタンドを見て決意した2001年に目指した光景だった。

そして、これからの川崎フロンターレを思い庄子は言う。

「自分からメッセージを送るとすれば、これからも失敗をおそれずに、チャレンジし続けてほしいと言いたいですね」

川崎フロンターレの歩みは決して失敗の連続ではない。チャレンジの連続だった。

証言

03

中西哲生

Tetsuo Nakanishi

フロンターレを川崎の文化に

名古屋から川崎へ。ゼロからのスタート

「ゼロからスタートする。そこにやりがいと魅力があると思った」

中西哲生が川崎フロンターレに加入したのは、クラブがJリーグ昇格に向けてスタートを切った1997年だった。

Jリーグ開幕前年の1992年に名古屋グランパスに加入して、5年が経とうとしていた。27歳になり、おぼろげに30歳までプレーができれば、と考えはじめていた時期だった。そんな中西のもとに、当時Jリーグ昇格を目指していたブランメル仙台（現・ベガルタ仙台）

と川崎フロンターレからオファーが届いた。前者は1995年にJリーグ準会員になるなど機運も高く、契約年数や年俸も好条件だった。後者の川崎フロンターレは、富士通川崎から名称変更してJリーグ参入を表明したばかり。クラブの方向性も手探りならば、Jリーグ昇格の可能性も未知数だった。

それでも――中西が選んだのは川崎フロンターレだった。

「富士通から川崎フロンターレになり、なにもないところからスタートしようとしていた。ゼロから立ち上げるクラブでプレーしたほうが、自分自身にとっても学びは多いのではないか、というのが大きかったですね」

また、決断の理由の一つに、関わる人の熱量もあった。監督を務める斉藤和夫が名古屋グランパスの試合に足を運び、自分が出場した試合を視察してくれたのである。そしてプレーを見たうえで、こう言ってくれた。

「今日のようなプレーをぜひ、うちでもしてほしい。チームの中心として考えているから、加入してくれたら、キャプテンか副キャプテンも任せたいと思っている」

その後、名古屋グランパスは中東遠征があったため、すぐに返事はできなかった。しかし、その間に清水エスパルスから向島建、横浜フリューゲルスから小泉淳嗣と桂秀樹、柏レイソルから大場健史、ヴェルディ川崎から戸倉健一郎らの加入が発表されていた。ほぼすべてのポジションに、名の知れた選手を獲得したクラブの姿勢に決意も感じていた。

実際、キャプテンはブラジル人のベッチーニョが務めたが、中西は斉藤監督の言葉どおり、副キャプテンを任される。

「当時は今の麻生グラウンドではなく、南多摩グラウンドや等々力陸上競技場のサブグラウンドで練習していました。正直なことを言えば、環境はキツかったですよ。南多摩は芝生も決して状態がいいと言えるものではなかったし、ボロボロのプレハブ小屋に、ブリキのロッカーが置いてあって、そこで着替えていました。シャワーも4つしかなかったので、練習後はいつも順番待ち。もう一つのプレハブには筋トレをする場所があったけど、少し器具が置いてあるだけで、マシンもなければ、ストレッチをするような場所もなかった」

現在の川崎フロンターレが使用している麻生グラウンドも、２０１６年にクラブハウスが新設されるまではプレハブだった。だから決して恵まれた環境とは言えなかったが、クラブ創設当初は、それ以上に過酷な環境で選手たちは活動していた。トヨタ自動車工業サッカー部を前身とする名古屋グランパスは資金力もあり、施設、設備も整っていただけに、中西からしてみれば、なおさらだっただろう。

「当然、ギャップはありました。でも、それは最初からわかっていたこと。受け入れたうえでやろうと決めていました。環境が整っていないことをネガティブにとらえて、言い訳にしたってなにも変わらない。あれが足りない、これが足りないということではなく、それを飲みこんだうえで、ここに来た。それくらいの覚悟を持って、自分はフロンターレに来ました」

川崎フロンターレが目標に向かって愚直に取り組んでいく姿勢は、こうした中西のマインドが原点なのかもしれない。

それだけ1日、1日が勝負だった。

「なかには環境に愚痴をこぼす選手もいました。でも、変えていくには自分たちで戦うカテゴリーを上げていくしかないと思っていた。副キャプテンだけでなく、その後はキャプテンも任されましたが、プロになってそういうポジションを務めたのは初めてでした。チームがうまく機能するように、みんなが同じ方向を向けるように、なにができるかという思いのほうが強かった。それに、クラブの創設に関わった小浜（誠二）さんと庄子（春男）さんからは、『チームが消滅する可能性がまったくないわけじゃない』ということも聞いていましたからね。だからこそ、1年、1年が勝負で、常に危機感を抱いていました」

結果的に、J1リーグに昇格するまでには3年の月日を要した。1997年は勝ち点1差で3位に終わり、昇格を逃した。

「当時のJFL（ジャパンフットボールリーグ）は前期と後期にわかれていましたが、後期になり、チームはさらに長谷部茂利と野口幸司を補強しました。野口はベルマーレ平塚（現・湘南ベルマーレ）でベッチーニョと一緒にプレーしていたからコンビネーションも申し分なく、自分と長谷部がボランチを組んだ中盤もさらに安定した。在籍した4年間で、1997年の後期は一番強いチームだったと言えるほどでしたが、1年目も、2年目も大事な試合を落としてしまう傾向や、試合終盤に大逆転されてしまうゲームが何度もあった。

そのトラウマを克服して、Ｊ１リーグ昇格をつかんだのが３年目でした」

中西が指摘したのは、１９９７年でいうと、優勝を争うコンサドーレ札幌（現・北海道コンサドーレ札幌）、東京ガス（現・ＦＣ東京）を相手に連敗した場面を指す。第20節はホームにコンサドーレ札幌を迎え、２―０で前半を折り返しながら追いつかれ、延長Ｖゴール負けを喫した。第21節で東京ガスに敗れると、第22節でも本田技研に負け、３連敗を喫して３位へと後退した。１９９８年は言わずもがな〝博多の森の悲劇〟だろう。ＪＦＬで２位になった川崎フロンターレは、Ｊリーグで18位のアビスパ福岡とＪ１リーグ参入決定戦に臨んだが、２―１で迎えたアディショナルタイムに追いつかれると、延長に突入した１０４分に失点し、やはり逆転での延長Ｖゴール負けを喫した。

その後、何度も２位や準優勝に泣いて「シルバーコレクター」と呼ばれたように、〝勝負弱さ〟は創設当初から続いていた負の伝統だった。それを克服したことで創設３年目にＪ１リーグ昇格を達成したように、２０１７年のＪ１リーグ初制覇も同じことが言える。

「博多の森の悲劇と呼ばれるＪ１参入決定戦では自分のミスもあり、昇格することができなかった。Ｊ２を戦うことになった３年目は、自分もキャプテンになり、課題だった勝負弱さを克服することで優勝して、Ｊ１に昇格することができた。自分自身は、ＪＦＬでは１年目も、２年目もベストイレブンに選ばれた。フロンターレから２年連続でベストイレブンに選ばれたのは自分だけでした。Ｊ１リーグ昇格を勝ち獲った３年目もパフォーマンスはよく、自分自身も納得してプレーできていた。とにかく、チームとしても個人としてもサッカー選手として結果を出す。そこに向き合った4年間でした」

創設3年目にしてJ1リーグ昇格を勝ち取った瞬間は「クラブとしての目標を達成できてうれしかった」と語る一方で、中西が前述のように個人にフォーカスする発言をしたことには、理由があった。

中西はオン・ザ・ピッチだけでなく、オフ・ザ・ピッチでもクラブのためにと、多岐にわたる活動を行っていた。そうした行動をチーム内で肯定するためにも、ピッチで結果を出し続けなければならなかったのである。

見に来てくれる人がいないんだから、やるしかない

名古屋グランパスから川崎フロンターレに加入した中西が、環境以上に驚いたのはクラブの知名度だった。

「誰も川崎フロンターレのことを知らなかった。本当に誰も関心がないのではないか思うくらい、クラブのことを知ってもらえていなかった」

当時、中西は電車に乗って練習場へ通っていたが、道中で声をかけられる機会は皆無だった。また、練習場に行ってもメディアが取材に来ていることなど滅多になく、取り上げら

れる機会も限られていた。名古屋グランパス時代は、ローカルとはいえ、新聞やスポーツ紙にニュースや記事が掲載され、テレビ出演も多かった。地域柄もあり練習場の行き来はもっぱら車だったが、それでも町に出れば、声をかけられる機会もあった。

川崎フロンターレは創設間もないクラブだったため、ある程度は予想がついた。だが、置かれていた状況は想像以上だった。1997年のJFL開幕戦で等々力に集まった観衆は3411人。名古屋グランパス時代は、当時のホームスタジアムだった瑞穂公園陸上競技場で試合をすれば2万人以上の観客が集まり、国立競技場で試合をしたときには5万人を超える声援のなかでプレーしたこともあった。そのため、否が応でもJリーグとJFLの違い、人気や環境の違いを痛感させられた。

「どうやったらクラブのことを知ってもらえるのか。グランパスとフロンターレとではスタート地点が違うので、練習環境と同じく、比較しても仕方がないことだとは思っていました。そこに目を向けるのではなく、これからJリーグ昇格を目指していく新しいクラブが、どうやったら地域に定着していくことができるのか。それを真剣に考えました」

中西だけでなく、スタッフにも同じ目線を持っていた人間がいたことも希望になった。創設時からクラブで働いていた、天野春果だった。天野は「哲さん(中西)みたいな視点でチームのことを考えてくれる選手がいたことで、だいぶ助けられました」と言うが、それは中西も同様だった。

天野は大学時代をアメリカで過ごし、スポーツマネジメントを学び、カレッジスポーツにも触れていた。中西も学生時代にアメリカで過ごした経験があり、大学のスポーツが地元で人気を得ている光景を目の当たりにしていた。

「当時、Jリーグといえば、圧倒的にヴェルディ川崎でした。『サッカーチームです』と名乗れば、必ずといっていいほど『じゃあ、ヴェルディなの？』と聞き返された。まずは、自分たちが川崎フロンターレという別のチームだということを説明するのに時間がかかるんです。それに周囲を見渡せば、川崎の隣には横浜マリノス（現・横浜F・マリノス）がいて、当時は横浜フリューゲルスもありました。マリノスは当時から人気と実力を兼ね備えたチームで、フリューゲルスにもセザール・サンパイオやジーニョ、エバイールといったブラジル代表に名を連ねる有名選手がいた。そうした環境のなかで、新興チームである自分たちを知ってもらわなければいけなかった。天野とはアメリカの四大スポーツの取り組みやカレッジスポーツについての共通理解もあったので、一緒に食事をしながら、あれをやってみよう、これをやってみようと考えて、取り組んでいくようになりました。一人でもなにかやろうとは思っていましたが、二人だったことで、彼がアメリカで学んできたアイデアを体現できれば、クラブの可能性は広がるのではないかと思っていました」

そんな二人が考えていたのが、川崎フロンターレの原点ともいえる〝サッカーの結果云々ではなく、クラブとして地域に貢献し、根ざしていく〟という思考だった。

きっと、このときから川崎フロンターレの地域密着への歩みは始まったと言えるだろう。

「商店街に行ってトークショーをやったり、フロンターレの認知向上のためお店に挨拶に行ったりしました。当時はわざわざクラブが大々的に銘打って行くわけではなく、軽くアナウンスして行くようなプロモーションの一つでした。当時からチームのことを応援してくれる人が来てくれることもありましたが、商店街の人も含めて、誰も自分たちのことを知らないときもありました。ときには、ビールケースをひっくり返して、その上に立ってトークショーをしたこともあります。そこまでやっても人が全然、集まらなかった……。今でこそ、〝Jリーグシャレン！〟（Jリーグ社会連携活動）といった名前でいろいろな活動がありますが、当時はそうした名称もありませんでした。でも、やっていた取り組みは、まさに〝シャレン！〟そのものだったと思います」

商店街だけでなく、盆踊りなど、地域のイベントにも、中西は積極的に顔を出した。富士通の関連会社のイベントにも、嫌な顔をすることなく参加して、川崎フロンターレの名前を宣伝し、応援してほしいと叫び続けた。

そのなかで、彼自身がこだわっていたのが、「自分が試合に出ていること」だった。

中西は言う。

「試合に出ている選手がイベントに行かなければ、興味を持ってもらえないと思っていました。試合に出ていない選手がイベントに来て、『スタジアムに来てください』と言ったって、どうしても説得力に欠けてしまう。試合に出ていれば『僕が試合をしているので見に来てください』と言えますからね」

それは一方で、チームに対しても、だった。

「チームのなかではやっぱり、浮きますよね。誰も率先してやりたいことではなかったと思いますし、当時はクラブから求められていたことでもなかった。でも、現実を見たらやるしかない。やりたくないとかではなく、試合を見に来てくれる人がいないんだから、やるしかないと思っていた。自分が取り組んでいることを肯定するためにも、チームのなかで結果を出し続けるしかなかった。だから、練習もしっかりやったし、川崎フロンターレにいた4年間が自分のプロキャリアのなかで一番、一生懸命に練習していたと思います」

その結果が、JFLで2度のベストイレブン選出であり、3年目のJ1リーグ昇格につながっていたのだろう。

公私と表現するのはおかしいかもしれないが、ピッチ内でも、ピッチ外でも中西は川崎フロンターレのために走っていた。

オセロを1枚ずつひっくり返していくように

一気に大勢の人に関心や興味を持ってもらうのは難しいかもしれないが、一人、二人と、少しずつファン・サポーターを増やしていくことはできるのではないか。中西は、まず自分を好きになってもらうことができれば、川崎フロンターレも好きになってもらえるのではないかと考えた。

「川崎に来てから多くの人と関わるようになっていったなかで、ある人に『サッカーは別に好きじゃないけど、中西哲生に興味を持ったから試合を見に行ってみようかな』と言ってくれた人がいました。その言葉を聞いたときに、たしかに世の中はスポーツを好きな人ばかりじゃないということに気づかされました。一方で、スポーツに関心のない人でも、自分に興味を抱いてさえくれれば、自分を応援するためにスタジアムに足を運んでくれるかもしれない。また、その人が一人ではなく、友人や知人を連れてきて、さらに応援の輪が広がるかもしれない。もう、これしか方法はないなと思いました」

中西が悩みに悩み、考えに考えて、導き出した方法は、状況を一気にひっくり返すことではなく、「一人ひとりに丁寧に向き合うこと」だった。

「オセロを1枚、1枚ひっくり返していくかのように変えていくしかない。そうしていくことで、いつの日か、すべての石が白や黒に変わるかもしれないと……」

サッカーチームと名乗れば、ヴェルディ川崎と言われた。川崎フロンターレと名乗っても、チーム名を覚えてもらうことすらできなかった。川崎の町に出ていけば、「川崎にスポーツは根づかない」と一蹴され、大洋ホエールズやロッテオリオンズを例に挙げて、「あなたたちもすぐに出ていっちゃうんでしょ」と、悲しい言葉をかけられた。

だから、中西は声に出して、言葉にして言い続けた。

「絶対に、フロンターレは川崎の町に根づいて見せます」

当時の心境を、改めて言葉にする。

「フロンターレが川崎の町に認められるには、川崎の町や市民に対して、どう貢献していくかが重要だということは、地域の活動に参加したことで痛いほどわかりました。今日のようなフロンターレの姿はイメージできていませんでしたが、言わなければなにも始まらないと思っていました。だから、僕はフロンターレを川崎の文化にするということしか考えていなかった」

口で言うだけでなく、すぐに行動にも移した。クラブのスタッフに頼んで、名刺を作ってもらった。会う人、会う人に配って歩いた。選手が名刺を持っているのは、当時だけでなく、今でも珍しい事例だろう。

また、名古屋グランパス時代に懇意にしていた記者に自ら連絡し、練習や試合に来て取材してくれるようにお願いした。チームを知ってもらい、少しでもクラブの露出が増えればとの考えだった。

かく言う筆者もまさにその一人だった。テレビ誌でメディアの仕事をスタートさせたばかりだった当時、偶然にも中西の取材機会に恵まれた。すると、そのあと、中西から連絡があり、交流がスタートした。それをきっかけにして、彼の連載を担当することになり、当時J2リーグだった川崎フロンターレの試合を見に行くようになった。

「あの当時は、知り合った人には必ず名刺を渡して、感謝を伝える連絡もしていました。あのまま、グランパスに在籍していたら、きっと、そんな活動も、それが大事だということもわからなかったし、知らなかったと思います」

そう言って中西は言葉を紡ぐ。

「名古屋グランパスでは、1995年からアーセン・ベンゲルが監督になって、Jリーグ全体に衝撃を与えるような美しいサッカーをしていました。弱いと言われていたチームが強くなっていく過程に、自分は選手として携わる幸運に恵まれた。そのおかげでサッカーについてはグランパスで学んだところがたくさんありましたが、どうやって地域に愛されるチームになっていくかなんて考えたこともなかった。自分が選手としてフロンターレにいる間に、なにかを残すことができれば、自分自身にも得がたい経験になると思っていました」

中西が行った商店街への挨拶回りは、今やシーズン始動時に、選手たちが数名にわかれて川崎市内の各商店街に赴く恒例行事になった。クラブが行う新人研修では、中西自らが出向き、選手たちにプロサッカー選手としての在り方や地域の人々、ファン・サポーターの大切さを後進に伝えることで、川崎フロンターレの文化は守られている。

川崎フロンターレを語る上で欠かせないSNSをはじめとするオウンドメディアの充実も、実は中西の活動が原点にある。スマートフォンもなく、インターネットが主流ではなかった時代に、彼はチームのオフィシャルサイトで、試合についての振り返りを文章にして掲載していた。試合に臨むにあたってのプランや、実際の内容、そして改善点にいたるまで、選手自らの言葉で、言語化していた。それはまさに、今、チームが未公開練習の模様をアップしたり、選手が試合直後のロッカールームでの一枚をSNSにアップしたりしているのと同じで、見えないところを可視化するキーコンテンツだった。

そうした中西の細かな活動の軌跡は、川崎フロンターレのいたるところに見えてくる。それは今、チームに在籍している選手たちの姿勢にも表れている。

「選手たちにはよく話をするのですが、試合に負けたときほど、ファン・サポーターに対して丁寧に向き合うようにと言っています。それを（伊藤）宏樹、（中村）憲剛が続けてくれて、（小林）悠や（谷口）彰悟も示してくれていた。チームのフィロソフィーが縦軸にしっかりと突き刺さっているのはうれしいですね」

さらに、中西が行ってきた活動は、町や地域にもはっきりと足跡を残している。それが、今も続くクラブの恒例行事である「ブルーサンタ」である。

クリスマスの恒例行事、その誕生秘話

1997年のある日のことだった。

中西は、いつものように天野に会うと、どうすればもっと川崎フロンターレを認知してもらえるかと、アイデアを出し合っていた。スタッフと選手が意見を出し合う。名古屋グランパス時代には考えられなかった日課だった。

ちょうど季節は冬に差しかかっていたこともあり、天野が言った。

「哲さん、クリスマスにどこかの施設へ慰問に行きませんか。そこにいる人たちにフロンターレの名前を覚えてもらえるかもしれませんよ」

「そのアイデア、すごくいいね」

中西は二つ返事で了承した。そして、そこに自分のアイデアを加えることも忘れなかった。

「普通に施設を訪問するだけじゃ、きっと意味がない。行くからには、クリスマスを病院で過ごして、さびしい思いをしている子どもたちに会いにいけないかな」

ただ、施設を回るだけではなく、行くからには誰かの力になり、社会の役に立ちたい。これも、その後の川崎フロンターレが育んできた地域貢献の在り方だ。中西は言う。

「自分が行きたいと思った病院に行って、子どもたちにチームのグッズをプレゼントする。当時は、マスコットであるふろん太と一緒に行っても、子どもたちはチーム名も知らないし、チームカラーもわかっていないし、ましてやふろん太のことも知らない。でも、自分が病院を訪れることでフロンターレを知ってもらうきっかけにもなるし、退院したあとに、試合を見に来てくれるかもしれない。それに……自分がいいと思ったことをやりたかったんです」

当時は「ブルーサンタ」という活動の名称などなかった。純粋に、少しでも子どもたちにチーム名を覚えてもらえるようにと、お決まりの赤の衣装ではなく、チームカラーである青の衣装に身を包み、小児病棟を慰問した。自ら購入したグッズを、子どもたちにクリスマスプレゼントとして渡し、クイズやゲームをして一時を過ごす。中西にとっては、子どもたちのうれしそうにしている笑顔が、最高のプレゼントだった。

こうして始まったブルーサンタは、２０００年に中西が現役を引退したあとも、後輩たちに受け継がれ、今日まで続いている。

そして、クラブ創設から26年目を迎えた２０２２年7月4日、川崎市高津区にある下作延小学校で、ＳＤＧｓ（持続可能な開発目標）の授業が行われた。総合授業では、川崎フロンターレが取り組んできた地域貢献活動を教材に学習が進められ、小学5年生の児童たちが「ブルーサンタ」の活動について調べて発表したのである。中西はその授業に招かれ、発表を聞き、児童たちとディスカッションした。

「子どもたちは、クラブ創設1年目からはじまり、25年間続いてくれていることも調べてくれていました。発表のあとには、感想として『フロンターレはサッカーが強いだけのチームかと思っていたけど、こうした活動を行っているのは素敵なことだと思います』と言ってくれた。本当にうれしかったですね」

その言葉を聞けただけでも、自分が始めた活動の意味を感じることができた。ただ、先生からは「発表を聞いてもらうことが目的ではなく、児童が調べたことと実際の活動がどうなのかを教えてあげてほしい」とリクエストされた。記事やインターネットには残されていない活動の歴史や詳細を話すと、さらに子どもたちからは質問が飛んだ。

「どうしてブルーサンタの活動をはじめようと思ったんですか？」

「みんなはクリスマスを病院で過ごすことになったらどう思う？」

「ちょっとさびしいと思います」

「そうだよね。だから、元気になってもらうためにプレゼントを渡して、少しの間でも楽しい時間を過ごしてもらえればと思ったんだよ」

入院している子どもにグッズを渡す際に、試合の観戦チケットも一緒にプレゼントしていたことも伝えた。すると、生徒たちからは「なぜ、親ではなく、子どもにチケットをプレゼントしたのか」という質問が出た。

その問いに中西はこう答えた。

「チケットをもらった子どもが、『試合を見に行きたい』とお父さんやお母さんにお願いしたら、一緒にその保護者も観戦に来てくれるでしょ？」

父親や母親も一緒にスタジアムを訪れることで、一人ではなく、二人、３人と観客が増えることになると説明した。川崎フロンターレでプレーしていたとき、中西が一人ひとりに丁寧に接することで、実感していた効果でもあった。

「そっか、頭いいね！」

子どもたちは感心していたが、ただし、それが目的になっていてはいけないということも、中西は説明した。

「チケットを渡して、試合を見に来てくれたら、クラブとしてはうれしいけれど、それが先になったらいけない。ブルーサンタの目的はクリスマスを病院で過ごし、さびしい気持ちを抱いている子どもたちの心を少しでもやわらげてあげたいという思いにある。誰かの役に立ちたい、自分が人の役に立つためになにができるのか、それを考えて、想像力を最大限に働かせた結果、生まれた活動でした。それを説明したうえで、子どもたちには、なにをしたら相手が喜んでくれるかを考えて行動することが大事だとも伝えました」

相手がどうすれば喜んでくれるか。ホームゲーム開催時のイベントも、地域での活動も、川崎フロンターレの根幹にある発想の原点だった。

「自分は現役だった4～5年しかこの活動に参加していませんが、26年経った今でも続いているのは、相手のこと、人のことを思って続けてきた活動だからだと思っています。その軌跡を踏まえて、自分から言えることが一つあるとすれば、自分がいいと思ったことは、誰がなんと言おうが、一人だろうが、始めることが大切だということ。頭では『いいな』と思っていても、行動に移さない、移せない人がほとんど。でも、やった結果、失敗したら、そのときはやめればいいわけで、失敗を経験したことで次は成功する確率が一つ上がりますよね」

選手がイベントやプロモーションばかりやっているから、川崎フロンターレはサッカーに集中できずに、タイトルを獲ることができない。かつてはそう揶揄されていたこともあった。だが、クラブとして、いいと思ったことをやり続けた結果、事業と強化の二つが相乗効果を生み、人気と実力の両方があるクラブへと成長した。

中西は言う。

「グランパスでプレーしていたままだったら、ずっと周りからちやほやされて、なにも考えることなく選手を引退していたかもしれません。それくらいフロンターレに来たことで、多くのことを学んだ。そのなかでも特に強く感じたのは、できない言い訳を探すのではなく、できる方法を探すという思考です。『日本がワールドカップで優勝する』と言うと、みんながみんな、『そんなの絶対に無理でしょう』と言う。でも、そこで無理だと言い訳を探すのではなく、できる方法を探していくことが、その一歩を踏むことにつながると信じています」

絶対にフロンターレは川崎の町に根づいて見せます——。

26年前、中西がそう言っても、誰もが絵空事だと思っていた。

だが、言い続け、方法を探し続けてきたことで、川崎フロンターレは中西が思い描いていた以上に、川崎の町に、川崎の人に、愛されるチームになった。

第2章

川崎市民のための
クラブになるために

第２章の証言者

天野春果（あまの・はるか）

アメリカでスポーツマネジメントを学び、1997年に富士通川崎スポーツ・マネジメント株式会社（現・川崎フロンターレ）に入社。ホームタウン推進室で地域密着を推進し、その後はプロモーション部部長として話題のイベントを次々と仕掛け、「J最強の企画屋」と言われる。東京オリンピック・パラリンピック競技大会組織委員会への出向を経て、2020年10月よりクラブへと復帰した。

井川宜之（いがわ・のりゆき）

アルバイトを経て、大学卒業後の2000年に川崎フロンターレ入社。スポンサー営業、チケット、グッズ、集客プロモーションなどさまざまな事業を営業部部長として牽引し、2021年度には営業収入をJクラブ一位に導く。近年は管理部企画担当シニアマネージャーとして川崎フロンターレSDGsを推進。スポーツ界の経営者を輩出する公益財団法人スポーツヒューマンキャピタル３期生MVP。

吉冨真人（よしとみ・まさと）

川崎フロンターレ広報グループの一員として、2003年よりクラブのオフィシャルHPを運営し、以降、長きにわたってクラブのウェブマーケティングを担当。その後は管理部教育コンプライアンス担当マネージャーとして人材育成に励む。

熊谷直人（くまがい・なおと）

川崎フロンターレサッカー事業部部長。クラブがJ1リーグに昇格した2000年に入社すると、現場のチーム広報として選手とメディアの橋渡し役を担い、クラブ広報として長きにわたってクラブを支えてきた。現在はサッカー事業部の部長として、広報、運営、海外事業の3つを統括している。

恋塚唯（こいづか・ゆい）

2004～2014年まで川崎フロンターレに在籍し、営業部やプロモーション部で活動。天野らとともに多くのイベントを手掛けた。退社後はバスケットボール界へと移り、日本バスケットボールリーグ、Bリーグを経て、アルバルク東京でゼネラルマネージャー、ビジネスオペレーション部長を歴任。

証言

04

天野春果

フロンターレ流「話題作り」の教科書

Haruka Amano

町を知るには、まず「商店街」から

店の扉を開け、「川崎フロンターレです」と名乗ると、怪訝な顔をされて門前払いを食らった。A4サイズの紙にチームの情報をぎっしりと書きこんだ新聞を手渡すと、その場でくしゃくしゃに丸められて店を追い出された。

それでも天野春果は下を向くことなく、空を見上げて思った。

「ここからがスタートだぞ。ここからすべてをひっくり返してやる」

逆境に立ち向かってきた選手たちのように、天野もまた闘志を燃やしていた――。

きっかけは、サッカー雑誌に掲載されていたわずか1行のニュースだった。

「富士通川崎フットボールクラブがプロ化を目指します」

ワシントン州立大学でスポーツマネジメントを学び、帰国した1996年のことだった。

「アメリカに留学したとき、スポーツが地域や社会に還元されている様を目の当たりにした。それで帰国したとき、日本ではスポーツの力がまだまだ地域や社会で発揮されていないとも感じた。もちろん、アメリカと日本では文化の違いはあるけれど、地域や社会にスポーツが根づかないなんてことは絶対にありえないと思っていた。だから、自分は突飛なことをやりたかったのではなく、アメリカで見てきたこと、アメリカで学んだことを、日本の文化にも応用していきたいと考えた。ただ、それを実現するためには既存の組織に入るのではなく、ゼロからスタートするクラブのほうが可能性は高いと思ったんです」

すでに色のついた紙を染めるよりも、真っ白な紙のほうが何色にも変えられる。天野は急いで履歴書を書くと、法人化したばかりの富士通川崎スポーツ・マネジメント株式会社に送った。クラブも人手を求めていたから、連絡があり、すぐに面接を受けることになった。面接には、アメリカで学んだことや経験したことを踏まえ、クラブの地域貢献や地域活動についての企画書を持参した。まだチーム名はなく、公募しているさなかで、「川崎という地域名のあとには3文字がしっくりくるのではないか」と、面接帰りに思案したのを覚えている。そのクラブ名が、カタカナ6文字の「フロンターレ」に決まったと知ったのは、入社したときだった。

クラブはJリーグ参入を掲げてプロ化をするにあたって、「ホームタウン推進室」を立ち上げようとしていた。「プロパー社員第1号」として採用された天野は、そのホームタウン推進室に配属される。ただし、たった3人の職員でスタートしたクラブは、1997年になって増員したとはいえ、まだまだ人材不足。ホームタウン推進室も名ばかりで、当初は天野一人だった。周りのスタッフも、当時は地域活動だけでなく、すべてが手探り。方針もなければ、施策もない。要するにやり方もわからなければ、やるべきこともわからなかったのだ。

「ホームタウンは大切にしなければいけないから、お前に任せる」

入社して早々、ホームタウンにかかわる活動の一切を丸投げされた。だが裏を返せば、自分の力を遺憾なく発揮できる環境が整っていたということにもなる。

「やりがいしか感じなかった」という天野は、まず〝川崎〟を知ることから始めた。

「とにかく町に出て歩き回りました」

ただし、無作為に歩くことはしなかった。その土地を知るには、その町で働く、もしくはその町で暮らす人々を知らなければならない。

そこで天野が着目したのが〝商店街〟だった。

入社してすぐに、武蔵小杉にある「サライ通り商店街」に足を運ぶと、川崎市商店街連合会で青年部長を務めている人物に出会った。ヴェルディ川崎（現・東京ヴェルディ）が、当時から東京への移転をほのめかしており、そうした姿勢に商店街の人たちが反感を抱いていたことも奏功した。

「ヴェルディみたいになるなよ。Jリーグ入りを目指すなら、同時に地域に愛されるクラブを目指せ！」

そう言って青年部長は、川崎フロンターレに期待を寄せてくれた。天野が地域に対する目標や理想を語れば、強く共感してくれた。そして、次から次へと商店街の人たちを紹介してくれたのである。さらにシーズンが開幕すると、自らマイクロバスを借り、商店街の仲間と連れだってアウェイにまで駆けつけてくれた。その応援と成功体験が、天野をより商店街へと目を向けさせる契機になった。

「ヴェルディの影響もあって、サライ通り商店街はフロンターレに協力的でしたが、他の商店街も開拓しなければならなかった。でも、いきなり見ず知らずの自分が商店街にふらっと行っても怪しまれるだけなので、スーツではなく、まずはフロンターレのロゴが入ったポロシャツを着るようにしました。ひと目で自分が『川崎フロンターレの人間』だとわかるようにしたんです」

今も天野は、日常的にクラブのエンブレムやロゴの入ったウェアを着ている。これも、宣伝効果や周知、認知を意識してのことなのだろう。

商店街の店舗に飛びこむ際に、手ぶらでは意味がない。コミュニケーションを取るためのツールが必要になる。その際、少しでもチームのことを知ってもらえるようにと考え出したのが、「フロンターレ新聞」だった。Ａ４サイズの紙に、試合結果はもちろんのこと、チームのニュースや情報を書きこんだ。それをまずは１００枚ほど刷り、商店街に配り切ることを、当面の目標にした。

なぜ、商店街だったのか。聞けば、天野はこう教えてくれた。

「土着の人たちに対して、はっきりとアプローチできるという意味では、商店街が的確でした。小学校や地元企業も考えましたが、ツテも実績もない当時の自分がいきなり飛びこんだら、それこそ不審者扱いされてしまう。そう考えると、商店街はその町で生活する人たちが買い物に訪れる場所なので、商店街の人たちと懇意になることが、イコールその土地を理解することにもつながると考えた。土着である商店街の人たちが、フロンターレを応援しているということになれば、その町で生活する人たちも、『フロンターレは今までのスポーツ団体とはちょっと違うクラブなのかもしれない』と思ってもらえる可能性がある。それに当時は、川崎市内も今のようにショッピングセンターやショッピングモール、大型店舗が多くなかったという時代背景もあり、商店街こそが土着の象徴だった」

土地や時代が違えば、アプローチの方法もきっと変わっていたのだろう。川崎という土地を理解したからこそ、天野は商店街へのクラブの周知と認知、そして商店街からの協力を得ようと動いた。

そして天野は具体的な目標を立てる。入社した1997年は3つの商店街、翌1998年は7つの商店街、そして1999年には二桁の商店街を味方につけ、応援してもらおうと計画を決めて実行に移していった。

自転車に乗り、朝から晩まで川崎市内の商店街を走り回った。冒頭に記したように、最初は名乗っただけで煙たがられることもあれば、追い出されることもあった。新聞を手渡しても、その場で捨てられることもあれば、目を通してもらえないこともザラだった。

だが、毎日通い続ければ、相手も根負けして話を聞いてくれるようになる。いつしか顔見知りになり、お店に顔を出すと、喜んでもらえるようになった。そうやって一つずつ、一人ずつ、天野は町に、商店街に、理解者や支援者を増やしていった。

「商店街の会合があると聞けば、必ず『自分も呼んでください』と言っていました。僕はお酒が弱いのですが、会合に参加するときは、必ずおにぎりを1個食べ、牛乳を飲んでから参加していました。少しでもお酒が飲めるように努力していましたね（笑）。そうやって少しずつ関係性を築き、商店街のイベントにも参加させてもらえるようになりました」

商店街からは、選手をイベントに出演させると、謝礼が必要になるのではないかと心配された。だが、天野は首を横に振った。

「商店街にある花屋が商店街のイベントに参加するとき、出演料をもらうかと言ったら、決してそうではない。あくまで商店街の一員として参加していますよね。僕らフロンターレもそれと一緒。商店街の一員としてイベントに参加させてほしいので、イベントに必要な景品などは買ってもらうこともありましたが、出演料などは一切いらないと、クラブの思想は伝えるようにしていました」

自分たちも町の一員である。そうした仲間意識が、さらなる地域の共感を生んだのは言うまでもない。

「土着である商店街を口説き落として、クラブを応援してもらう旗頭になってもらう。広く浅く活動しても、その火はすぐに消えてしまうと思っていた。だから、狭く、深く、濃くというのを意識していました。炭火のように、まずは熱い場所を川崎の町に作ろうと考えたんです」

サライ通り商店街をはじめ、大師駅前商店街、平間商店街と、川崎フロンターレを応援しようという空気は徐々に広がり、熱を帯びていった。決して大きくはなかったが、確実に、炭に火がついていった。

たった一人の理想から、クラブの合言葉へ

クラブを創設した1997年から、川崎フロンターレは〝地域密着〟や〝地域貢献〟に全社を挙げて取り組んでいたわけではなかった。アメリカでスポーツマネジメントを学んだ

天野の考えは、あくまでも彼一人の思想で、賛同者はクラブにも少数だった。

それを如実に示すエピソードがある。

富士通川崎から川崎フロンターレに名称を変えて臨んだ1997年のJFL（ジャパンフットボールリーグ）開幕戦だった。川崎フロンターレは、等々力陸上競技場に3411人の観客を迎え、ジャトコ（2003年解散）に4―0で勝利した。その試合後だった。選手たちがバスに乗りこもうとしたとき、ファン・サポーターがサインを求めて近づくと、強化部の人間が制止したのである。

これを見た天野は激昂し、新入社員ながら異を唱えた。

「僕らはもう、富士通川崎という企業チームではないんですよ。数少ないファン・サポーターを大切にしないでどうするんですか！」

強化部にも道理はある。試合後で疲れている選手を気遣っての行動だった。だが、ホームタウン推進室を立ち上げ、地域密着を謳いながらも、応援してくれているファン・サポーターに目を向けることのないクラブの姿勢に、天野は憤った。

これだけでなく、事業と強化はたびたび衝突した。やっとの思いで支援を取りつけた商店街のイベントに選手を参加させたいと天野が進言すると、強化部からは「選手はタレントではなく、サッカーをするもの」として派遣を渋られた。たしかに当時の川崎市内におけるクラブの認知度は低く、イベントに参加しても、誰も関心を寄せず、道ゆく人が通り過ぎていくだけのこともあった。それでもなお、地道な活動が必要だとの意見を繰り返す天野の声に、耳を傾ける人は少なかった。クラブのなかにも、〝選手はピッチでプレーすることで価値を示す〟〝チームが強くなれば応援してもらえるようになる〟といった考えが先行していた。クラブの両輪である「事業」と「強化」は歩み寄るというよりも、水と油のごとく乖離していたのだった。

そうした天野を救ったのが、プロ化を目指しはじめた1997年に、名古屋グランパスから加入した中西哲生の存在だった。

「哲さん（中西）は、ほぼ自分と同時期にフロンターレに加入して、1年目から一緒になって、あれやこれやと試行錯誤してくれました。今では当たり前になりましたが、当時からチームのことを発信しようと、自らブログを書いてくれていた。26年前は、そうした活動自体も珍しかったので、チームのなかでは浮いていたところもあったと思います。それでも、イベントへの参加にも理解があって、協力的だったので、本当に助けられました。哲さんを見ていたから、自分も選手が協力的なのは当たり前だと思ってしまっていたくらい。決して全員がそうではなく、その意思を引き継いでくれた浦上壮史、寺田周平、鬼木達、伊藤宏樹、中村憲剛らが台頭するまでは、理解を得るのに、それなりに苦労もありました。それくらい、哲さんにはいろいろなことを相談して、協力してもらったように思います」

大きく風向きが変わったのは、やはりJ2リーグに降格した2001年だった。創設した1997年の平均観客数が2974人、1998年が3567人、J2リーグを戦った

1999年が5396人、J1リーグに臨んだ2000年が7439人と、爆発的ではないものの着実に観客は増えていた。しかし、再びJ2リーグに戻った2001年、平均観客数は3784人にまで落ちこみ、事業だけでなく、強化も危機感を募らせたのである。

「J2リーグに降格したことで、観客動員数が一気に落ちこみ、強化部も考えを改めてくれるようになりました。そのころから、庄子さんとも頻繁に話すようになり、『選手をどんどん出していってくれ』と言ってくれるようになった。強化がプロモーションやイベントに理解を示してくれるようになったことで、事業面でもやれることが一気に増えました」

時を同じくして武田信平が代表取締役社長に就任し、クラブの方針や方向性が明確になったのも大きかった。それまでは天野が一人で訴えていた〝地域密着〟や〝地域貢献〟が、クラブとしての合言葉になったのだ。

「武田さんの尊敬すべきところは、謙虚なところでした。自分が富士通でやってきたことをクラブには持ちこまず、武田さん自身もクラブを理解しようと、ゼロからスタートしてくれました。状況的にはクラブにとって一番の窮地だったと思いますが、それにもかかわらず、社名やエンブレムから『富士通』の冠を外すなど、本当の意味で市民クラブとして歩み始め、自治体や商店街といった地域に目を向けてくれた。なにせクラブの活動とはまったく関係のない地域の団体が、1泊2日で行く慰安旅行に参加してくれるような社長です。トップが自分で足を運び、汗をかいてくれたことは、当時のクラブにとっては大きかった」

自分だけではなく、会社のトップが一緒になって、靴底をすり減らし、汗を流してくれる。入社以来、続けてきた天野の行動が肯定された時期だったといえるだろう。

「僕自身は入社した1997年当時と変わらず、地域をどう元気にしていくか、笑顔にしていくかが、ずっとベースにあった。でも、武田さんが明確な方針を打ち出してくれたことで、地域をどう巻きこんでいくかというところに、よりクラブとして取り組んでいくようになりました」

試合に向けたプロモーションや試合時のイベントへの在り方が大きく変わったのも、この時期からだった。

それまでは親会社である富士通からの出資に頼り、イベント会社や代理店にすべてを委託していた。しかし、J2リーグ降格を機に、富士通からの出資が削減されたことを受けて、自分たちで工夫するようになった。今日の川崎フロンターレに通ずる〝手作り感のあるイベント〟のスタート地点だった。

「イベントにしても、お金をかけることができないのであれば、知恵を絞って、自ら行動するしかない。そこから自分たちで考えるようになりました。加えて、サポーターの代表でもある『川崎華族』が、この時期から中心になってチームをサポートしてくれるようになったことも大きかった。彼らが『地元・川崎が好きな人たちに、クラブのことを知ってもらい、好きになってもらおう』という空気を作り出し、いわゆるGゾーン（※等々力競技場の応援中心エリア。G階段付近にあることから通称Gゾーンと呼ばれる）の応援スタイルが変わった」

今でこそ、川崎フロンターレのファン・サポーターは、勝っても負けてもブーイングをすることがないとして有名だが、創設当初は違った。他のクラブと同様、試合に負ければブーイングが巻き起こり、成績が落ちこめばクラブを批判する横断幕が掲げられていた。

勝っても負けても、ピッチで全力を尽くした選手たちに拍手を送り、鼓舞し続ける。クラブの変化とともに、ファン・サポーターも応援スタイルを変え、より地域に愛されるチームへと歩みはじめたのが、まさに2001年だった。

斬新なプロモーションの原点は「遊び心」

クラブ創設から26年が経ち、4度のリーグタイトルとともに、Jリーグ屈指の〝攻撃的なサッカー〟は川崎フロンターレの象徴へと昇華した。それを強化の代名詞とするならば、事業の代名詞は〝集客プロモーション〟と言えるだろう。ホームゲームではユーモアとウイットに富んだ企画の数々で、来場者をいつも楽しませている。

長くプロモーション部の部長を務めた天野は、集客プロモーションの仕掛け人として原点をこう語る。

「事業の人間は選手ではないので、試合でプレーするわけではないですよね。あくまでホームゲームは試合がメインですけれど、選手ではない事業の人間がどうやって関与していくか。それにはスタジアムの雰囲気をよくして、ファン・サポーターとの連携を深めていくしかない。間接的なことではありますが、ファン・サポーターを呼ぶには、サポーターの視点はものすごく大事なことだと思っていました。だから、ときには意見を聞き、アイデアをもらいながら、企画に反映してきました。他に僕ら事業の人間ができることといえば、スタジアムの外になる。だから、必然的に地域や町に出ていくことになるわけです」

クラブが創設した1997年から、集客プロモーションは実施していた。ただし、当時はクラブの経営規模も小さく、マンパワーをかけられなかったため、肝となる試合でのみプロモーションをかけるのが限界だった。1999年9月10日のJ2リーグ第25節のコンサドーレ札幌（現・北海道コンサドーレ札幌）戦で銘打った「1万人大作戦」が、それにあたるだろう。計画を立てて商店街の裾野を広げていったように、集客プロモーションも3試合、5試合、7試合と、年を重ねるたびに少しずつ増やしていった。

「結果として効果が表れはじめたのは2003年くらいからで、印象に残っているのはJ1に再昇格した2005年の鹿島アントラーズ戦です」

2005年9月11日のJ1リーグ第23節である。川崎フロンターレは昇格後、はじめて強豪の鹿島アントラーズをホームに迎えるとあって、大々的なプロモーションを敢行した。そのタイトルは「K点越え」。翌年にトリノ冬季五輪が控えていたこともあり、スキージャンプ競技でおなじみのフレーズになぞらえて、「K」に見立てた鹿島アントラーズを越えるといった意味を、ユーモアあふれる形で表現した。大々的にプロモーションを実施した結果、等々力陸上競技場には1万6418人の観客が訪れ、その効果もあってチームは2―1で勝利した。

天野は言う。

「サッカーもエンターテインメントの一つで、その人の人生を左右するような最大の娯楽なんです。だから、ギスギスした雰囲気を作ってしまうと、サッカーが好きな人しか会場に来てもらえなくなってしまうおそれがある。家族や友人、サッカーに関心や興味が高くない人でも楽しめるような雰囲気と期待を感じられるような空間を作らなければ、応援してくれる人は増えない。そこを意識してイベントを企画してきました。これは自分も受け売りですが、行政が行っている講座がタイトル名を変えただけで受講者数が桁違いに増えたという新聞記事を読みました。それからは特に、表現も意識するようになりましたね」

川崎フロンターレが実施してきた集客プロモーション、広報プロモーションのベースだった。

「自分たちがやっていること、やろうとしていることをわかりやすく、また多くの人に発信して、関心を持ってもらえるかどうか」

鹿島アントラーズを「K」に見立てた「K点越え」のように、ガンバ大阪との試合が25日に開催されると気づけば、某人気テレビ番組にあやかって「アタック25日」ともじった。

清水エスパルスとの対戦では、某人気アニメからインスピレーションを受け、「エスをねらえ!」とタイトルをつけた。

それまで、Jリーグ各クラブのプロモーションはといえば、主に「vs○○○○」「対○○○○戦」と、対戦相手を単純に強調するものしか見なかった。しかし、川崎フロンターレは横や縦、もしくは上や下など、さまざまな角度から対戦相手を見ることで、これまでとは違った表現でプロモーションを実施した。そこには、ただのダジャレやジョークではなく、多くの関心や興味を引く創意工夫、そして〝遊び心〟が含まれている。

「ウエイトトレーニングと同じで、企画力はやればやるだけ鍛えられ、磨かれていきます。これまでの経験が積み重なっているので、どんどん発展させていくことができるんです」

こうしたクラブの成長と同時に、川崎フロンターレを応援するスタジアムの空気や雰囲気が、迷うことなく走り続けることができた要因でもある。

「これが他のクラブならば、うまくいかなかったと、はっきりと断言することができます。クラブが考え、発信することに、賛同してくれるサポーターが中心にいた。当時はその数は少なかったですが、サポーターとも相談し、話し合いながら、徐々にこうした取り組みを広めていくことができた。なかには、クラブのスタンスを受け入れられずに、離れていった人もいるかもしれません。でも、その分、このスタンスが好きな人たちが集まってきてくれるようになって、その輪がどんどん広がり、多くの理解を得られるようになった」

天野は音楽にたとえて説明してくれた。

「音楽を聞く人のなかにも、演歌が好きな人もいれば、ニューミュージックが好きな人もいますよね。ジャズが好きな人もいれば、クラシックが好きな人もいる。『フロンターレはこういう曲調なんです』と言ったときに、そのメロディーが好きな人がたくさんいて、その人たちが聞きに来てくれたらいいなと思って、ここまでやってきました」

2017年12月2日、満員となる2万5904人の観客が見守るなか、逆転でのJ1リーグ優勝をつかんだ試合は、間違いなくファン・サポーターが作り出した空気と雰囲気が後押ししていた。それは川崎フロンターレが26年の年月を掛けて描いてきた唯一無二のメロディーだった。

集客プロモーションに大切な3つの指標

おもしろければいいわけではなく、華やかならばいいわけでもない。川崎フロンターレには集客プロモーションを実施するうえで、3つの確かな指標がある。

その指標を、クラブを代表して具体的に言語化した天野が意図を語る。

「なにか企画を考えていくときに、自分のなかにも明確な〝目盛〟が必要でした。この企画が本当にいいものなのか、それとも方向性が間違っているのか。それを判断するとき、感覚だけではなく、しっかりとした基準を持っていることが、自分にとっても、クラブにとっても大事だと考えました」

その〝目盛〟として導き出されたのが、

「地域性」

「話題性」

「社会性」

という3つのキーワードだった。

「まずは地域性。川崎フロンターレを通じて、やはり地域を感じてもらえるような企画でなければいけない。これは川崎をホームタウンとするクラブである以上、絶対です。それに当てはめると、たとえばジャニーズ事務所のタレントに出演を依頼して、ただ単に観客を集めるだけでは地域性にそぐわないということになります。２０２１年に実施した『坂本九ランド』は、スーパースターである坂本九さんが川崎生まれ川崎育ちというのがベースにあることで、地域性を取り入れることができています。ただし、地域性の目盛が増えすぎてしまうと、一方で話題性が乏しくなってしまうおそれがある。そうなると、各メディアに取り上げてもらえなくなってしまうので、ここに話題性というスパイスを加える必要があります」

そして、社会性である。

「地域性、話題性に社会性が加わることで、手伝ってくれる人が増えるんです。パートナー企業からの支援も得やすくなれば、協力者も得やすい。また、社会性のあるイベントは、新聞などのスポーツ面だけでなく、社会面などでも取り上げてもらえる効果がある。川崎フロンターレを通じてイベントに協力してくれた方々の取り組みが、より多くの人に知ってもらえるきっかけを秘めています。そうした要素から、この3つを軸にしてさまざまなイベントを企画していくようになりました」

2022年に実施したホームゲームイベントを例にすると、6月18日に開催した明治安田生命J1リーグ第17節のSDGs推進イベント「第1回かわさきSDGsランド」がある。対戦相手が北海道コンサドーレ札幌ということもあり、北海道テレビ放送の番組『水曜どうでしょう』とコラボし、さまざまなイベントを実施した。ちなみに、「水曜どうでしょう軍団、襲来!?」とタイトルがつけられていたが、水曜(S)、どうでしょう(D)、軍団(G)、襲来!?(s)と「SDGs」をもじっていて、しっかり〝遊び心〟もクリアされている。スタジアムでは、川崎市のさまざまな団体や企業をはじめ、多くがSDGsにまつわるブースを出展し、それぞれの取り組みによって〝地域性〟と〝社会性〟を表現した。『水曜どうでしょう』は〝話題性〟のスパイスとして、番組出演者や関係者がトークショーを行うなど、イベントを大いに盛り上げた。

実は、このイベントは天野が中心になって企画したものではない。これはつまり、3つの指標があることで、誰が担当しても、年月が過ぎても、〝川崎フロンターレらしい施策〟が継続されているということでもある。

「自分の考えを整理するだけでなく、当時のプロモーション部のメンバーや、その後、プロモーションに関わる人たちにも考えを共有できるようになると考えて、地域性、話題性、社会性の3つを言語化しました。そのうえで、クラブとしてはお金をかけずに自分たちで作ること、継続性があること、そして遊び心があることといった付随する項目を挙げることで、それぞれのイベントが精査できるようになった。たとえばですが、あるイベントを3つの指標に応じてグラフにすれば、どこが突出しているかが一目瞭然になります」

企画したイベントの強みがわかれば、アプローチする方法も見えてくる。広報に対して、事前にメディアで取り上げてもらえるように相談したときにも、イベントの特徴や強みが明確なため、合致する媒体を探してもらいやすくなる。それは協力をあおぐパートナー企業を見つける際にも、大いに参考になっているという。

野球の練習になぞらえて「100本ノック」などと呼び、企画のアイデア出しを無数に提出させる会社もあるだろうが、天野は自分自身もしなければ、部下にもそれを強要したことはないという。

「100分の1ではなく、1分の1でいいと思っています。この3つの目盛がそれぞれ水準に到達していれば、絶対に自信を持ってファン・サポーターにお届けできると言える。それに、一つに懸けたほうが、モチベーションも高く、たとえ企画実現の障壁があったとしても、乗り越えてやろうという気概にもなりますからね」

そのマインドこそが、周囲をあっと驚かせるイベントの数々の実現につながっている。

イベントは『継続型』『単発型』『一発継続型』の3タイプ

すでに紹介した「K点越え」や「アタック25日」「エスをねらえ！」にはじまり、2022年のホーム最終戦で実施された陸上とのコラボ企画「Rick&Joe」など、川崎フロンターレが開催するホームゲームイベントは、常にバラエティー豊かだ。そのユーモアを担保する上で、地域性、話題性、社会性とともに欠かせないのが〝遊び心〟だ。

天野は、「日本、特にスポーツ界は全体的に真面目で、遊び心やユーモアが足りないと感じていました」と語る。

その原風景はワシントン州立大学で学んでいた大学時代にあった。カレッジスポーツでは、対戦相手を揶揄する過激なジョークを用いてグッズを作り、それを多くの人たちが身につけて応援する機会を目の当たりにした。しかも、競技だけではなく、そうした揶揄も含めて彼らは楽しんでいた。まさしくスポーツがエンターテインメントになっていたのだ。

「スタジアムに来る人みんながみんな、サッカーが大好きかと言ったら、決してそうではないと思っていて。例えば、家族で来ている人のなかには、父親はサッカーが大好きだけど、母親はそこまで関心がないという人もいるかもしれない。子ども連れの主婦の方は、サッカーが好きな子どものために、スタジアムに来ているかもしれない。そう考えたとき、スタジアムに行くのが楽しそうだなと思ってもらえなければ、きっとワクワク感も半減してしまいますよね」

ユーモアや遊び心は、サッカーという競技だけではなく、スタジアムという空間で、誰しもを笑顔にさせる付加価値になる。

「そもそもはスタジアムに来るきっかけを作りたかったんです。家族でスタジアムに来たときに、サッカーが好きな人の空気をどうやって全員に感染させていくか。今の時代にこの表現はよくないかもしれませんが、ウイルスと一緒で、まずは一人を感染させることで、次、さらに次と広がっていく。父親がサッカーが好きだからといって、試合を見に行きたいと言っても、休みの日だから子どもと遊んであげてほしいと言われてしまうかもしれない。でも、その子どもがサッカーの試合を見に行きたいといえば、許可が出るかもしれない。そのとき、母親も一緒に来て、フロンターレの魅力に感染してもらえば、最強ですよね。だって、家計の財布を握っている可能性が高いのはお母さんだから。家族のキーマンがフロンターレに感染して試合観戦が家族全員の行事やレジャーになれば、これほどフロンターレにとって喜ばしいことはない。だから、父親、母親、そして子どもと、家族全員が楽しめるようなイベントを企画し、楽しめる空間を作っていく必要がある」

その一つが「フロンターレ牧場」だ。サッカー観戦のついでに、子どもたちが動物や昆虫と触れ合える付加価値は、サッカーだけではない体験と思い出を提供している。先に紹介した「第1回かわさきＳＤＧｓランド」では、かんなくずアート木り絵やかるた作りが体験できるなど、ホームゲーム時のスタジアム周辺では、さまざまなワークショップが開催され、試合が行われる90分以外も家族が楽しめるように工夫されている。

節目となるクラブ創設25周年の2021年ではなく、「フロ周年」として26周年の2022年に大々的なキャンペーンを行ったのも、遊び心とユーモアの表れである。

「個人的に意識しているのは、クラブとしてのブランディングとカラー＝特徴をどう強化し、上塗りしていくかということ。これを根づかせるには、単発ではなく、継続していくことが大事で、他のクラブでは25周年を節目と捉えますが、フロンターレは26周年が節目だと、言い切って、やり切る。そういったことを続けていくことで、『フロンターレっていつもユーモアがあるよね』というイメージが定着していく。そのためには『フロ＝26』という数字を使わない手はなかった」

継続してやり続ける。天野の言葉にあるが、もう一つ、見逃せないポイントとして挙げたいのが〝継続性〟である。「フロンターレ牧場」や「噂のケンケツSHOW」「川崎市制記念試合」「川崎ものづくりフェア」「陸前高田ランド」といったイベントは、その多くが一度きりでなく、毎年、継続して開催されている。今や恒例になっている催しは、「今年はいつ開催されるんだろう？」と多くのファンが楽しみにするほど定着している。

天野に尋ねると、そこにも明確な考えがあった。

「クラブとしては、『継続型イベント』と『単発型イベント』、さらに『一発継続型イベント』の3つのカテゴリーがあると考えてきました」

継続型イベントは、「フロンターレ牧場」に代表されるように、イベントの中身を変えることなく、安定した力を発揮できるものを指している。ただし、継続型イベントばかりになりすぎると、恒例化＝マンネリしてしまうため、話題性が下がり、クラブカラーの発信力も弱まってしまうという欠点がある。

そこで、単発型のイベントが大事になる。これは継続しないからこそ話題性に注力し、クラブカラーを前面に打ち出す企画を意味する。当てはまるものとしては、２０１６年に実施した「宇宙強大」が最たる例だろう。人気漫画『宇宙兄弟』とコラボし、限定ユニフォームを発売しただけでなく、描き下ろしのポスターも制作した。当日はスタジアムと国際宇宙ステーションをつないで交信するなど、スケールの大きさを感じさせる企画だった。

そして、一発継続型イベントとは、毎年恒例化していないながらも、同じことを繰り返さずに工夫を凝らしていくイベントだ。２０２２年で第40回を数えたFC東京とのビッグマッチ「多摩川クラシコ」が、それにあたる。「多摩川クラシコ」という名前こそ継続して用いられているが、プロモーションの中身は毎年、変化している。アンセムを制作した年もあれば、川崎フロンターレとFC東京の選手たちがお笑い芸人のネタをモチーフにした動画を制作して、試合への期待をあおった年もあった。

継続型イベントばかりになりすぎれば話題性に欠け、単発型イベントばかりになればクラブイメージの定着にならない。そのため、バランスを考えて、シーズンを通したホームゲームイベントの施策を考えていく必要があるのだ。

「２０２２年は『フロ周年』だったので、クラブとしては継続型イベントを増やすのではなく、単発型イベントを増やす時期だと考えました。そのため、話題性に舵を切り、川崎市制記念試合ではGENERATIONSの中務裕太さんに『YMCA』を踊ってもらったり、『フロ』とかけて純烈とコラボしたりする企画を展開していきました。だから、おもしろそうだからといって、なんでもかんでも飛びついているわけではないんです。クラブとしては、地域性、話題性、社会性の3つの指標を軸に、考えを整理整頓して実施しています」

まだ、1・7パーセント。志は道半ば

2020年12月21日――等々力陸上競技場で行われた引退セレモニーで、クラブの象徴である中村憲剛はスピーチした。

「2003年の開幕戦。雨でした。3、4000人しか入りませんでした。ホントかって、思いました。それでも地域密着を続けて、ともに歩んできた結果、今、フロンターレはこれだけ大きなクラブになりました。これは先輩たちから始まって、川崎フロンターレというクラブをいいクラブにしたい、川崎を強くしたいと思うクラブ、サポーター、スポンサーのみんなが同じベクトルを向いた結果だと思いました」

クラブがエンターテインメントを追求してきたことで、「そんなことばかりしているか

ら、タイトルを獲得できない」と言われてきた。シルバーコレクターという不名誉な名称は、選手たちだけでなく、エンターテインメントの分野を牽引してきた天野の肩にも重くのしかかっていたことだろう。

当時は東京オリンピックの組織委員会に出向中だったが――初タイトルに泣いた2017年12月2日、思いが報われたのは、選手たちだけでなく天野も、だった。

「優勝したことで、川崎の町のなかでフロンターレの位置づけが大きく変わった。自治体も、フロンターレが優勝したことで、等々力陸上競技場の再整備を含め、さらに一緒に町づくりをやろうとしてくれるようになった。それだけタイトルはフロンターレにとって必要なピースでした。それは間違いない。これまで地道にやってきましたけど、タイトルを獲ったことで、その地道な軌跡がすべて昇華されたんです。『エンターテインメントを追求しているからタイトルを獲れない』と言われていたことは、自分の耳にも届いていた。でも、僕はそんなことは絶対に関係ないと思っていた。でも、100%関係ないと思っていても、ずっと証明することができなかった。それを、あのタイトルによって肯定することができた。しかも、それを僕ではなく、選手である憲剛が言ってくれたことに意味があった。本当にデカかったですね」

とはいえ、天野に達成感は微塵もない。

Jリーグスタジアム観戦者調査では10年連続で地域貢献度1位になった。チームは2022年までで6つのタイトルを獲得した。チケットを発売すれば完売になる試合も多くなった。少し前までシルバーコレクターと揶揄されていたクラブは、周囲から人気クラブになったと評価されるようになった。しかし、4万8000人を数えるファンクラブ会員のうち、川崎市民の割合は2万7000人。川崎市の人口が154万人と考えると、わずか1・7パーセントの市民からしか支持を得られていないとも取れる。

「そうした数字を前にして、川崎市民のチームになったと言おうものなら、驕り高ぶっていると思われても仕方がないですよね。まだまだ、川崎市民のチームと胸を張って言えるようになるまでには道のりは長い。最低でも1割に当たる15万人、10人に1人がフロンターレのファンクラブ会員証を持っているような状況になってはじめて、ちょっとは地域に根づいたと言えるかもしれない。1・7パーセントという数字を見ると、チームの成績が少し下がり、事業が少しでもブレたりすれば、ガクンと人気が落ちこんでしまう可能性は大いにあります。だから、チームが勝てるようになったからといって偉そうにすることなく、創設当初と変わらない、謙虚かつ感謝の気持ちを忘れてはいけないと思っています」

入社した1997年は、やりがいしかなかった。チャンスの芽を感じてただ前に進んできた天野だったが、26年経った今、クラブが抱いているのは危機感だった。

「フロンターレの歴史を振り返ると、ずっとアグレッシブでチャレンジングだったと思います。26年が経ち、クラブとしても、会社としても大きくなった。でも、だからといってチャレンジすることを忘れてしまえば、フロンターレというクラブの成長は止まってしまう。ヨーロッパのクラブは100年続いているように、フロンターレが100年続いたときには、自分がここにいることはまずありえない。だからこそ、自分がいる間にどこまでこのクラブを導くことができるか。どこまで地域に密着し、地域に根ざすことができるか。そう考えると、現状に満足はできないし、安泰という言葉も出てこないんです」

天野にとって思い描く原風景は、もう一つあった。やはりアメリカに留学していたときのことだ。グランドキャニオンの麓にある町まで、野球の独立リーグの試合を見に出かけたときだった。ラスベガスから車で2時間かけてたどり着くと、山間の開けた場所にスタジアムはあった。決して近代的でもなければ、設備が整っているわけでもない。だが、スタジアムは老若男女の人であふれかえっていた。繰り返すが、メジャーリーグではなく、独立リーグの試合を見ることを、町の人たちは楽しみにしていたのである。

おじいちゃんも、おばあちゃんも、若い男性も女性も、そして子どもたちも。地元の人たちみんながみんな、チームを愛し、応援していた。そこには試合の勝ち負けではない、温かな空気と幸せな空間が作り出されていた。

「そのとき、競技力に左右されずに応援されるチームがあることを知った。それを日本でも、サッカーでも、J1というトップリーグのクラブでも、できるということを証明したい。だから、勝って愛されるのではなく、愛されて勝つクラブになりたい」

まだ26年——志は道半ばである。

05

証言

井川宜之

Noriyuki Igawa

「つなげて」営業収入Jクラブ一位に

弱者のマーケティング戦略から広がったつながり

感覚的にはすでに気づいていたとはいえ、数字やファクトを調べれば調べるほど、川崎市が持つポテンシャルの高さに納得した。

「川崎市ほど恵まれている環境は、日本全国どこを探してもなかなかないと思います」

JFA（日本サッカー協会）が主催する「JFAスポーツマネージャーズカレッジ」（SMC）を受講した井川宜之は、課題を通じて川崎市の可能性について調査をした。このSMCとは、2004年にJFAがスポーツ文化の創造に貢献できる優秀なスポーツマネージャーを養成することを目的にして始めた人材育成事業である。2006年にSMCに参加した井川は、同年からクラブが「フロンタウンさぎぬま」の運営を開始するとあって、フットサル施設の経営を仮想テーマにして、川崎市内での開業場所の選定や市場調査、運営方法などをレポートにまとめた。

「これはあまり知られていないことかもしれませんが、調べていくと川崎市は日本のなかでも桁外れに優れた市場だということがわかりました」

川崎市の人口は約154万人（2022年1月時点）だ。全国に20市ある政令指定都市のなかでは、6位に位置している。最大の人口を誇るのは、約377万人が住むお隣の横浜市だが、その面積は437・4平方キロメートル。川崎市は144・4平方キロメートルだから、横浜市の3分の1の面積になる。人口密度にすると、川崎市は大阪市に次ぐ2位の10778・47で、3位である横浜市の8611・59という数値を大きく上回る。

要するに、川崎市は〝狭いエリアに多くの人が住んでいる〟ことになる。地域密着を掲げて活動するスポーツクラブにとっては、活動範囲が限定されていて、なおかつアプローチできる人が多いという意味で好条件になる。

「市場を見たときに、まずはそこに〝人〟がいなければ商売は難しいわけですよね。それは飲食などと同じくプロスポーツでも変わりません。基本としてはスタジアムに試合を見に来てもらうことで、我々のビジネスは成立します。そうした観点で見ると、川崎市はマーケットとして非常に優れていて、さらに全国的に見ても、可処分所得が多い人たちが暮らすエリアで、少子高齢化時代にもかかわらず新しい小学校ができるくらいです。今日のクラブの成長を褒めてもらえることも多いのですが、この環境で失敗するようなことは、ちゃんとやればありえないと思っています。だから、川崎フロンターレがここまで成長できたのは、僕らクラブスタッフよりも、川崎の町のために動いてくれたサポーターや地場の企業、地域のみなさんの熱意や情熱が素晴らしかったからなんです」

そう言って井川は謙遜するが、過去にはプロスポーツチームが次から次へと町から撤退した。そうした歴史や背景を考えると、マーケットの潜在能力にしっかりと気づいて寄り添い、たゆまぬ努力を続けてきた川崎フロンターレの勝利といえる。

それこそ川崎フロンターレで働くようになった当時の井川も、今日のクラブの姿は想像していなかったのだから……。

学生時代からサッカークラブで働きたいと思っていた井川が、伝手をたどって川崎フロンターレのアルバイトに採用されたのは、1999年だった。

「知り合いから、川崎フロンターレがアルバイトを募集していると聞き、申しこんでみたら、なんと応募したのは自分だけでした。でも、頑張ったら社員にしてもらえる可能性があると聞いて、すぐに川崎市に引っ越して、それはもう無我夢中で働きました」

井川はレストランのバイトを掛け持ちしながら、川崎フロンターレで働き始めたが、レストランのバイト仲間に観戦チケットを配ろうとしても、まったく関心を抱いてもらえず、試合を見に来てもらうことはできなかった。

「川崎フロレンス？　なんでそんなチームの試合を、わざわざ見に行かなきゃいけないの？」

試合どころか、チーム名すら正しく呼んでもらえない。それくらい当時の川崎フロンターレは無名だった。

そんな井川が配属されたのが、面接も担当したという天野春果が所属するホームタウン推進室だった。

「今ではJリーグのクラブがホームタウン活動をするのは当然ですが、当時は決して活発ではありませんでした。フロンターレとしては他と差別化を図る意味でも、地域へのアプローチは絶対に必要だと考えていました。天野さんが中心になってホームタウンへの活動を行っていたので、自分はその下について商店街を中心に地域を回ることになりました」

すでに天野が素地を作ってくれていたが、回り切れない場所を井川がフォローし、同時に新規開拓も担った。天野が制作を始めたフロンターレ新聞とともに、試合の日程が記載された告知用のポスターを「３００円」で購入してもらえないかと、商店街の各店舗を営業しながら歩き回った。

クラブがすでに関係性を築いていた店舗に行けば、話を聞いてもらえ、ポスターを購入してくれることもあった。しかし、初めての店に飛びこむと、色よい返事はもらえなかった。

特に、向河原駅にはＮＥＣの事業所があり、鹿島田駅近くには東芝の工場があった。そのため、「富士通を母体とする川崎フロンターレを応援することはできない」と、はっきり言われた。それでも井川たちはめげることなく、足を運び続けた。フロンターレ新聞と1枚ずつに丸めたポスターを大量に抱えて、電車に乗りこむと、何度も、何度も商店街へと通った。繰り返し顔を出していると、徐々に店主たちの表情や態度に変化が現れた。

「また来たのか！　コーヒーでも飲んでいくか？」

「仕方ないな。ポスター買ってやるよ」

たった３００円、されど３００円である。店先に、川崎フロンターレのポスターを貼ってもらえる。当時のクラブにとっては、地域密着への第一歩だった。

「当時、クラブが行っていたのは、いわゆる『弱者のマーケティング戦略』と言われるものでした。でも、創設間もなかった１９９９年当時は、川崎フロンターレというクラブ自体にそんなに価値がなく、町からも必要とされていなかった。テレビでの露出があるわけでもなく、日本代表選手のような有名な選手がいるわけでもない。だから、クラブとしても、フロンターレを応援してもらう理由を作るのがすごく難しかった。応援しない理由はすぐに挙がりますけど、応援してもらう理由はなかなか生み出すことができませんでした。そうした状況においては、支援してもらう金額は少なくても、とにかく応援してもらえる数を増やしていく戦略しかなかった。応援してくれる人を増やしていくことで、周りも『だったら、自分たちもフロンターレを応援してみようかな』という雰囲気を作り出せるのではないかと……」

分子を増やすためには、まずもって分母を増やす必要がある。それがたとえ、弱者のマーケティング戦略と言われようが、支持者を、支援者を増やしていくことで、町での存在感を高めていくしかなかった。

店舗に顔を出し、店主たちとコミュニケーションを取り続けることで、次なる展開へとつながった。あるとき、店主からこう言われたのである。

「応援してあげたいんだけど、土日はお店があるから試合を見に行くのは難しいんだよね」

「高額の支援はできないけれど、小さな店舗をやっている自分たちでも協力できるような制度ってないの？」

そんな周囲の意見を取り入れて生まれたのが、法人や店舗向けに年1万円でクラブを支援する「サポートショップ」だった。個人を対象にしたファンクラブはすでに存在していたが、特典として観戦チケットがついていても、土日が書き入れ時の商店では使うことができない。そこでも店主たちから「観戦チケット」ではなく「お店に飾れるもの」がいいとの要望があり、ポスターやフラッグを特典につける形になった。クラブにとっても、店先に川崎フロンターレの文字やエンブレムが躍ることになり、またとない町へのアピールになった。

クラブ総出で商店街へと通い続けたことで、サポートショップの輪はどんどん広がっていった。鹿島田駅にある不動産屋や、古市場の魚屋が各店舗に話を通してくれ、商店街の多くの店がサポートショップに加入してくれた。平間商店街でも中心になってくれていた花屋が、商店街全体を取りまとめてくれ、20店舗以上の加入があった。商店街だけでなく、美容師や自動車整備の組合も仲間に加わってくれた。前述のとおり、エリアによってはNECや東芝のお膝元として富士通を母体とする川崎フロンターレは警戒されていたが、繰り返しクラブの理念や姿勢を丁寧に伝えていくことで、〝富士通の企業チーム〟ではなく〝川崎のクラブチーム〟として認められていったのである。

井川自身もアルバイトから社員になった2000年、初年度にして100件以上もの店舗や企業が、サポートショップとして名を連ねてくれた。

「うれしかったですね。熱意を持って取り組めば、わかってくれる人がいるということを体感しました。諦めずに情熱を伝え続けることが大事だったのではないかと思います」

スタジアムのある武蔵小杉駅周辺からスタートした活動は、平間や鹿島田、川崎大師へと広がり、武蔵新城、溝の口、中野島など、徐々に川崎市全域に拡大し、最盛期は800件以上にまで加入数は増えた。サポートショップのスタートから22年が経ち、今はコースの種類も増えている。川崎の町もショッピングモールや大型店舗が増え、個人経営の店舗が減った影響で、加入数は減少傾向にあるというが、それでもいまだに約500件の店舗や企業がサポートショップとしてクラブを支援している。

「ビジネスの側面から見ると、営業効率としては決してよくはありません。極端なことを言えば、1万円のパートナーを数件集めるよりも、1億円のパートナーを1件集めるほうが、経営としては効率がいいですからね。それでも我々としては、たとえ工数がかかったとしても、気持ちで入ってくれている方々に対して、こちらも気持ちで返さなければいけないという思いになります。特に昔から加入してくれている店舗のなかには、22年間継続してくれている方もいます。良いときも悪いときもずっと変わらず応援してくれていることが、なによりもありがたいのです」

たしかにビジネスとしては、効率も悪ければ、支援してもらえる金額だって少額かもしれない。だが、人という点と点が手を取り合うことでつながりになっていき、そして、小さなつながりがあちこちにできて、さらに大きなつながりを描いていく。結果、2021年度には初めて「営業収入Jリーグ中一位」のクラブになった。この戦略が起点となって、川崎フロンターレは成長していったのである。

サポーターとともに、つなげて混ぜて拡げる=UNIT

井川が社員になった2000年は、川崎フロンターレが1年でJ1リーグからの降格が決まり、12月には武田信平が新たにクラブの社長に就任した時期だった。

チームが再びJ2リーグを戦うことになった2001年、武田は当時10人足らずだった事業部のスタッフを全員集めると、1泊2日の泊まりこみで合宿を行った。主なテーマは「どうやったらスタジアムに観客を呼べるか」だった。その際、武田から具体的に提示されたKPI（重要業績評価指標）は、1万5000人という数字だった。

「武田社長からは、有料で常時1万5000人の観客がスタジアムに来場してくれるようになれば、クラブとして存続でき、J1でも戦っていけるクラブになれると言われました。そうなるためにはどうしたらいいか。合宿ではそれを集中的に話し合いました。でも、2001年の平均観客数が3784人だったように、目標が1万5000人と聞いて、当時は無茶苦茶なことを言うな、と思っていました」

井川が「無茶苦茶な目標」と感じたのも無理はなかった。

2001年9月10日に行われたJ2リーグ第31節で、川崎フロンターレは落胆せざるをえないクラブの現在地を知ることになる。水戸ホーリーホックをホームに迎える試合は、台風の影響により悪天候で、ぎりぎりまで試合を開催するか、中止にするかの検討が行われていた。最終的には、観客の安心と安全が確保できるとの判断から、実施の結論にいたったが、蓋を開けてみれば、来場者はわずか1169人だった。

雨が降り注ぎ、スタンドは閑散としていたが、延長戦までもつれた試合で、選手たちは2—1で勝利をもぎ取った。雨が降ろうが、観客が少なかろうが、勝利を目指して戦う選手たちの勇姿を見ていた井川は、自身の不甲斐なさを感じると同時に、強く決意した。

「選手たちはこれだけ頑張って戦ってくれているのに、応援してくれる人を集めることができず、申し訳ないと思いました。そのとき、選手たちが頑張っている姿を、もっと多くの人たちに見てもらいたいなって、改めて思いました」

スタジアムが人であふれ、チームを応援する後押しがあれば、もっと選手たちは奮起してくれる。熱気のある満員のスタジアムを作るのが、「事業に携わる自分たちの仕事」だと、井川をはじめ、事業に携わるスタッフたちは再認識した。

「サッカークラブは強化と事業の両輪で回っていますが、強化は強化で、J1への再昇格を目指すとともに、次に昇格したときには、二度とJ2に降格しないチームを作ることを目標に取り組んでいました。それが強化の目標であるならば、僕ら事業部は、たとえ再びJ2に降格しようとも、応援してもらえる人を一人でも多く増やしていこうと思いました。僕ら事業部の人間は、チームの強化に直接的に携わることはできませんが、多くの人に愛されるクラブになり、多くの人がスタジアムに足を運んでくれるような環境を作ることができれば、少しは勝利に貢献できるかもしれない。そう考えて、とにかく地域の人たちに愛される、応援されるクラブになろうと、やれることはすべてやってきました」

そう思っていたのは、クラブのスタッフだけでなくサポーターも、だった。

大師駅前商店街に店を構え、川崎市商店街連合会の青年部で部長も務めていた故・石渡俊行である。サポーターの中心的組織である「川崎華族」の立ち上げに尽力し、彼らは彼らでスタジアムの雰囲気を変えようとしていた。

そんな石渡とは世代が近かったこともあり、井川たちは、夜な夜な酒を酌み交わしながら、クラブの未来について語り合った。そのとき井川は石渡から、こう言われていた。

「応援してもらうのに、カテゴリーなんて関係ないだろ？」

「J1やJ2に関係なく、この町にとって必要なクラブになれば、みんなが応援してくれるはずだ」

「川崎市民に応援してもらえるクラブを作るのがお前らの仕事だからな」

井川は当時を懐かしみながら言う。

「最初は、J1に昇格しなければ応援してもらえないのではないかという、どこか強迫観念みたいなものがありました。特に都市部のクラブは、おらが町のクラブというだけでは応援してもらうことはできないと思っていました。それも一部では、正しい認識なのかもしれませんが、石渡さんはいつもカテゴリーに関係なく、地元の人が応援したくなるクラブを作ってくれと言っていました」

J1リーグの、強いクラブでなければ応援してもらえない——それはクラブ側のエクスキューズでしかなかったのである。

「川崎フロンターレのサポーターがブーイングをしなくなったのも、J2に降格した時期からでした。まだ、フロンターレというクラブの存在価値が薄かった時代に、応援するファン・サポーターが試合に負けたからといってブーイングをしていたら、初めて試合を見に来た人や子どもたち、彼ら彼女らを連れてきた保護者たちも萎縮してしまったり、怖がったりして、スタジアムに来ることが嫌になってしまうかもしれない。それも踏まえて、選手たちが試合に勝とうと頑張って戦っているのならば、応援するサポーターも家族や親戚のように『次は頑張れよ！』と拍手で鼓舞するようなチームにしていきたいと、応援のスタイルを変えてくれたんです」

その根底には、「川崎の町をよくしていきたい」という地元への愛着が深く起因していた。

再び井川が言う。

「僕も川崎市民ですが、当時の川崎市の状況や背景としては、昭和30年代から始まった集団就職などの高度経済期の影響で、地方から出てきた人たちが、川崎に住み、結婚して、子どもが生まれて、川崎で育った子どもたちが多くなってきていました。同時に、川崎で生まれ育ったその子たちにとっては、生まれ育った町を誇りに思いたい、地元である川崎に愛着を感じられたりするシンボルのようなものを求めていたのではないかと思います。そこに、ちょうどフロンターレが誕生し、地域のために、川崎のためにという思いのもと活動してきたことで、うまくニーズと合致したところがあったように思います」

時代が、環境が、そこに住まう人が、川崎という町のシンボルを求めていた——。

実際、川崎華族の現代表であり、日々スタジアムでチームに声援を送ってきた山崎真は、学生時代にサッカーをプレーしていたわけでもなければ、サッカーが好きだったわけでもない根っからの野球少年だった。学生時代に町で活動する川崎フロンターレの活動に関心を抱き、スタッフたちと顔見知りになっていったことで、クラブの地元や地域への考え方や信念に共感し、どんどんとのめりこんでいった。

天野や井川を筆頭に、クラブで働く多くのスタッフが商店街に足繁く通い、地元の人たちとの交流を契機に、応援の輪が広がっていったように、人と人のつながりが次へとつながる縁を運んできた。

それは、いまやがっちりとタッグを組む自治体（川崎市）も同様である。井川が言う。

「川崎華族の山崎さんの幼なじみに、のちに川崎市の副市長を務められることになる方の息子さんがいて。知り合ったのは副市長になられるだいぶ前でしたが、当時からとても可愛がっていただきました。そうした縁もあって、行政や自治体のことで相談したいことがあるときには何度も話を聞いていただきました」

ホームタウン推進を担当していた井川は、その後、武田の指示のもと営業部に異動し、パートナー企業の獲得にも力を発揮。のちに営業部長となって収益を大きく上げていく。その際にも、サポーターや地域との、人と人のつながりが生きたと話す。

「川崎が発祥の企業があると聞けば、クラブとしては応援してもらいたいので、セールスに行きたいですよね。そうしたときも、すでにパートナー企業になってくれている会社の社長さんに相談すると、知り合いだということで紹介してくださったり、サポーターからも応援席にあそこの役員さんがいるから声をかけてきなよ、と教えてもらったり。我々の商品は生活必需品ではなく趣味嗜好品ですから、信頼する人から紹介されることにより、クラブの好意度が上がり、その結果、商品を購入いただける確率が圧倒的に高くなります」

〝六次の隔たり〟という言葉がある。仮に会いたい人がいたときに、6人を介すれば、その人にたどり着くと言われている。スモールワールド現象の一例として用いられる事象だが、川崎フロンターレはまさに、人と人のつながりを生かして営業活動を行ってきた。

その結果が、川崎信用金庫、JAセレサ川崎、エバラ食品、田園調布学園大学、三井不動産、和幸商事（とんかつ和幸）、ウエインズトヨタ神奈川、SMBCコンシューマーファイナンス、ロッテ、早稲田アカデミー、ニュータンタンメン、マルコメ、PwC……挙げればキリがないが、ファン・サポーターもよく目にする、大きなスポンサードを長く担ってくれるパートナー企業とクラブの出会いにつながっていく。ちなみに井川は同じ手法で、2020年の「オーウェンさんとオウエン企画」で、元イングランド代表FWマイケル・オーウェンという驚きのレジェンドともつながった。

称賛すべきは、それを戦略的に行っていたのではなく、自然発生的に用いていたことだろう。当事者たちが、クラブの理念や活動に賛同していたからこそ、次なる第三者をつなげてくれたのである。

「当時は資金力もなかったので、クラブの知名度をアップさせるために、広告を打つなどといった大々的なことはできませんでした。その代わり、自分たちが動いて、人と接することだけはできました。だから、今振り返ってみると、当時は戦略としてそれほど意識することなく、長谷川幸雄さん（事業本部シニアディレクター）を中心に、自分たちが自ら動くことで、地域のネットワークを広げていったところはありました。そして広げたネットワーク先の支援者が、自ら動いて紹介してくださる。この会社はフロンターレに合いそうだと。もちろん、そこには多少の運もあったと思いますが……BTSが世界的に売れたことで有名になりましたが、今で言う〝ファンダムエコノミー〟ですね」

B'z好きの井川は、「川崎フロンターレSDGs」を意識的に浸透させていくためにも、人のつながりを拡げて混ぜることのテーマ曲として、スタジアムでの混合を意味する「UNIT」という楽曲をわざわざ選曲し、選手のウォーミングアップ時にかけてもらっていた。競技力を問われるプロスポーツクラブでは、排他的になりがちではあるが、川崎フロンターレは、ファン・サポーター、スポンサーや地域とともに忖度せず、「つなげて混ぜて拡げていく」ことを強く意識して、仲間を増やしていく。その思いをこの選曲にこめていた。

井川は「だから」と言って言葉をつなぐ。

「フロンターレが誰かの、もしくはなにかの生きる上での拠りどころになっていたらうれしいですよね。そこを目指してずっとやってきました。たとえばプロ野球でいうと、ファンの方には怒られてしまうかもしれませんが、阪神タイガースや広島カープは、強かろうが弱かろうが関係なく、地域の人やファンから応援されるチームですよね。試合の前後に居酒屋に行けば、そのチームの話題で、知らない人たち同士がその場で盛り上がっていたりする。フロンターレもみんなにとって、そういうクラブでありたいですし、そのためにも人と人のつながりは絶対に欠かせないものだと思っています」

今では新規となる企業を訪問した際に、先方の最高経営責任者がわざわざチームのグッズを身につけて出迎えてくれたことや、役員の子どもが川崎フロンターレのスクールに通っていたという話を聞くこともあるという。カタールワールドカップでは、川崎フロンターレに関わりのある選手たちの活躍が目覚ましかった。川崎フロンターレのファン・サポーターは、その際にも、川崎フロンターレとつながりがある選手たちのことを「うちの子」と表現し、応援していた。つながりが生む距離感のほどよい身近さ。それが大事な、重要な、川崎フロンターレを応援する理由、魅力となる。この紹介営業＝つなげて混ぜて拡げていく手法を続けてきたことにより、スポンサー収入、チケット収入、グッズ収入を主とした営業収入において、川崎フロンターレは数字を伸ばし続けてきたのである。

ファン感謝デーを「シーズン途中」にやる理由

営業部とともに、天野が出向などで不在だったときには集客プロモーション部も牽引してきた井川は、両方の視点から今日まで数多くのイベントを担当し、実現してきた。

印象に残っているイベントを挙げてもらうと、そのなかの一つに「ファン感謝デー」があった。特に中村憲剛がピアノを演奏した２０１９年は、自身がメインで担当したこともあって思い出深いという。

コロナ禍により、昨今はどこも中止や形式の変更を余儀なくされているファン感謝デーだが、川崎フロンターレのそれは、特に選手とファンの距離が近いイベントの一つとして知られている。最大の特徴は、多くのクラブがシーズン終了後に行っているのに対して、川崎フロンターレは、シーズンの真っ直中に開催することだ。そのため、ときには試合に敗れた直後や連敗している状況のときもあり、選手たちからもイベントに臨む空気や雰囲気を懸念する声もあった。

しかし、そこにも明確なクラブとしての意図がある。

「選手たちからすれば、たしかに『なんでこんな時期に開催するのか』という意見もあるでしょうし、強化としては、シーズン中なので選手を休ませたいという思いもあるかと思います。でも、スタジアムの一体感や、ファン・サポーターの熱量は、選手自身を突き動かす原動力になると考えています。僕ら自身も、選手たちのプレーに感動をもらい、また仕事を頑張ろうと思うように、選手たちもクラブやファン・サポーターとの一体感を感じてもらうことで、シーズンの後半戦や残りの試合を頑張ろうと思ってもらえればという狙いもあるんです。つまりシーズンの終盤戦で、少しでも勝利の確率を高めるためのものでもあります」

選手たちがバンドを結成して練習をしたり、ダンスを披露するために振りつけを合わせたりすることで、選手たち同士にも連帯感や一体感が生まれる。同時に、選手たちが一生懸命に練習し、つたないながらもステージで発表する姿を見ることで、ファン・サポーターは試合以外での選手たちの努力に感動を覚える。それがひいては、スタジアムの空気につながり、勝利を呼びこむ結果へと派生していく。

「個人的には、日本ではサッカーだけで人をたくさん呼ぶことは難しいと思っているというのが大きいかもしれないです。近年は素晴らしいサッカーをピッチで体現してくれて、タイトルを獲ることができていますし、優秀な選手たちもたくさんいます。でも、創設当初は、サッカーだけで毎試合、等々力を満員にすることはできなかった。サッカークラブである以上、魅力的なサッカーを見せることは大前提ですが、そのサッカーにプラスして、なにか付加価値があることで、見に来てくれる確率が高くなるのではないか。試合前のイベントはもちろん、スタジアムの外で展開しているフロンパークだって、サッカーにプラスした〝なにか〟を考えたうえで生まれた企画なんです」

それはすなわち、イメージ戦略でもある。

「サッカーを知らない人、好きではない人たちからすると、スタジアムに行くという行為はハードルが高く、敷居が高い印象を持たれてしまうケースもあります。そうした目に見えないバリアを取り除く必要があるのです。誰でも楽しめるフロンパークのように、お祭りのような雰囲気を感じてもらえたり、ときには実際の電車を持ちこんだり、ハロウィーンの演出をしたり、エンターテインメントの要素があればあるだけ、多くの人に喜んでもらえる可能性が高まります。僕らもエンターテインメントを担う企業として、ディズニーランドやＵＳＪ（ユニバーサル・スタジオ・ジャパン）を参考にさせてもらっていますが、現実として、今のJリーグにはそこまでのコンテンツ力はありません。じゃあ、どうするか。たとえば吉野家のイメージ戦略として『近くて、旨くて、安い』という印象があるように、フロンターレも地域にとって、親しみある余暇の選択肢となり得る存在になれたらと思って、まずはそこを目指してきたところはあります」

Jリーグが開幕して30年が経ち、今や日本全国に60クラブが点在するようになった。川崎フロンターレのように、エンターテインメントを追求することでクラブのカラーを彩ってきた一方、浦和レッズのように試合を神聖なるものととらえ、ハーフタイムやピッチ内では一切イベントを実施しないというクラブもある。それが良い、悪いではなく、それぞれがそれぞれの特徴や強み、そして信念や哲学を貫き〝色〟をつけていくことで、Jリーグは、より魅力的なコンテンツとなっていくのではないだろうか。そして、続けていくことで文化は醸成されていく。

川崎フロンターレが歩んできた26年という軌跡は、一つの方向性を明確に記している。

「SDGs」は一日にしてならず

2022年6月18日の明治安田生命J1リーグ第17節では、「第1回かわさきSDGsランド」が開催された。これは長年、営業部と集客プロモーション部を兼任し、現在は管理部企画担当のシニアマネージャーを務める井川が、メインで担当した企画だった。

メインイベントは、対戦相手が北海道コンサドーレ札幌とあって、北海道テレビの人気番組『水曜どうでしょう』とコラボし、番組に出演している俳優の鈴井貴之と、中村憲剛、野々村芳和Jリーグチェアマンによるスペシャルトークショーだった。他にも番組の名物ディレクターのトークショーも開催するなど、ユーモアあふれる企画で来場者を楽しませた。

一方で、スタジアム周辺に目を移せば、SDGsを学び、体験できるイベントブースがたくさん用意されていた。いくつか紹介すると、「CC等々力環境エリア」では、「楽しくスポーツ体験！」と題して、アメリカンフットボールのパスやバスケットボールのシュートを体験できるブースが用意されていた。川崎フロンターレはサッカークラブだが、スタジアムを訪れた来場者たちに、他のスポーツに触れ合う機会を提供する。これはクラブが強く共感している「Jリーグ百年構想」にも記されている「サッカーに限らず、やりたい競技を楽しめる」という指標に沿っていると言えるだろう。

また、「スポーツ×共生社会」のブースでは、車いすバスケットのシュートを体験できただけでなく、パラスポーツや感覚過敏疑似体験のVR展示が行われた。これを再び「Jリーグ百年構想」に当てはめれば、「スポーツを通して世代を超えた触れ合いの輪を広げる」という指標に該当し、世代だけではなく、障がい者への理解にもつながる取り組みだった。

他にも「新城小SDGsかるた」のブースでは、地元・川崎市立新城小学校の6年生たちが作ったＳＤＧｓかるたを楽しむことができた。子どもと一緒になってＳＤＧｓについての知識を深められ、クラブが地域に密着していることを感じられる企画だった。

井川は言う。

「最初は、ＳＤＧｓをうたったイベントを企画すること自体、安易に今の時代の流れに乗っているような気がして躊躇していたんです」

背中を押したのは、２０２２年4月にクラブの代表取締役社長に就任した吉田明宏だった。川崎フロンターレというクラブの活動を外から見てきただけでなく、社長に就任する際にはクラブが取り組んできた事業やイベントの内容を独自に調べたことで見えた景色があったのだろう。

吉田は井川にこう言った。

「そもそもフロンターレがやってきたことはＳＤＧｓに沿った活動ばかりだろう。そうしたクラブの活動を、ＳＤＧｓを通してみんなに知ってもらうことは大切ではないのか」

吉田にそう言われた井川は、改めてクラブが地域で、または地域とともに育んできた活動を整理した。そして、持続可能な開発目標である「ＳＤＧｓ」に当てはめていけば、どれもが17つある目標のいずれかに該当していた。

「多摩川〝エコ〟ラシコ」として、選手会が主催となり、川崎市、とどろき水辺の楽校、国上交通省とともに、サポーターも参加して行う多摩川の清掃活動は、「⑭海の豊かさを守ろう」「⑮陸の豊かさも守ろう」を筆頭に、「④質の高い教育をみんなに」「⑥安全な水とトイレを世界中に」「⑰パートナーシップで目標を達成しよう」といった項目に当てはまった。

試合時のイベントでは、毎年開催している「川崎ものづくりフェア」は、「⑧働きがいも経済成長も」「⑨産業と技術革新の基盤をつくろう」、そしてやはり「⑰パートナーシップで目標を達成しよう」という地域振興に貢献していた。中西哲生が発起人となった「ブルーサンタ」や、これまた試合時のイベントである献血啓発の「噂のケンケツSHOW」は、まさに「③すべての人に健康と福祉を」を表現していた。

2011年に起きた東日本大震災による支援から関係性が始まった岩手県陸前高田市との取り組みもまた、SDGsの象徴と言える。選手たちが現地に赴き「サッカー教室」を開催しただけでなく、陸前高田市の小学生をスタジアムに招待する「かわさき修学旅行」も実施するなど、両者の関係は一方通行ではない交流へと発展していった。試合時にも「陸前高田ランド」と題して、陸前高田市の特産品を販売し、さらには「ふろん田プロジェクト」として現地で田植えを行うなど、まさに持続可能な活動として毎年のように継続どころか、発展を遂げている。そうした陸前高田市との活動は、「②飢餓をゼロに」「③すべての人に健康と福祉を」「④質の高い教育をみんなに」「⑧働きがいも経済成長も」「⑨産業と技術革新の基盤をつくろう」「⑪住み続けられるまちづくりを」「⑭海の豊かさを守ろう」「⑮陸の豊かさも守ろう」「⑰パートナーシップで目標を達成しよう」と、17つあるSDGsの目標のうち9つの項目に該当した。

正直、こうして挙げれば、やはりキリがない。川崎フロンターレが行ってきたすべての活動が、地域密着、社会貢献、すなわちSDGsにひもづいていた。SDGsが国連サミットで採択されたのは2015年のことであり、自治体や企業が目を向け始めたのは近年のことである。クラブが誇るべきは、1997年から「ブルーサンタ」がスタートしていたように、創設当初から、もしくは10年以上も前から、そうした活動を持続的に行ってきたことだ。

まさに川崎フロンターレは、SDGsのパイオニアだったのである。

再び井川が言う。

「吉田社長に、年初にSDGs推進の命を受けて、サポーターとSDGsの進め方について相談をしていたときに、『そもそも川崎フロンターレのこれまでの活動自体がSDGsでしょう』と言われて、腹落ちしました。そこで、戦略的に進めるために、川崎フロンターレ＝SDGsのイメージがフロンターレのサポーターだけでなく、より多くの方々にも認識いただけるように、シンプルに、そしてフロンターレらしくおもしろくあたたかく伝わる手法で、SDGsに精通する専門家に伴走してもらい、最終的には第三者機関から川崎フロンターレ＝SDGsを評価いただく手を打つことに決めました。一方でSDGsの17の目標に照らし合わせていくと、まだできていないことも見つかりました。それもあって、欠けていることにも手を打とうと考え、2022年6月25日の試合からは、フードバンクかわさきの協力を得て、フードドライブを実施し始めました。食品ロスを防ぐための活動です」

続く2022年8月7日には、川崎市とSDGsの達成に向け、相互に連携、協力することを目的とした協定書を締結した。自治体からSDGsのパートナーとして指名されたのも、地域に対する貢献度の高さや継続性が認められた証だった。それに基づき、川崎フロンターレが中心になり、「かわさきこども食堂ネットワーク」の支援をスタートさせた。クラブが単独で行うのではなく、川崎市とクラブを支えているパートナー企業と企業を結びつけ、活動する形を作り出した。「つなげて混ぜて拡げる」である。

「子ども食堂は川崎市内に70カ所あり、そのうち40カ所が、かわさきこども食堂ネットワークに参加していました。開催頻度はさまざまですが、月に1〜2回は無償または低額で子どもたちに食事を提供しているそうです。経済的な理由から子どもたちがご飯を食べられない家庭もあれば、一人親のためご飯を食べる際にコミュニケーションを取る機会がない子どもたちに食事を提供し、拠りどころとして機能しています。この活動を地域プロスポーツクラブとして支援しないわけにはいかない。そして、子ども食堂の支援を行うために、クラブだけでなく、パートナー企業の力を借りて実現することになりました」

支援協力パートナーとして名乗りを挙げてくれたのは、ロッテ、マルコメ、ドールだった。日ごろからクラブを支援してくれている3社は食品を提供してくれている。また、富士通は置き場所の提供、さらにヤマト運輸の協力により、物流の問題もクリアされた。今後は、さらに多くのパートナー企業が支援の輪に加わることが決まっている。

「スタジアムに看板を出していただく、ユニフォームに企業名を入れていただくといったように、広告としてクラブが役に立てる部分もあるかと思いますが、決してそれだけを求められているわけではないと考えています。地域貢献活動やＳＤＧｓに力を入れていきたいと考えている企業も多いように、我々はそのお手伝いをすることができる。企業同士をマッチングさせるのは、それこそ我々が最も得意としているところですからね」

かわさきこども食堂ネットワークへの支援が示すように、地域に根ざした活動を行ってきた川崎フロンターレは、自治体と企業、企業と企業をつなぐ中心になることができる。

それは地域にあるプロスポーツクラブが示す新たな可能性だった。結果、川崎フロンターレは、井川が立てた２０２２年の戦略の最終章に設定していた第三者機関からの評価として、日本財団が主催するアスリートの社会貢献活動を表彰する「ＨＥＲＯｓ ＡＷＡＲＤ ２０２２」をスポーツ団体として受賞した。

「フロンターレは間を取り持って、新しい価値を生み出すことが得意な会社だということに、自分たちも最近になって気づきました。企業同士だと、どうしてもビジネスとして話が先行しがちですが、我々フロンターレがその接着剤として間に入ることで、地域への貢献や地域に暮らす人たちへ向けた事業として発信することができる」

実際、前述した「かわさきこども食堂ネットワーク支援」の発表は、川崎フロンターレを中心に記者会見を行ったことで、多くのメディアに取り上げられた。これが自治体だけ、もしくは一つの企業だけが行った事業ならば、ここまで多くの人たちに知られる機会はなかっただろう。地域と密接に関わり、かつクリーンな印象のあるスポーツが合わさるプロサッカークラブが輪の中心にいることで、発信力や告知力、そして周囲からの支持や理解につながっていく効果があった。

「スポーツはピッチ上での価値はもちろんありますが、それ以外のところでも、できること、やれることの社会的価値も高いのは間違いないと感じています。それは選手たちからのコメントを聞いただけで、子どもたちがものすごく喜んでくれたり、笑顔になってくれたりすることが示していると思います」

プロスポーツクラブである以上、選手たちが結果、すなわち勝利を追い求めるのは当然ではある。だが、クラブが目指しているのは、そこに、その町に自分たちがあることの存在価値である。

井川が言う。

「試合に勝てないときがあったとしても、クラブのSDGsの目標にひもづく日々の活動やその存在によって、人やこの町を笑顔にすることはできると思っています。もちろん試合には勝ったほうがいいですけど、それと同じくらい大切なもの……それは、スタジアムに来てくれた人の笑顔や、クラブがあることで『川崎市民でよかった』と感じていただけることだと思ってやっています」

等々力陸上競技場が熱狂や興奮以上に、いつも笑顔にあふれている理由だった。

06
証言

吉冨真人
熊谷直人
Masato Yoshitomi
Naoto Kumagai

中と外、それぞれの「攻めの広報」

個性的な〝公式発信〟誕生秘話

おそらく、川崎フロンターレのファン・サポーターのなかで、見たことがない人はいないのではないだろうか。

まさにクラブの〝顔〟と言っても過言ではない。

そう聞くと、レジェンドである中村憲剛や、指揮官である鬼木達監督、はたまたイルカが描かれたエンブレム、もしくはマスコットのふろん太を連想する人もいるかもしれない。

しかしながら、筆者がクラブの〝顔〟と表現したのは、オフィシャルウェブサイトのことだ。

試合日程や試合結果はもちろんのこと、所属選手の詳細なプロフィールデータや、クラブが取り組むさまざまな活動のレポート、さらにはリリースやチケットと、クラブにまつわるありとあらゆる情報が集約されている。一度もアクセスしたことがないファン・サポーターはいないのではないかと断言できるほど、だ。

間違いなく、オフィシャルウェブサイトはクラブの〝顔〟として機能している。

広報グループの一員として、2003年から長らくホームページの制作に携わってきたのが、吉冨真人である。

「ウェブの専門知識があったわけではなかったのですが、当時の武田(信平)社長から『ウェブ担当をやってくれ』と命を受けて、自分が担当することになりました。なにしろ知識がなかったわけですから、当時はそれほど深く考えてホームページを制作していたわけではありませんでした」

担当になり、ホームページの拡充や発信の仕方を模索していくにあたって、吉冨が感じたのは〝情報量〟についてだった。

「当時はサッカーの試合結果すら、メディアでほとんど取り上げられる機会がありませんでした。テレビのスポーツニュースでも、サッカーはそのとき好調なチームのゴールシーンをハイライトで取り上げ、その他の試合はスコアが映し出されるくらいでしたから」

J1リーグならまだしも、2003年当時の川崎フロンターレは、J2リーグを戦っていた。ハイライトどころか、試合結果すらテレビで取り上げられる機会は少なかった。スポーツ新聞には結果こそ記載されるとはいえ、記事が掲載されることは滅多になかった。

川崎市民に周知されるだけでなく、1人でも多くの人に応援してもらえるクラブを目指す。そう考えて活動していくなかで、クラブの根幹、軸であるサッカー＝試合について知ってもらえる、目に留めてもらえる機会すらなかったのだ。

「メディアで試合内容や選手たちのコメントを取り上げてもらうことは難しい状況だったので、まずは自分たちで発信しよう。そう考えたのが、最初のきっかけでした」

広報担当として、試合後に選手たちへの対応業務に当たったたときのことがよみがえる。

スタジアムによって、試合を終えた選手たちの動線は異なる。アウェイゲームでは、そのスタジアムなりのルートがあるため、試合を終えた選手たちに、記者から取材を受けるミックスゾーンを通ってバスに向かってほしいと伝えた。ところが、選手たちは怪訝な表情を浮かべて、こう言った。

「誰もいないのに、なんでそこを通らなければいけないの？」

アウェイの地で、フロンターレの選手たちを取材するメディアは1人もいなかった。

「Jリーグ、そして各クラブと定めているルールがあるので、たとえ誰もいなくとも、選手たちにはミックスゾーンを通ってもらわなければいけませんでした。取材する人がいないのに、選手たちを歩かせなければいけない……これは、我々としてもつらかったですね」

悔しさを胸にグッと押しこめながら、吉冨はこう伝えるしかなかった。

「申し訳ない。それでもミックスゾーンを歩いてくれ……」

ウェブ担当になり、ウェブサイトのリニューアルを進めるため、多くの企業に見積もりを依頼した。しかし、ほとんどが予算をはるかにオーバーしていた。たしかに資金を投じれば、充実した企画や中身を作ることができる。だが、J2リーグ降格を機に、また武田信平が社長に就任してからは「健全経営」をモットーに、親会社に頼ることのない自立したクラブを目指していた。ホームページの制作に予算をかけるわけにはいかなかった。そうした状況を理解してくれたうえで、「一緒にやっていきたい」と言ってくれたのが、現在もオフィシャルウェブサイトの制作を担ってくれている人たちだった。

そして、プロモーション部が予算をかけず、手作り感のあるイベントを作ったように、吉富もまた、自分たちが指を動かし、自分たちが持つコンテンツ力を生かそうと考えた。

自分たちが好きなものを、みんなにも知ってほしい

2003年にホームページをリニューアルしてから、今なお続いているコーナーがある。ファンが楽しめるコンテンツを集めた「F—SPOT」内にある「ピックアッププレイヤー」である。1本の記事で1人の選手を取り上げ、選手の生い立ちや思考をどこよりも詳細にひもとく骨太なインタビュー記事として、多くのファン・サポーターが楽しみにし

ているコンテンツの一つだ。2003年にスタートした企画は、2回目に〝川崎の太陽〟こと、ジュニーニョが登場。5回目には中村憲剛の記事が掲載されている。

「当時はメディアに取り上げられる機会も少なかったですから、誰もが所属している選手のことを詳しく知らないような状況でした。それは外だけではなく、社内でも、です。自分たちだって、選手たちのことをもっと深く知りたいよね、と」

吉冨が言葉を続ける。

「たとえば、今ならば、テレビを見ていて気になる芸能人を見つけたら、みんな、その人の年齢や出身地、どういった作品に出演していて、どんな性格なのかなど、検索しますよね。人となりを知って、親近感を抱くことで、もっと応援したくなる。サッカー選手も同じで、自分と同郷だったり、同じような経験をしていたりと、ファン・サポーターそれぞれに共感を持ってもらえるポイントがあれば、もっと応援してもらえるきっかけが増える。だから、彼らのことを少しでも知ってもらえる機会を、自分たちで発信していこうと考えたんです」

テーマにしたのは、その選手の歩みを知ると同時に「誰かに話したくなる」こと。そんな読後感とともに、次へとつながる波及効果だった。

また、年を追うごとに、所属選手のプロフィールも充実させていった。

今では、選手のアンケートは、サッカーに関することからプライベートにいたるまで、項目はゆうに100を超えている。質問数だけでなく、バラエティーに富んだ質問の内容も含めて、他クラブの追随を許さないJリーグ屈指の充実ぶりが度々話題になる。

例を挙げれば、サッカーに関する質問には、「プロ選手としてここだけは絶対に譲れないことは？」というアンケート項目がある。

実直なストライカー、小林悠は真面目に「目の前の相手に負けないこと」と回答している一方、ムードメーカーでもある登里享平は「『のぼりさと』ではなく『のぼりざと』です」と、ユーモアを生かした答えを残している。

また、プライベートに関する質問では、「幸せだと感じる瞬間」という項目があり、大島僚太は「予定にしばられない時」とマイペースぶりがわかる回答を記し、家長昭博は「家族5人で夜ご飯を食べている時」と家族思いな一面を見せている。

これだけでも、選手の性格や人となりが見え、まさに吉冨が言う〝親近感〟や〝共感〟を抱くことができる。選手と好きな食べ物が一緒だったり、好きな漫画が同じだったりするだけでもうれしくなるのが、ファン・サポーター心理である。アンケート項目が多ければ多いほど、また項目が多岐にわたればわたるほど、どこかに接点を感じてもらえる可能性は増えていく。川崎フロンターレのオフィシャルウェブサイトには、そうした創意工夫があちらこちらに見受けられる。

「Jリーグの全クラブのホームページを拝見したとき、純粋に選手プロフィールの項目が少ないなと感じたんですよね。それならば、うちが一番、細かくして、見てもらえるだけで選手のことがイメージできたり、伝わったりすればいいなと考えました」

今では、川崎フロンターレにならい、選手のプロフィール欄を充実させているクラブも増えてきた。吉冨は言う。

「僕らも海外のクラブの選手プロフィールなどを見て、参考にさせてもらうこともあります。他のクラブが真似をしてくれたときはうれしかったですし、逆にラッキーだなとすら思います。それをまた参考にして、僕らは上書きしていけばいいわけですからね」

アンケート項目がシーズンを追うごとに増えていったように、クラブ間の刺激がまた、内容の充実につながっていく。安易な言葉で表現すれば、パクり、パクられ、またパクる。いいものを取り入れていくことで、ブームは生まれ、そして文化は育まれていく。

試合結果の充実も同様だった。試合を終えた選手たちが、誰も取材する人がいないミックスゾーンを通らなければいけないのであれば、自分たちが声を拾って発信すればいい。

「これも当時、他クラブのホームページをのぞいてみると、試合結果しか掲載されていなかったんですよね。対戦相手がどこで、スコアは何対何で、誰が得点した、というくらいの情報しかありませんでした。たとえばですが、試合後に必ず行っている監督の記者会見の内容を掲載するのはマナー違反なのかな、と思ったのですが、Jリーグに確認してみると、記者会見は公式の場として設けているため、コメントを掲載しても問題ないという回答でした。だったら、監督がどのような考えで試合に臨み、試合の戦況をどう感じていたのかを、ファン・サポーターにも知ってもらえればと考えました」

他クラブに先駆けて川崎フロンターレの「試合結果」欄が充実しはじめたのは、2007年からだった。試合の詳細とともに、当時チームを指揮していた関塚隆監督の記者会見の内容が掲載されるようになった。その後、対戦相手の監督の会見も読めるようになり、メディアと同じく、ファン・サポーターも、指揮官たちの総評から質疑応答まで多くの情報を得られるようになった。

また、同じ2007年から、選手の試合後のコメントもオフィシャルウェブサイトに掲載されるようになった。

「初めて試合に出場した選手がどのような思いでピッチに立ったのか。また、ゴールを決めたわけではなくても、アシストや、さらにその前の場面に絡んでいい働きをした選手が、どういう意図でプレーを選択していたのか。純粋に知りたいですし、知ってもらいたいじゃないですか。自分たちが知りたいこと、知ってほしいことを載せていくようにしていったら、内容も人数もどんどん増えていきました。正直、そこは無策で、戦略や作戦があったわけではないんですよね」

吉冨が再び、記憶を呼び起こす。J1リーグに再昇格した2005年だった。

「ガンバ大阪とアウェイで対戦したのですが、試合は残念ながら2―3で負けてしまいました。でも、ロッカールームに帰ってくるなり、(中村)憲剛がこう言ったんです」

中村にとって、その年は自身初のJ1リーグだった。新しい経験に、刺激が多かったのだろう。

「J1、めちゃくちゃ楽しい！　ヤットさん、やばかった！」

司令塔としてピッチに立っていた中村は、同じくガンバ大阪の司令塔で、すでに日本代表でも活躍していた遠藤保仁と対戦して、感動を覚えると同時に興奮していた。

吉富は、中村の発言と、興奮具合が強く印象に残っていた。

「その言葉を、多くのファン・サポーターに聞かせてあげたいというか、教えてあげたいなって純粋に思いました。試合には負けたし、悔しい思いはあるけど、それを踏まえて、シンプルにJ1を楽しんでいて、相手選手を『うまい』とリスペクトしている。それを発信してあげたいなと素直に思ったんです」

なにより大切だったのは、吉富自身が、クラブが、持つ視点だった。ファン・サポーターと同じ目線を持ち続けていたのである。

「大切にしていたのは、自分たちが好きなフロンターレにいる選手たちを知ってもらいたいという思いでした。たとえば、自分が大切にしているものや、興味を持っているものについては、家族や友人に話したいじゃないですか。好きな人に勧められたお店ならば、知らない人に勧められるよりも行きたくなる。それと同じように、フロンターレが大好きな僕らが、フロンターレを好きな人に見てもらいたい、知ってもらいたいという純粋な気持ちからでした。だから、アンケートの項目についてもそう。戦略的に増やしていったというわけではなくて、好きなものを好きな人たちに教えたいという思いからでした。それ以上に、自分が見たい、自分が知りたかったんですよね」

〝好きだから自分が知りたい、好きだからみんなに知ってもらいたい〟。それはウェブサイトに留まらず、川崎フロンターレの細部に宿る原点の一つだ。

フロンターレの「脱・公式」的ＳＮＳ活用術

「約束の時間になった」

選手の加入、退団、移籍などを報告する際、ＳＮＳのオフィシャルアカウントとは別に、マスコットである「ふろん太」のアカウントでは、そうつぶやかれる。

シーズンが終了すると、ファン・サポーターは、今日は「約束の時間」が訪れるのか、訪れないのかと、ドギマギしながらＳＮＳをチェックすることになる。今では、クラブからなにも発表がなければ、「今日は約束の時間がなかった」と、〝推し〟の選手がチームを離れないことに安堵する声も、ちらほらＳＮＳ上で見かけるほどだ。

吉冨がオフィシャルウェブサイトの制作を担当するようになった２００３年当時は、スマートフォンはなく、いわゆる「ガラケー」全盛だった。ウェブサイトを閲覧するのは、もっぱらパソコンで、携帯電話を片手に画面を指でスクロールする時代が来るとは思ってもいなかった。

スマートフォンの誕生と、アプリの開発により、手軽にインターネットが使えるようになり、登場したのがSNSである。

今ではさまざまなメディアがあり、クラブもコンテンツの特徴に合わせて日々、更新作業を行っている。

川崎フロンターレのホームページを見ても『Twitter』『Instagram』『Facebook』『LINE』『YouTube』と、多くのSNSのリンクが並んでいる。なかでも『Twitter』は、先ほど挙げた「約束の時間」を知らせるマスコットの「ふろん太」、同じく「カブレラ」、プロフィールには括弧つきで「一応、公式」と書かれている『@frontale_staff』など、複数のアカウントが存在する。これらはそれぞれの特性やキャラクターを生かした形で運用されている。

「約束の時間」に代表されるように、SNSでの発信力にも、川崎フロンターレというクラブのカラーが強く感じられる。聞けば、そこにも吉冨が大切にする「好き」が密接に関係していた。

「SNSの更新は、他のスタッフと一緒にコツコツと行ってきたのですが、根底にあるのはやっぱり、自分が知りたいことや、フロンターレを好きでいてくれているであろうファン・サポーターに伝えたいことを、とにかく発信していこうという考えでスタートしました」

一つ例として挙げれば、期限付き移籍中の選手や、他クラブへ移籍していった選手への対応は非常に特徴的だ。特に「公式」と名がつくアカウントだと、日本ではどうしてもお堅いイメージがつきまとう。そのため、現所属先への配慮から、期限付き移籍中の選手や、過去に在籍していた選手について、公式では触れないことが多い。しかし、川崎フロンターレでは、期限付き移籍している選手の成績を積極的に紹介したり、過去に在籍していた選手のつぶやきに「いいね」をしたり、コメントすることもある。これはとても珍しかった。

「もしかしたら、他クラブのファン・サポーターにしてみれば、おもしろくないところもあるかもしれません。でも、一度でもフロンターレに在籍してくれた選手は、今でも大切な仲間だと考えています。世界中に多くのサッカークラブがあるなかで、フロンターレでプレーしてくれること自体が奇跡に近いような縁だと考えています。プロスポーツの世界なので、移籍はつきもの。でも、他のチームでプレーしていても、同じサッカーファミリーですからね」

期限付き移籍中の選手の動向を〝親クラブ〟が知らせるのも、海外のチームがＳＮＳで実施しているのを見て、すぐに取り入れたという。おもしろいと思えば、すぐに取り入れる。パクり、パクられ、またパクるの精神である。

「期限付き移籍は『下宿先に預けている息子』みたいなイメージですよね。だから、情報を知らせるのも、保護者が『いつも息子がお世話になっています』と、下宿先の人に挨拶するみたいな感覚です」

その距離感がSNSの特性には適しているし、親しみやすさの秘密でもあるのだろう。

またプロモーションと同じく、「ユーモア」は、こうしたSNSの活用にもあふれている。パッと思い浮かぶ好例が、4月1日のエイプリルフールだ。クラブが創設20周年を迎えた2016年、Twitterの川崎フロンターレ公式アカウントでは、次のような文言がツイートされた。

「【お詫び】川崎フロンターレは、今年が創立20周年ではなく、創立200周年の誤りであったことをご報告いたします。皆様には大変ご迷惑をおかけし、深くお詫び申し上げます」

手がこんでいたのは、川崎フロンターレのユニフォーム柄の着物を着た人物が「蹴鞠」をしているGIF画像が一緒に投稿されたことだ。よくよく見ると、その二人は中村憲剛と、当時在籍していた大久保嘉人だったりする。もちろん、ハッシュタグにはエイプリルフールの言葉が添えられてあった。

「200周年だと、蹴鞠をしていたころと時代背景が違うとか、いろいろと突っこまれたりもしました（笑）。でも、それでいいんです。やるならば、真剣にふざけたことをやりたかった。だから、いじってもらえたら、こちらとしてもうれしい。あの企画も、他の大手企業同士がエイプリルフールにコラボして、映像なども真剣に作りこんでいるのを見たんです。うちでは、それほど、制作費は掛けられないですが、純粋におもしろいことをやりたいなって思いました」

翌年には、前年が200周年ならば、次は2000周年だと、大きく飛躍して古代ローマの「テルマエ（公共浴場）」をイメージしたGIFアニメーションを作成した。クラブ創設25周年ではなく「フロ＝26」にかけて26周年の2022年を大々的に祝ったように、フロンターレの「フロ」と「風呂」をしっかりとかけていたことは言うまでもない。

また2022年の4月1日には、パートナー企業であるリクルートダイレクトスカウトとのコラボも行った。当時のキャプテンであり、イケメンで知られる谷口彰悟がモデルとなり、「谷口彰悟選手 転職のお知らせ」と題した投稿で、俳優業への転職がアナウンスされた。そして、芸能活動開始と言わんばかりに、写真集の表紙風の画像やドラマの番宣風ポスターを掲載。クラブも真剣にふざけるならば、選手も本気でそれに付き合う。本物の俳優顔負けの表情でやり切る谷口の姿勢は、川崎フロンターレのカラーそのものだった。

サッカーサイト『Qoly』による2022年のJ1リーグ在籍クラブにおける6大SNSのフォロワー数ランキングでは、セレッソ大阪に次ぐ2位だった。その数は114万8864。そのうち、LINEは1位に当たる13万6290人だった。Instagramは2位、Facebookも2位だったように、驚くのは全クラブで唯一、6大SNSすべてのランキングで、現在は3位以内に入っていることだ。まさにユーザーの特性に合わせて万遍なく、網羅的にコンテンツを配信しているということになる。

しかし、吉冨は思いを語る。

「Twitterを例にしても、かつてはフォロワー数では横浜F・マリノス、鹿島アントラーズ、浦和レッズなどには及びませんでした。でも、数字がすべてではないと考えています。これもたとえばですが、小さな島にあるサッカーチームのフォロワーが2000人しかいなかったとしても、そこに住む島民にめちゃくちゃ刺さっていたとしたら2000人だっていいわけです。数字を伸ばすというよりも、フォロワーの心に刺さる、ときにはフォロワーが泣いてくれるような投稿をすることを、自分たちの目標にしてきました」

明治安田生命J1リーグで初優勝を飾った2017年12月2日、Twitterでは、選手が喜びを爆発させる動画とともに、「祝！　脱・無冠ターレ!!」とツイートした。

クラブのオフィシャルで、周りから揶揄されてきた言葉をあえて使用し、喜びを表したのである。実におもしろく、実にSNSらしく、そして実にインパクトのある表現だった。

「フロンターレがずっとタイトルを獲れずにいたことに対して、周りから『無冠ターレ』ともじられていたことは知っていたので、逆にその言葉を用いて、優勝した喜びを届けようと咄嗟に思いつきました。脱・無冠ターレだぞって（笑）。あのツイートはとても反響が大きかった思い出があります」

ちなみにそのツイートは、5557件の「リツイート」と、1万6000件の「いいね」があり、動画は60万回も再生されている。

吉冨はSNSを更新するうえでのモットー、姿勢をこう教えてくれた。

「単純に公式だからといって、すべてが〝ですます調〟になってしまうと、対面しているときと一緒で、腹を割って話していない、もしくはかしこまった印象を受けますよね。SNSもそれと一緒で、思ったときの感情を素直に届け、一緒に共有、共感したい。僕らも試合に負けたら悔しいですし、勝てばうれしい。そうした僕らの温度も感じてもらえれば、と思って運用してきました」

いわゆる「中の人」の顔や表情が透けてみえる。吉富も「温度」と表現したように、川崎フロンターレのSNSには、ただの文字の羅列ではなく、血が通った熱量がある。

好きこそものの上手なれ。だから刺さる

長らくオフィシャルウェブサイトやSNSの運用を担当してきた吉富のこだわりは細部に見える。

SNSが活発になり、選手が個人アカウントを持ち、自ら情報を発信するようになった昨今は、所属選手、前所属選手のSNSをすべて登録してチェックするのも業務の一つになっている。吉富は「だからスマホの通知が鳴りっぱなしでしたよね」と笑う。

なにか絡めそうな話題があれば、それを見過ごすことなく、公式として追随する。話題を発展させる、派生させるための方法だった。

一方で、確認の意味もあった。いかにピッチでスーパーなプレーを見せる選手とはいえ、

人間である。試合に負けたあとは感情的になり、暴言とも受け取れる発言を投稿してしまうかもしれない。また、心ない人からの心のない返信にいらだち、応戦してしまう可能性だってある。クラブとして、SNSのアカウントを開設する選手への教育も行っているが、選手たちの投稿や更新に反応するだけでなく、内容を把握しておくのも大切な危機管理業務だった。1シーズンの所属選手がだいたい30人強と考えると、リアルタイムで確認作業を行っていくだけでも、かなりの労力を要することは想像に難くない。

きめ細かさは、選手の周辺にも及んでいる。吉冨が教えてくれたのは、2019年に加入したブラジル人センターバックのジェジエウについてだった。当時は結婚する前だったが、ジェジエウの妻が川崎フロンターレのことを応援してくれていた。

それを把握していた吉冨は、ジェジエウが初出場することになった2019年5月3日の明治安田生命J1リーグ第10節のベガルタ仙台戦の試合前、ロッカールームにかかっている彼のユニフォームを写真に撮ると、ジェジエウの妻宛にDM（ダイレクトメッセージ）を送った。ポルトガル語で「初めて試合に出るぞ！」と送信すると、遠い異国の地にいる彼女からは、「楽しみにしている」との返信があった。選手本人だけでなく、家族まで大切にする。なんとも粋なエピソードだった。

「選手の家族、特に外国籍選手は奥さんや両親、兄弟までフォローしている選手もいます。彼ら家族の投稿もチェックして、なにを求めているのか、どういった情報を欲しているのかを感じ取るようにしていました。日本人だと、選手のご両親がSNSアカウントを持っていることはまだまだ少ないですが、ブラジル人は兄弟も含めて、みんながアカウントを持っていることが多い。そして、異国の地で頑張っている選手を家族ぐるみで応援しようとしてくれている。だから、彼らに向けて結果と写真を送ってあげるようにしていました。日本の川崎フロンターレというクラブでプレーしている自分の家族が、僕らはもちろん、ファン・サポーターから愛されているんだよ、大切にされているんだよ、ということを感じてもらいたいですからね」

オフィシャルウェブサイトに掲載する写真1枚にしても、吉冨はこだわってきた。川崎フロンターレの写真を長年撮影しているのは、大堀優カメラマンだが、彼からも「吉冨さんは、こだわりが強いので、その要望に応えるのは大変です」という、やりがいとも、ちょっとした本音とも受け取れる言葉を聞いたことがある。

たとえば、中村憲剛である。長らくチームのキャプテンを担っていた中村は、ただ写っているだけではなく、キャプテンマークが見えている写真のほうが望ましい。だから、中村が声を出して指示している場面を撮影するときには、キャプテンマークがはっきりと写るように、「左手で指を差している構図が欲しい」と細かな要望をしていた。

たとえば、家長昭博である。ピッチ内でも、ピッチ外でもたたずまいに雰囲気のある家長ならば、遠くを見つめているような写真を使用したい。そのほうが彼の雰囲気がファン・サポーターにダイレクトに伝わるからだ。そのため、「やや斜めの位置から横顔を狙ってほしい」と要望を出した。

他にも、車屋紳太郎なら、重心が低い前傾姿勢のようなドリブルが特徴だから、その瞬間を狙ってくれ。谷口彰悟はプレー中も顔が崩れる機会が少ないから、正面から撮ってほしい。また、プレー中は口を開ける癖がある選手がいれば「静止した瞬間を狙ってくれ」などなど、要望は尽きなかった。その期待に応え、また言われずとも理解して、数々の記憶に残る1枚を撮影してきた大堀はクラブにとって貴重な存在と言える。それもすべて20年以上も時間を掛けて構築してきた絶妙なコンビネーションによるものだ。

記憶に新しい2022年カタールワールドカップの日本代表として活躍した三笘薫が、幼少時代に憧れの中村憲剛と握手しようとしている写真が残っているのも、クラブとカメラマンの連携・関係構築による財産そのものである。

「その選手のプロデビュー戦は、必ず写真としても残しています。そのときはファン・サポーターがバックにいて、本人の後ろが青一色に見えるような構図も撮影してもらうようにしています。その瞬間は、二度と撮影することはできない。一度きりの機会だからこそ、クラブの財産としても、いつかのために残しておかなければならない。だから、カメラマンの大堀さんには、加入することが決まった大卒選手の大学での試合も撮影に行ってもらっています。彼らに大学時代のことを振り返ってもらうとき、その写真は貴重な1枚になりますからね」

投稿する文章へのこだわりにも熱量がある。Twitterは140文字の制限があるが、InstagramやFacebookに、その制限はない。

「たとえば、インスタでは画像1枚と短いコメントでなければいけない、といったようなルールはないですよね。たとえば、大堀さんが撮影してくれた震えるくらい格好いい写真が1枚あれば、言葉すらいらないかもしれない。逆にその選手について、こちらから伝えたいことがたくさんあれば、長文になったとしてもいいわけです。そこに前例や決まりごとはなく、なによりも『伝えたい』『教えたい』という直感を大切にしていました。だから、今の担当者にも、『クラブとしてのルールや規則はないから、自分の感覚を大切にしてほしい』と伝えています」

先ほども名前を挙げたジュニーニョは、2003年から2011年までの9年間クラブに在籍したのもさることながら、得点源としてクラブ通算175得点を挙げているように、ゴールという歓喜でファン・サポーターを笑顔にしてきた。〝川崎の太陽〟と呼ばれて愛されてきたが、このブラジル人ストライカーのキャッチフレーズも、きっかけは吉冨だった。

「あれはアウェイゲームでした。アウェイでは我々スタッフが見る席と、観客席が近い会場もあり、そのときは対戦相手のサポーターが話している内容が聞こえてきたんですよね」

対戦相手のサポーターは、ジュニーニョのプレーを見てこう絶賛していた。

「あいつ、やばいな……。なんか太陽みたいにプレーが光り輝いていて眩しく見えるわ」

その言葉を聞いたとき、吉富は自分が褒められているかのようにうれしくなり、ジュニーニョにもそれを伝えた。本人も喜んでいることをファン・サポーターに向けて発信すると、それが彼の異名となり〝川崎の太陽〟として次第に浸透していった。

「約束の時間」も同じである。

「選手の移籍が発生する際は、所属元のクラブと移籍先のクラブの間で、リリース（発表）のタイミングを調整しています。あらかじめ両クラブ間で話し合い、日時を決めているので、〝約束の時間〟が決まっているわけです。その後は、いつ出す、載せるかはクラブ次第。たまに、先にリリースしていると言われてしまうこともあったのですが、我々は〝約束の時間〟になったから発表しているだけであって、だからこそ〝約束の時間〟と書いているんです。あれも、映画『ターミネーター』の『アイル・ビー・バック』みたいに、決め台詞があったほうが印象にも話題にも上りやすいと思ってやっているんです」

いかにファン・サポーターに刺さるか、いかにファン・サポーターに響くか、いかにファン・サポーターに興味を持ってもらえるかを考え、そのとき、そのときの直感で届けてきた。

「無関心が一番つらいですよね。個人的に好きな人に告白するのと同じなんじゃないかと考えています。告白したときに、相手からも『好き』と言われたら、めちゃくちゃうれしいですよね。でも、なにも返事がなかったり、それこそ『誰？』と言われてしまったら、立ち直れない。たぶん『嫌い』と言われたほうがまだ諦めもつきますよね。それと同じで、賛否がどちらでも、反応してもらえる、関心を持ってもらえることがうれしいですよね」

吉富は言う。

「だから、マーケティングの専門家や勉強をされている人からしてみたら、僕らがやっていること、言っていることはあまり効率的でも、専門的でもないのかもしれません。サッカークラブにとって、ゼロからイチを生み出す確固たる戦略があるのであれば、他のクラブも含めてみんな取り入れているはず。おそらく、そのクラブにはそのクラブのカラーがあり、環境があり、雰囲気があるので、きっと答えは一つではないはずです。自分は『好きなもの』を、『好きな人』にたくさん伝えたい、届けたいという思いと考えで、仕事を担当してきました」

おそらく、「中の人」だった吉富には、その先にいるユーザー、すなわちファン・サポーターが常に見えていたのだろう。

「2003年にウェブの担当になったとき、当時チームはまだJ2でしたけど、クラブの納会で、チームが日本一になるよりも先に、ウェブでJリーグ一になりますって発言したことがあるんですよね。それくらいの思いで担当してきました」

その一方で、こうも語る。

「主要駅の工事と一緒で、ウェブサイトも終わりのない、完成することのない作業なんですよね。今もまだ、完成したとは決して言えません。アーカイブにしても掲載できていない過去の情報もありますし、リンクが切れてしまっているコンテンツもあります。創設時の試合結果も、写真をたくさん載せたいのですが、まだまだクラブとしては志半ばといったところです」

吉冨は2022年から、管理部の教育コンプライアンス担当になり、社員の育成や管理を担っていく立場になった。広報的な部分での志は、後進に託している。

吉冨が川崎フロンターレで働きはじめたのは2000年からだという。サッカークラブで働きたいと考えていた吉冨は、全クラブに手紙と企画書を送り、返信が来たのが川崎フロンターレだった。その企画書とは、健常者も、障がいのある人もすべての人を受け入れられるスタジアム、環境作りだった。

「もともとサッカーは好きだったのですが、中高時代の友人が事故で半身不随になり、車いす生活を余儀なくされることになったんです。その友人とサッカー観戦に行きたくても、当時はスタジアムの環境や状況的に難しく、なかなか観戦することが難しかった。その友人に、またスタジアムでサッカーを見せてあげたいという思いから考えた企画でした」

それから20年以上が経ち、町もスタジアムもバリアフリー化は進みつつあるが、まだまだすべての人に優しい環境、観戦施設とは言えない。川崎フロンターレは発達障がいのある子どもたちに観戦環境を提供する取り組みなどを進め、多くに目を向けているが、こちらもウェブサイトと同じく志半ばと言えるだろう。

しかし、吉冨の志望動機に、「好きな人にサッカー観戦をさせてあげたい」という思いが原点にあったように、そこにはずっと「好き」があった。

〝好きこそものの上手なれ〟。その熱量が、思いが、画面を通じて多くの人たちに届いていた。

なんで「攻めの広報」をやらないんだ

吉冨が中に目を向けて、〝中から外に〟川崎フロンターレの情報を発信していたとするならば、外に目を向けて、〝外から外に〟川崎フロンターレの情報を発信していくことに注力してきたのが、2000年から現場でチームの広報を担当してきた熊谷直人だった。

熊谷にとっても忘れられないのが、やはりクラブが再びJ2リーグを戦うことになった2001年だった。

「チームがJ2を戦うことになって減ったのは、観客数だけではありませんでした」

熊谷が広報になったばかりの2000年、チームは初めてJ1リーグを戦っていた。クラブハウスには連日、サッカー専門誌はもちろんのこと、新聞、スポーツ新聞各紙の担当記者たちが訪れ、日々の様子を取材すると、記事を掲載してくれていた。

しかし、J2リーグを戦うことになった2001年、当時はまだプレハブだったクラブハウスが、一気に静寂に包まれたのである。新聞、スポーツ新聞の担当記者たちが練習取材に訪れることはなくなり、サッカー専門誌の記者ですら、練習や試合に来る機会はパタッと減った。

「そのとき、J1とJ2の違いを目の当たりにしました」

2000年に、J1リーグに昇格したことで、徐々にメディアに取り上げられる機会も増えてきていた。しかし、再びJ2リーグに降格したことで一気に露出は減った。激減というよりも、それは皆無に近かった。

「J1にいた2000年は、取材を受ける機会もそれなりにあったように、基本的には取材の依頼が届いたら、その内容を吟味して、判断して、調整していくという仕事のやり方をしていました。でも、J2リーグに降格した2001年からは、取材の依頼そのものがまったく来なくなりました」

さらに広報としての姿勢を考え直す転機は、2000年末にクラブの代表取締役社長に就任した武田信平の一言にあった。

事務所に呼び出された熊谷は、武田からこう言われた。

「なぜ、もっと攻めないのか。クラブ側からメディアに発信してもらう働きかけをしていく〝攻めの広報〟を、なんでやらないんだ」

それまでを端的に言い表すのであれば、取材の依頼があったものを実現、実行していくだけの〝受け身の広報〟だった。取材依頼が来ないのであれば、自らメディアに依頼して取材してもらえる機会を提供すればいい。メディアに取り上げてもらえないのであれば、メディアが取り上げたいと思える話題を提供すればいい。

チームが攻撃的なサッカーを指向してきたように、広報もまた、守りではなく、〝攻めの姿勢〟を意識するようになったのである。

クラブがJ1リーグを戦っていた2000年に取材をしてくれていた記者たちをはじめ、取材してくれた機会を通じて知り合ったメディアの人たちと、定期的に連絡を取り合い、コミュニケーションを取るように心掛けた。

「クラブはこういう取り組みをしているので、取り上げてもらえませんか？」

「今、うちにはこういう選手がいるのですが、このテーマならば記事になりませんか？」

同時にメディアがどのような情報を欲しがり、どのようなテーマに関心を示してくれるかというリサーチも忘れなかった。

また、集客プロモーション部をはじめとするスタッフたちが、地域とクラブのタッチポイントを増やそうと取り組んでいたように、広報も記者とのタッチポイントを増やす努力を重ねていた。

その一つが、試合後にメディアに向けてメールで配信している「フロンターレニュース」だった。

２０２２年11月に行われたアジアツアーで対戦したベカメックス・ビンズンFC（ベトナム）戦で９８１回を数えたように、まもなく１０００回に迫ろうとしている。

フロンターレニュースは、試合結果、試合詳細はもちろんのこと、監督や選手のコメントがまとめられている。また、直近のクラブのリリースや話題も添付されており、目を通すだけで試合の内容や最近のクラブのことを知ることができる。

熊谷がフロンターレニュースの配信をはじめた意図を語る。

「当時はＦＡＸが主流で、プレスリリースは記者の人たちが勤める会社に送信するのが一般的でした。そこにはおそらく、他クラブからもリリースが届くので、埋もれてしまう可能性が高い。一方のメールだったら直接、担当の記者の方に届きます。ウェブサイトを見るのもそうですが、それぞれが情報を取りに行かなければ情報を得ることはできませんが、メールで送ることで、直接その人にアプローチすることができる。目に留まれば、また取材に行こうと思ってもらえるかもしれませんし、こちらが送った情報のなかにも目を引く話題があるかもしれない」

熊谷は、メーリングリストにその都度、名刺交換した記者の名前とメールアドレスを登録していった。その数は毎年、そしてシーズンを重ねるたびに増えていった。１０００回に迫ろうとしているように、ここにも川崎フロンターレが取り組んできた〝継続性〟の証が見えてくる。

「吉冨が今でいうオウンドメディアを担当して、ウェブサイトを充実させ、当時はガラケーでしたがモバイルサイトを立ち上げ、チームのことを好きな人たちに向けて、さらにチームや選手を好きになってもらえるように情報を発信していました。私自身は、それを活用して、外部とのコミュニケーションを取り、メディアに取り上げてもらえるように、各媒体に働きかけていました」

クラブにとって事業と強化が両輪ならば、広報においても、中と外も両輪と言えるだろう。それぞれが、それぞれの役割を生かして川崎フロンターレを世の中に発信していくことで、メディアでの露出を増やし、そしてクラブの名前や選手の名前が目に触れる機会を増やしていった。

選手を育てるのは監督やコーチだけではない

現場であるチーム付きの広報として、熊谷が心掛けていたことは他にもある。

川崎フロンターレは今もだが、クラブの両輪である〝強化〟＝チームが練習する麻生グラウンドと、〝事業〟＝スタッフが働く事務所の場所が離れている。

広報は、その強化と事業をつなぐパイプ役としても機能してきた。

「事業の思惑や強化の考えなどが、それぞれにあり、ときにはそれぞれに異なる場合もありました。それらの考えを吸収して、円滑に進むように両者の意図を汲み取って調整していくのも仕事の一つでした」

集客プロモーション部がユーモアあふれる企画の数々を実現する際に、選手たちが被り物をしたり、コスプレをしたりと、協力することで話題を提供してきたが、そこでも広報は尽力していた。選手たちに、企画の趣旨を説明し、理解してもらったうえで取材や撮影に臨んでもらうのも、現場にいる広報だからこそできる手腕の一つだった。選手たちが積極的にプロモーションに参加してきたのも、広報が「この撮影がなんのために必要なのか」「このコメントはどういった意図で求めているのか」を説明し、はたまた「これをやることで、ファン・サポーター、地域の人たちが喜んでくれる」ということを周知していたことが大きい。

また、集客プロモーション部が計画している企画を把握し、事前に媒体へとアプローチするのも広報の仕事だった。その際も、常に外部とコミュニケーションを取ってきた経験が生きていた。

「今回の企画だったら、こういうテーマにすれば、この媒体でなら取り上げてもらえるかもしれないと、各メディアの特性や特徴を理解すればこそ、アプローチできた取材もありました」

たとえばだが、クラブがモットーとする地域性、社会性、話題性のうち、地域性の目盛が高いプロモーションならタウン誌、社会性の際立っているプロモーションなら新聞、話題性が強みのプロモーションならばスポーツ紙といった具合に、企画の趣旨を理解し、各媒体の特性を鑑みてアプローチし、しかもそれを繰り返していくことで、常に話題を提供し続けているクラブという認識を築き上げてきた。

「広報はどちらからというと、社内においては〝リアクション〟になりますが、一方の社外に対しては〝アクション〟をしていく。事業部が次々と生み出していく企画やプロモーションを、個別に取り上げてもらうことで、よりクラブも、その企画自体も周知、認知されていくようになりました」

イベント開催のPRになる〝事前記事〟だけでなく、イベントの取り組み自体を紹介する〝事後記事〟が取り上げられているのも、そうした働きかけと、入念な準備による戦略を練っていたからだろう。かくいう筆者にも、コロナ禍だった2021年に、AFCチャンピオンズリーグのグループステージを戦うためウズベキスタン遠征に臨む前には、定期的に遠征中の模様を紹介する記事を連載できないか、という打診があった。記事を執筆する媒体側としては、選手たちの声をもとに、遠征中の裏話を届けたい。一方、クラブとしては遠征に際して協力してくれたパートナー企業のサポートについても触れてほしい。取材テーマにその両方を織り交ぜ、選手がその意図を汲み取り、取材を行っていくことで、企画は成立した。まさにWIN―WINの関係を描くことで実現できた一つだった。

今でこそ、新聞、スポーツ紙、サッカー専門誌だけでなく、ファッション誌から教育誌、ウェブメディアと、ありとあらゆるジャンルの媒体に登場している川崎フロンターレと選手たちだが、決して昔から、すべてのメディアの期待に応えてきたわけではなかった。

「J1に定着できるまでは、クラブとしての足場をしっかりと固めるためにも、取材はスポーツ媒体に特化してほしい」

当時・強化部長だった庄子春男から言われた言葉だった。

すでに地域貢献活動や社会貢献活動といったクラブとして大切にしているプロモーションやイベントへは積極的に参加していたが、取材については、サッカークラブとしての土台をしっかりと築くために、まずはサッカーの魅力を伝えてもらえるようにしたいと提案された。クラブも、そして熊谷も、庄子のその考えに納得、かつ賛同したからこそ、2004年にJ1リーグ昇格を勝ち獲り、その後、J1リーグに定着するまでは、情報誌やファッション誌といったカルチャー寄りの媒体への露出は断り、スポーツ専門メディアや地域誌などに特化した広報活動に専念していた。

「だから、すべての取材を受けていたわけではなく、そこはクラブとして戦略的に動いていたところもありました。情報誌をはじめとする一般誌の取材を徐々に受けはじめたのは、2005年、2006年になったあたりからでした」

サッカークラブとしての地盤をしっかりと固めてから、エンターテインメントの世界にも飛び出していく。そうした戦略と同じくして、意図的にクラブが試みてきたのが、クラブの〝顔〟を作ることだった。

「2005年にJ1に昇格して、チームがJ1に定着していくのと同時に、チームで台頭してきたのが、我那覇和樹と中村憲剛の二人でした。彼らは2006年には、日本代表にも選ばれたように、メディアからも注目を集めてきたタイミングでもあったので、意図的に取材を受ける回数を多くしました」

狙いとしては3つあった。一つは、選手が頻繁に取材を受けることで、選手自身の考えが整理され、プレーにも好影響を与えていくこと。二つ目は、取材を受けることで、その選手にチームに対する責任や自覚が芽生え、クラブを代表した発言やコメントができるようになり、クラブの哲学がその選手を通じて発信されていくこと。もう一つは、その選手が頻繁にメディアに登場することで、ファン・サポーターはもちろん、川崎フロンターレを知らない人たちにもイメージや印象が擦りこまれていくという効果だった。

「その筆頭が我那覇と、（中村）憲剛、伊藤宏樹や寺田周平、さらには鄭大世や（小林）悠、（谷口）彰悟たちです。彼らはクラブやチームの意図や考えを理解して、多くの情報発信に協力してくれました」

いわゆる個人である「僕」や「俺」ではなく、クラブを主語とした「僕ら」「我々」といった話ができる選手たちだった。育成といったら、聞こえは悪いかもしれないが、意図的にクラブの〝顔〟となる選手たちを育てていったことで、メディアに取り上げられる回数も増え、自覚を持った選手たちはピッチで結果を示すようになっていった。

そうした働きかけは、アカデミーに対しても行っている。川崎フロンターレのアカデミーでは、個人にスポットが当たるような取材は原則として受けないのだが、クラブがU―12

を創設した2006年に、熊谷は吉富にこう話していた。

「クラブとしてU―12を創設し、アカデミーの選手たちをトップチームに昇格させ、世界で活躍できる選手を育てていくことを目指していくなかで、その選手たちが将来、自分のことをしっかりと話せるように、取材を受ける機会を作ってあげたい」

熊谷からの提案を受け、吉富はオウンドメディアの運営だけでなく、時間の許す限り、アカデミーの練習にも顔を出すようになった。またクラブの応援番組を制作しているスタッフにも話をし、アカデミーの選手たちを取り上げる機会を作ってくれるよう掛け合った。たとえ、番組で使用する可能性が低くとも、アカデミーの選手にカメラを向けてもらい、レポーターには一人の選手として真面目な質問を投げかけてもらうことで、選手たちに自分の言葉で話をする機会を提供した。川崎フロンターレのアカデミー出身選手の多くが、若くから自分の考えを言語化し、言葉に責任感を増していったことも、選手個々の成長につながっていった。それはアカデミーからトップチームを経て、世界に羽ばたいていった三好康児、板倉滉、田中碧や三笘薫といった選手たちの今日の姿を見れば、明らかだろう。

熊谷は、トップチームに昇格したばかりだった田中碧とのエピソードを明かす。当時、試合に出られず、プロとして結果を残せていなかった田中は、応援番組をはじめとするメディアの取材依頼に対して、「できれば出たくない」とこぼしていたことがあった。

嘆く田中に対して、熊谷はこう切り出した。

「碧は日本代表に選ばれるような選手を目指しているんだよね？　将来的に日本代表に選ばれるようになったときには、たくさんの取材を受けることになると思う。そのときは自分の考えをしっかりと伝えられるようになっていなければいけないし、その場で失言や失敗はできないよね。将来を見越して、自分を客観的に分析できる力を身につけること、チームのことを話せるようになっておくことも大切だと思うけどな」

そう告げた熊谷は、さらに田中の背中を押した。

「クラブの応援番組なら、たとえ失敗したとしても、思うように自分の考えを伝えられなかったとしても、撮り直してくれるだろうし、考えをうまく説明できるまで協力してもらえると思うよ。それはきっと、将来の自分のためにもなるはずだよ」

自分の未来を思い描くことができたのだろう。

「わかりました。取材を受けるようにします」

田中は積極的に取材を受けるようになったという。

選手を育てるのは、ピッチにいる監督やコーチだけではない。

今日の結果と人気は、クラブ全体が選手を育ててきた〝財産〟といえる。

07
証言

恋塚唯

Yui Koizuka

「巻きこむ力」が化学反応を生む

「企画作り」に長けた営業部のプランナー

川崎フロンターレの軌跡を探るべく、トヨタアルバルク東京株式会社を訪ねた。アルバルク東京は、バスケットボールのBリーグで活動するプロクラブだ。トヨタ自動車アルバルクを前身とし、Bリーグが開幕した2016年からB1リーグを戦い、2017―18シーズンと2018―19シーズンには連覇を達成した日本バスケットボール界きっての強豪クラブである。

サッカーとバスケットボール。同じスポーツを生業とするスポーツクラブではあるが、なぜアルバルク東京を訪ねたかというと、かつて川崎フロンターレの営業部とプロモーション部に在籍し、天野春果の右腕として活躍した恋塚唯がいるからだった。

Bリーグの前身リーグの事務局を経て、2016年にトヨタアルバルク東京株式会社に籍を移してからは、アルバルク東京のビジネスオペレーション部の部長とチームのGMを兼務してリーグ連覇に尽力した。現在はビジネスオペレーション部の部長専任となり事業面に携わっている。

川崎フロンターレを飛び出し、他競技のスポーツクラブで働く彼の経験談を聞くことで、内部からとはまた異なる川崎フロンターレの側面が見えてくると考えた。

恋塚に聞けば、そもそも川崎フロンターレとの接点自体も外部にあった。

2003年、恋塚はとあるフリーペーパーの企画で、当時J2リーグを戦っていた川崎フロンターレを追いかけることになった。当時勤務していた地域の広告代理店で制作していたフリーペーパーの一つだった。さらにその縁で、川崎フロンターレが制作する媒体を請け負うことになった。もともと、テレビマンだった父親が番組の制作に関わっていた影響を、恋塚自身は強く受けていた。父親がスポーツを題材に、異なるものを掛け合わせることで番組を企画していたように、スポーツ、さらにサッカーが好きだった恋塚も、川崎フロンターレを追いかける企画に、魅力とやりがいを感じた。

当時はファン・サポーターもまだまだ少なく、川崎フロンターレを取り上げるメディアが少なかったこともあり、天野や熊谷直人らをはじめとするスタッフも、足繁く取材に通う恋塚を、身内のように受け入れてくれた。恋塚自身も、気がつけばチームや選手に感情移入していった。

彼らがJ1リーグに昇格する瞬間を見届けたい——それはいつしか、仕事を超え、願いになっていた。

しかし2003年、川崎フロンターレはJ2リーグ最終節でサンフレッチェ広島に2—1で勝利するも、昇格条件となる2位を争っていたアルビレックス新潟が勝利したことで、勝ち点1差に泣き、J1リーグ昇格を逃した。昇格の望みが絶たれ、打ちひしがれるなか、ファン・サポーターに挨拶するため、等々力陸上競技場のピッチを歩く選手たちを見つめていたとき、天野が恋塚に声をかけた。

「ごめんな……」

顔を見れば、その目には涙が浮かんでいた。自分たちが最も悔しいはずなのに、応援していた、関わっていた人たちに謝って歩く。そのとき恋塚自身も、追いかけてきた1年間を思い返して、もらい泣きしていた。

「大人になって、こんなにも泣くことってあるんだなと思いました。同時に、スポーツの力を感じました。サッカーもバスケットもそうですけど、スポーツは、周りの人たちを巻きこみ、感情移入させることができる。楽しさとともに、感動を共有することで得られる唯一無二の力があることを知りました」

選手たちが悔しさを噛みしめながら、ファン・サポーターに挨拶する背中を眺めながら思っていた。

「自分もこのなかで働きたいな。もっと、一緒にこの感動を分かち合いたいな……」

認められたのは、川崎フロンターレを追いかけていたときの仕事ぶりもあったのだろう。恋塚が声をかけられ、川崎フロンターレで働き始めたのは、2004年のシーズン途中だった。

フリーペーパーを担当していたように、その後も刊行物の制作に携わったのかと思いきや、配属されたのは「営業部」だった。

「営業部に勤めることになったといっても、新規のスポンサー開拓がメインで、最初から自分に仕事がたくさんあるというわけではありませんでした。当時はまだJ2リーグだったので、プロモーションにしても、ホームの毎試合でイベントを企画していたわけではなく、山場や注目試合だけでした。だから、自分の感覚としては、仕事は自分で作るもの。当時は、なにかをやるにしても、明確な予算があるわけじゃない。むしろ、いかに経費をかけずに、おもしろいことをやれるかどうかが主だったので、ステークホルダーの意向に沿って、なにができるかを常に模索していました」

天野を筆頭に、川崎フロンターレのスタッフが、当時から意識していた思考だった。

ひと昔前までは、スポンサーといえば、チームの活動資金を提供する代わりに、スタジアムの看板に社名を掲出する、もしくは冠試合を開催するのが普通だった。クラブ側は、資金の見返りとして〝宣伝〟の場を用意するのだ。

恋塚は言う。

「予算がないので、営業してお金を取ってくるしかないですよね。お金を取ってきて、使えるお金が増えれば、できることも増えるので」

しかし、川崎フロンターレは、看板を出してもらうだけ、社名を告知するだけではなく、一緒になってイベント自体を企画し、一緒に参加してもらった。

「地域のお祭りと同じですよね。ただ、お金を出してもらうのではなく、パートナー企業やサプライヤーと連携して、いろいろなものを一緒に作り上げていく」

営業部に在籍していたが、当時の肩書きが「プランナー」だったのもそのためだろう。ただ企業に営業へ赴き、活動資金を捻出してもらうのではなく、それを元手にパートナー企業もクラブも盛り上がる企画を考え、スタジアムに来場するファン・サポーターに楽しんでもらう。

それは〝提供〟ではなく〝協業〟だった。

「なにかとなにかをくっつけたときに、どういった化学反応を起こすか。常にそれを考えて、企画をプランニングしていました」

天野をはじめ、クラブが持つ感覚と共通していた。

「だから、はまったというか。うまく機能したところもあったかもしれません」

電車も、フォーミュラカーも等々力にやってきた

営業部と名前がついているからといって、ただ営業して終わりではない。恋塚は言う。

「当時の僕が行っていた営業は、『パートナー企業を生かしてなにができるか』という考えに基づいていました」

それが今日の川崎フロンターレの魅力であり、強みであり、スタンスでもある。

予算を出してもらうだけではなく、一緒にやれる企画を考え、実現するまでがセットになっている。恋塚が、「プランナー」と名乗っていたのも頷ける内容だった。

「だから、考えていたのは、パートナー企業を、自分たちの企画にどう巻きこんでいくかということでした」

２００４年のＪ１リーグ昇格時には、パートナー企業の一つだったキヤノンに依頼して、昇格を祝う選手の集合写真を大型パネルにし、そこでファン・サポーターがカメラで撮影した写真を、その場でプリントできる企画を行った。それをスタジアム、すなわちホームゲームで実施することで、集客へとつなげた。

「実際、キヤノンは自分が担当していた企業ではなかったのですが、企画を思いつき、相談すると、クラブのみんながアイデアを出してくれて実現できたことも数多くありました。サポーターの代表的なグループである『川崎華族』の面々とは、定期的に意見交換する場

を設けていたのですが、ときにはアイデアをもらい、企画が膨らむこともよくありました」

もちろん、すべてが成功したわけではない。苦い記憶もある。今では笑い話だが、端午の節句前に柏レイソルと試合があった2008年には、スタジアムで柏餅を販売しようという話になった。ただし、普通の柏餅を売るだけではつまらないと、互いのクラブカラーである青と黄色の柏餅を販売することにした。川崎市内にある和菓子屋に依頼して、わざわざ青い柏餅を製造してもらった。

ところが、である。なにせ、食欲を減退させると言われている「青」だ。視覚的にも購買意欲をかき立てることができず、かなりの個数が売れ残る結果となった。武田信平社長からも、「これは食欲がわかない」と、お叱りを受けてしまった。

思考が合致しているからか、天野からは〝お題〟だけを言い渡され、その後を丸投げされることもあった。

「電車のイベントをやってよ」

東急グループがマッチデイスポンサーとなって行う試合の企画だった。

しかも、天野からは、川崎フロンターレのファン・サポーターだけでなく、「鉄道ファンも喜ぶようなイベントにしてほしい」という無茶ぶりがあった。

硬券のつかみ取りがいいのではないか。はたまた電車の部品を展示するのもありなのではないか。いくつもアイデアを出し合っていくなかで、恋塚は言った。

「電車って、呼べないんですかね？」

線路もなければ、車庫でもない等々力緑地に電車を運んで持ってくる。電車を持ちこむには、自治体である川崎市の許可も得なければならないし、陸送することになれば警察の許可も必要だ。なにより、東急電鉄の協力を仰がないことには始まらなかった。

普通に考えれば、アイデアとして挙がったとしても、「実現不可能」と一蹴して、他の案を探すことだろう。実際、東急グループ側に提案したときには、「最初は、この人、なにを言っているんだという表情をされました」と、恋塚は苦笑いする。

しかし、どんなに突飛なアイデアであっても、実現できる道を探して行動していく恋塚は、何度も東急電鉄の担当者と詳細を詰め、川崎市や警察に掛け合い、方法を模索した。そうした姿、行動を見ていた相手にも、熱量は伝わっていく。東急電鉄も重い腰を持ち上げてくれたのである。しかも、電車を陸送することになれば莫大な予算がかかるため、廃棄する予定になっていた検測車を、途中の等々力緑地に停泊させることで、最小限の費用で東急電鉄が負担する方向で調整してくれた。

こうして実現したのが2013年11月10日、J1リーグ第31節の清水エスパルス戦で行われた「川崎の車窓から〜東急フェスタ〜」だった。

試合当日は、廃車となる7200系の旧検測車が見られる最後の機会とあって、チケットを持つファン・サポーターだけでなく、多くの鉄道ファンがカメラを持って集まった。

幾十にも電車を取り囲み、シャッターを切る人たちがいた。天野が要望した「鉄道ファンも喜ぶイベント」を実現したのである。

それだけではない。「川崎の車窓から」とイベントのタイトルを銘打ったように、メインスポンサーの富士通が提供していたテレビ番組「世界の車窓から」のナレーションでお馴染みの石丸謙二郎に、このイベントのプロモーションVTRのナレーションをお願いした。彼が中村憲剛のファンと聞き、ユニフォームを持って会いに行くと、企画の趣旨をおもしろがってくれ、ナレーションを読んでくれた。

「実現するために、熱意はもちろん必要ですけど、言った言葉には責任も持たなければいけません。ただ投げっぱなしにするのではなく、どうしたらよりよくできるかを考える。実現するために、やれることはすべてやることが大切で、それによって相手も動いてくれるんだと思います」

その前年の2012年6月30日のヴィッセル神戸戦では、等々力陸上競技場のトラックをフォーミュラカーが疾走した。これも恋塚が担当したイベントだった。

「あれも天野さんが、サーキットを運営する会社の方との食事の席で、『フォーミュラカーを走らせてみたい』という話で盛り上がったみたいで、その場で電話をしてきて、僕が担当することになりました」

レース興行を行う日本レースプロモーションも、普段、モータースポーツを見ない人へのアピールの場になると、協力を申し出てくれた。

しかし、等々力陸上競技場の過去の実績としては、川崎市制記念試合で故・西城秀樹がオープンカーに乗って陸上トラックをゆっくりと周回したくらいしかなかった。フォーミュラカーがトラックを走るとなれば、ブレーキ痕が残ってしまうかもしれないし、トラックが傷む可能性もある。クリアしなければならないハードルはいくつもあった。このときも、恋塚は日本レースプロモーションと交渉し、川崎市のスポーツ局の担当者とも相談しながら何度も資料を作り直し、承認を取りつけた。川崎市が所有する競技場の「現状維持（復帰）」は試合を運営するうえでのモットーであり、それを確保しつつも、最重要視したのはフォーミュラカーを運転するレーサーと周りのスタッフの命だった。試合時のスタジアムは、テレビ中継のためにトラックの上にいくつもの配線ケーブルが設置されている。少しでもそれにフォーミュラカーが触れれば、事故につながる可能性が高い。そのため、ケーブルを吊り上げ、走行時の安全性を確保して実施した。ハーフタイムにフォーミュラカーがトラックを疾走し終えたのを振り返って、日本レースプロモーションの社長が言った。

「モータースポーツは命と隣り合わせの危険な競技なので、サッカーの興行を行っている人たちにできるのだろうかと不安もありました。でも、自分たちと同じくらい安全性に配慮してくれて、改めてプロフェッショナルだと思いました」

恋塚にとって、それは最高の賛辞だった。

「おもしろいこと、それはユーモアのあることはもちろんですけど、責任者として意識していたのは、安全面とリスクヘッジでした。いくらおもしろくても、安全性が確保できないのであれば提供することはできない。そこはいつもはき違えてはいけないと思っていました」

突飛な企画ならばなんでもいいということではない。スタジアムを訪れた観客が、来たとき以上の笑顔で帰る。恋塚を突き動かしていたのは、そのための熱量と努力だった。

同時に恋塚はこうも語る。

「天野さんもよく言っていたことですが、一つの企画ができたとしても、毎年同じことをやろうとすると、目新しさもなくなり、取り上げてもらうこともなくなってしまいます。だから、定番化したとしても新しいことを取り入れていく。これは営業部にいたときもそうですし、プロモーション部に移ってからも強く意識していることでした」

それは恋塚が川崎フロンターレを去った今も、クラブに息づいている。

２０１８年8月15日、明治安田生命Ｊ１リーグ第22節で行われた「川崎の車窓から～東急グループフェスタ～」だった。かつて恋塚が担当した２０１３年以来となる、電車車両が等々力緑地にやってきたのである。しかも、元東急田園都市線の車両で、その後は長野県の上田電鉄で使用されてきたものだった。驚くことに、その車両は長野県から3日間の行程をかけて、等々力緑地まで運ばれてきたのである。その陸送の段階から撮影し、ドキュメンタッチで密着するなど、間違いなく企画はブラッシュアップされていた。

現在地から、ビジョンを導き出すのがうまいクラブ

川崎フロンターレに勤務していたときは、営業部とプロモーション部でいくつもの企画を実現させてきた恋塚は、始球式の担当も務めていた。

その始球式一つをとっても、個性的なクラブのカラーが感じられる。サッカーの始球式(キックインセレモニー)は、ピッチに入場し終えた選手たちが整列したあと、サイドラインからゲストが整列する選手に向けてボールを蹴るのが一般的だ。少なくとも、他のクラブではそうだ。それを恋塚に伝えると、「そうでしたっけ?」と聞き返された。

なぜかというと、川崎フロンターレの始球式はちょっと趣が違うのだ。まず、選手が入場する前に行われる。ゲストが登場し、挨拶を終えると、ホーム側のゴール前まで行き、ふろん太が守るゴールめがけてPKを蹴る。ゴールを決めたあとは、熱狂的なサポーターが集まる場所として知られる「Gゾーン」へと走り、サポーターと歓喜し、彼らをバックに写真撮影をする。他ではあまり見られないこの一連の流れが、今では毎回のお決まりになっている。

その起源は、2005年のホーム開幕戦だった。始球式に招待したのは、ミュージシャンのスチャダラパーだった。メンバーのANIとSHINCOが川崎市出身ということもあって、オファーをかけた。しかも、これだけでは終わらず、彼らがデザインした開幕記

念Tシャツを販売するなど、必ずプラスアルファを考えていたのも、川崎フロンターレらしいところだ。

「2005年の始球式は、対戦相手が浦和レッズということもあって、アウェイからはものすごいブーイングが起こっていました。ANIさんも『こんな怖い状況で始球式をやるなんて』と言っていたのを覚えています。その始球式にもあるように、普通にやるのではなく、どこかに遊びやユーモアを加える。それはフロンターレらしさの一つだったと思います。また、ANIさん、SHINCOさんが川崎市出身だったことも大事だった。地域とつながりがある人や、川崎にちなんだものを必ず取り入れるようにしていました」

クラブが掲げる「地域性・話題性・社会性、そしてユーモア」の〝地域性〟にあたる部分だった。

「僕が今、振り返って思うのは、フロンターレは自分たちの立ち位置を明確にして、そこをうまく利用したプロモーションを行っていたということ。それはなにかというと、かつての川崎は『スポーツ不毛の地』『灰色の町』といったネガティブなイメージを持たれていましたが、それを逆手にとって、自分たちの立場を確立してきたのがフロンターレだった。自分たちや町の現在地から、ビジョンを導き出すのがうまかったように思います」

クラブを外から見ることができるようになったからこその視点だろう。

「なにが正解かはわからないですし、状況や環境が違ったら、他の方法を考えていたと思いますが、自分たちや町の現在地を分析して、弱みを強みに変えていったように思います」

ホームゲーム開催時にスタジアムの外に広がる「フロンパーク」も、その一つだと恋塚は言う。グルメの屋台や、川崎にちなんだイベントやアトラクションが楽しめるフロンパークは、試合のチケットの有無にかかわらず誰でも自由に来られる〝お祭り〟会場だ。

「クラブとしては、ただ試合を見に来て帰るだけでなく、滞留時間を長くするためにフロンパークを作り、フェスや縁日、お祭りみたいな形にしたんです。スタジアム周辺にいる時間を長くできれば、その間に食事をしてくれたらそこでお金を使ってくれますし、地域の活性化にもつながりますからね」

武田がクラブの社長になり、「川崎という町」に目を向けたのが、その最たる例だった。

「あとは、言葉にすること、声に出して言うことも大事だったように思います」

そういって話してくれたのは、井川宜之も話していた、武田がKPI（重要業績評価指標）として、平均観客動員数1万5000人を掲げたことだった。

「当時は誰もが無茶な目標だと思っていたかもしれませんが、言葉にすると、みんながそこを目標にして、そこに向かって求心力が生まれていく。あまりに見当違いの目標を掲げては計画性に欠けますが、フロンターレも今やホームゲームでは1万5000人どころか、満員になる試合も多いじゃないですか」

アルバルク東京は、ホームを東京都渋谷区に構え、国立代々木競技場第二体育館を使用していたが、東京オリンピックの開催に向けて改修工事が行われていたため、しばらくはアリーナ立川立飛などで試合を開催していた。恋塚も「渡り鳥のような生活をしていたため、地域に根ざした活動が難しかった」と言う。だが、東京オリンピックが終わり、国立代々木競技場第一体育館を拠点にするようになった。そのキャパシティーは約1万人である。「2026—27シーズンから始まる新B1リーグ参入のライセンス条件に、5000人以上のアリーナを使用することが加わりました。アルバルク東京は平均観客動員数の目標を6500人にしています。アリーナ立川立飛の収容人数が3000人だったことを考えると、想像もつかない数字です。その目標を達成することができれば、リーグでもトップの集客を達成することになる。でも、自分はスタジアムに千数百人しか来てくれなかったところから、満員になるほどの成功体験をフロンターレでしているので、決して不可能ではないと思っています。フロンターレも1年でその目標にたどり着いたわけではないし、時間はかかるかもしれないけれど、目標として口に出していくこと、言葉にしていくことで、そこに到達できると信じています」

恋塚は、バスケットボールとサッカーでは競技の特性も異なるため、「フロンターレ時代の経験をすべて踏襲しようとは思っていない」と語る。サッカーは前後半に分かれているから、試合前とハーフタイムにしかなにかを仕掛けるタイミングがない。一方で、クォーター制のバスケットボールは〝仕掛け〟の機会も多く、タイムアウトの時間も含めれば、試合以外で観客を楽しませるために工夫できる時間は多い。おまけに、屋外で行われるサッカーは天候に観客動員が左右される一方で、屋内競技のバスケットボールは、天候や気候に左右されることも少ない。

「これはカルチャーショックだったのですが、サッカーとは違い、バスケットボールはコートと客席が近いのに警備がいないんですよね。観客の良識に委ねている部分も多く、サッカーはヨーロッパ、バスケットはアメリカのカルチャーらしい一面のように感じています」

アルバルク東京に在籍してからは、多くの時間をGMとして過ごした。恋塚が川崎フロンターレにいた期間には、タイトルを獲る瞬間を見届けることはできなかったが、アルバルク東京では2度のリーグ優勝を経験した。

「昔からフロンターレを応援してくれているファン・サポーターのなかには、恋塚がアルバルク東京に行ったのに、あまり『仕掛けていない』という声も聞くのですが、事業面に本格的に戻ってきたのは2022年7月からなので、これからいろいろと取り組んでいきたいと思っています」

その目を見れば、川崎フロンターレで働く人たちと同じく、なにかを企んでいるかのごとく目が輝いていた。

川崎フロンターレがタイトルを獲り、町のシンボルとなったこれからが真の勝負ならば、恋塚がアルバルク東京で手腕を発揮するのもこれからだろう。Jリーグと Bリーグ――同じ日本のプロスポーツ界を活性化させる存在としても、その未来は楽しみだ。

第3章

「外部」から見た川崎フロンターレ

第３章の証言者

福田紀彦（ふくだ・のりひこ）

1972年生まれ。第18代川崎市長。神奈川県議会議員、県知事秘書、早大マニフェスト研究所客員研究員などを経て、2013年に川崎市長に就任。2021年には3選を果たす。川崎フロンターレ後援会会長も務める。

草壁悟朗（くさかべ・ごろう）

1953年生まれ。川崎信用金庫会長／川崎商工会議所会頭。1977年、川崎信用金庫に入庫。2011年に理事長に就任し、2019年より現職。

山崎真（やまざき・まこと）

川崎フロンターレの中心的な応援団『川崎華族』の代表。2001年に同団体を設立し、熱い応援で"等々力劇場"をサポートし続けている。

石渡孝明（いしわた・たかあき）

川崎大師にて、1927年創業の『石渡燃料店』を2代目として営む。大師駅前商栄会・ごりやく通商店会会長としてクラブを応援し続ける。

星野義孝（ほしの・よしたか）

川崎大師にて、銭湯『寿恵弘湯（すえひろゆ）』を営む。川崎浴場組合連合会の副会長も務め、クラブと「風呂」を通じたさまざまなコラボに尽力。

証言 08

福田紀彦

Norihiko Fukuda

まちづくりのパートナーとはこういうことだ

自治体とスポーツクラブ、目指す未来が一致した

川崎市長に当選するだいぶ前のことだ。

当時は県議会議員だった福田紀彦市長は、川崎市内のとある駅前で、熱心にチラシを配る人たちの姿に目を留めた。自身も政治家として、駅前で活動する機会や街頭演説を行うことも多かったため、感じるところがあったのだろう。

「川崎フロンターレです。次の週末にホームゲームがあるので、ぜひ等々力陸上競技場に試合を見に来てください」

チラシを配り、道ゆく人に声をかけていたのは、川崎フロンターレのスタッフだった。

「一人ひとりに熱心に声をかけて、試合に来てくれるように呼びかけていました。熱量があり、手作り感があり、なんとかまちの人たちに受け入れてもらおうと頑張っているように見えました。私自身も、議員時代はそうした活動をしていましたので、一人ひとりに丁寧に向き合うことの大切さに、強いシンパシーを抱きました」

知人や友人に誘われて、等々力陸上競技場に足を運び、川崎フロンターレの試合を観戦したこともあった。当時は、自身も今のように〝熱狂的なサポーターの一人〟になるとは思ってもいなかった。

「チームが強くなってからも、フロンターレが川崎のまちをなんとか盛り上げようとしてくれていることは、いろいろなところで見えていました」

そうした川崎フロンターレの存在を強く認識するようになったのは、やはり２０１３年、川崎市長に初当選してからだった。

「当初は正直、驚きました」

当時の砂田慎治副市長が川崎フロンターレの活動に理解を示し、一緒になってさまざまなことに取り組んでいるのは聞いていた。だが、川崎市長に就任し、各局とやり取りしていくと、想像していたよりも多くの分野、多くの局で協力体制が築かれていた。

なにより、集客プロモーション部の天野春果と面会すると熱量に圧倒された。

「天野さんとお話ししていると、次から次へとアイデアが飛び出してきて、お会いするたびに各局の担当者と、『次はこんなことができそうですね』という話が続いていました。しかも、川崎フロンターレはプロサッカークラブなので、Jリーグの試合に勝つことが主な目的なのだろうと考えていましたが、提案される多くの企画は、試合と関係のないものばかりでした。そうした企画のベースにあるのは、川崎のまちを盛り上げたい、そのために（自治体である）川崎市と一緒になって取り組んでいきたい、という熱意でした。その考えと熱量に共感し、川崎のまちを盛り上げていくために、私自身もぜひ一緒にやっていきたいという気持ちになりました」

自治体は、そこで暮らす人たちの生活を守り、幸せにしていくことが理念にある。川崎フロンターレも「Jリーグ百年構想」をモットーとするように、サッカーというツールを使って、地元に住む人たちを幸せにしていきたいと考えてきた。

自治体とスポーツクラブ、川崎市と川崎フロンターレ。両者が目指す未来は一致していたのである。

「川崎フロンターレは単なるサッカーチームではなく、まちづくりのパートナーだと考えています。彼らの軸はサッカーですが、ありとあらゆるところで我々と一緒に施策を行っています。川崎というまちにとって、今では〝フロンターレのない世界〟はもはや考えられない。それくらいの存在になっていることは間違いありません」

地域における川崎フロンターレの活動が認められ、川崎市におけるクラブの存在感も増したことで、以前は川崎フロンターレの担当者は案件によって担当部署を探して対応するような状況だったが、川崎フロンターレをはじめ、スポーツに関する窓口が集約されるようになり、2010年には市民スポーツ室という部署が設置された。現在、川崎市をホームタウンとするスポーツチームは、川崎フロンターレだけでなく、Bリーグの川崎ブレイブサンダース、アメリカンフットボールの富士通フロンティアーズといくつもあるが、川崎フロンターレについては、市民スポーツ室内に「Jリーグ支援担当」という専任の担当者が置かれている。それだけ、自治体とクラブが一緒になり取り組んでいる事業が多い証拠だった。

2015年に国連で採択された「2030アジェンダ」に掲げられた、国際社会全体で取り組むべき世界共通の目標——「SDGs（持続可能な開発目標）」では、「誰一人取り残さない」ことをキーワードに、国や自治体、企業、市民など、すべてのステークホルダーが役割を担い、17のゴールと169のターゲットの達成を目指して取り組むことを求められている。

川崎フロンターレが地域で行っている活動の多くが、SDGsに当てはまっていたように、川崎市とクラブが取り組んできたことの多くもSDGsに通じていた。

「川崎市としては、地域の課題解決に向けて、川崎フロンターレと一緒に取り組んでいきたいというスタンスでいます。これまでの経験則から見ても、周囲を巻きこむ力や、周囲を掛け合わせる力がフロンターレの強みです。SDGsには17の目標があり、取り組んでいくには〝掛け合わせ〟が必要です。一人や一つの団体でやるのではなく、いろいろな仲間と一緒に協力していくことで、ゴールを達成できる。また、これはクラブも同じ考えだと思いますが、川崎市としてもこれまで行ってきた多くの活動や施策はSDGsにつながるもので、SDGsという名前があとからついてきたものがほとんどでした」

川崎市ではSDGsの達成に向けて市がプラットフォームになり、企業・団体を登録・認証する制度「かわさきSDGsパートナー」をスタートさせている。すでに企業やNPO法人、学校など3000社・団体が登録されているという。

2022年8月7日には、川崎市と川崎フロンターレが、SDGsの達成に向けて相互に連携、協力することを目的とした協定を締結した。記者会見には、川崎フロンターレの代表取締役社長・吉田明宏とともに、川崎市を代表して福田市長も登壇した。併せて、市とクラブ、さらには川崎フロンターレのパートナー企業も一緒に手を取り、かわさきこども食堂ネットワークが抱える課題の解決を支援していくことも発表した。

「かわさきこども食堂ネットワークの支援は、まさに先ほど言った掛け合わせです。その活動からもわかるように、川崎フロンターレ以上に『まちづくりのパートナーとはこういうことだ』と示すような取り組みをしてくれているスポーツクラブはないと思います」

初タイトルがまちにもたらした「目に見えない効果」

Jリーグ百年構想にある「スポーツで、もっと、幸せな国へ。」のスローガンのもと、川崎フロンターレは、川崎の地で活動を続けてきた。福田市長は「フロンターレは地域密着という言葉を体現してきたクラブだと思います」と話してくれた。

川崎市長として三期目を迎え、長く川崎フロンターレの後援会長を務めていることから、今やすっかり川崎フロンターレのサポーターの一人だと公言している。

「個人的にも何度も試合を見に行くようになり、のめりこみました」

一方で、川崎市長としての立場から、長らく無冠だったチームがタイトルを獲ったことによる影響について聞くと、「大きいです」と即答した。

「私自身も、タイトルを獲得する前と、タイトルを獲ったあとでは市民の受け取り方が全然違うという印象を持っています。まず、空気感が違います。忘れられないのが、2017年にJ1リーグで初優勝したときのことです。優勝パレードを川崎市庁舎からスタートしたのですが、川崎駅周辺にあれだけの人が集まる光景を見たことはありませんでした。私自身も初めて見た光景だったので、その影響力や存在感への受け止め方も変わりましたし、タイトルを獲ったことで、名実ともに日本屈指のクラブになってくれたと感じています。地道に、着実に、川崎フロンターレがやってきたことが昇華する瞬間に、私自身も立ち会うことができました。おそらくですが、そうした地道な活動なくしてタイトルを獲っていたとしたら、これだけの熱は生まれなかったのではないかとすら思います。景色が変わるとは、こういうことを言うのかと、膝を叩きたくなりました」

川崎フロンターレが日本一になったことで、周囲への知名度アップも含めて、川崎市には多くの効果がもたらされた。

そのうえで、スポーツによる地方創生の在り方について尋ねると、福田市長は学生時代を過ごしたアメリカを例に挙げて、考えを教えてくれた。

「アメリカでは、野球にしても、バスケットにしても、アメリカンフットボールにしても、地元にあるチームのことを『MY TEAM』や『OUR TEAM』と表現します。要するに自分たちのチームということなのですが、それが地域に住む人たちの誇りになっています。そのため、お酒を飲む席をはじめ、日常生活のいたるところでチームの話が聞こえてきました。そのチームが好きな人同士で仲間意識が生まれ、まちのことも好きになり、関わる人のことも好きになっていく。私自身も、フロンターレの応援を通じて輪が広がっているように、フロンターレの存在によって、まちの人たちにシビックプライドが醸成されているように感じています。今では、市民にとっても、川崎のまちに『フロンターレという強いチームがあるのはいいよね』という誇りになっています。フロンターレがタイトルを獲ったことで、もちろん経済効果もあったとは思いますが、実際の効果は目に見える数字だけではありませんでした」

名実ともに日本一のサッカークラブになったことで、川崎市としてもまちづくりのパートナーとして、川崎フロンターレを堂々とコミットすることができる。そういう意味では、やはり人気だけではなく、結果＝タイトルは重要だったと言えるだろう。それ以上に、福田市長が言うように、タイトルを獲ったことで川崎フロンターレがシビックプライドの象徴になったことのほうがはるかに意味があった。

「フロンターレが優勝したことで、間違いなく私の心も豊かになっていますから」

手を取り合うところは取り合い、行政とは異なる方向でも川崎を幸せに、豊かにしていくアプローチをする。川崎フロンターレが企業と企業をマッチングさせ、さらに発展させていっているように、川崎市にとってもクラブが担っている役割は大きい。

ふろん太くんがいない会場はないのではないか

川崎市は、市のさまざまなスポーツ事業・関連事業を「スポーツのまち・かわさき」を形成する事業として総合的・体系的に位置づけた「スポーツ推進計画」を２０１２年に策定しており、その基本理念には、こう記されている。

「川崎でスポーツを、スポーツで川崎を、もっと楽しく」

2022年3月に策定した現行の「第2期川崎市スポーツ推進計画」でも、この基本理念は引き継がれており、計画書ではこの理念について次のとおり説明している。

この言葉は、「みんな『楽しい』からこそスポーツをする、みる、ささえる」という認識のもと、もっと身近に、生涯にわたって「スポーツを『楽しむ』ことができるよう、事業を展開していくこと」、そしてスポーツに携わる全ての市民や各団体などが一緒になって「スポーツで川崎を『楽しく』していこう」という趣旨を表したものです。
（「第2期川崎市スポーツ推進計画」より抜粋）

これは、「スポーツで、もっと、幸せな国へ。」というスローガンのもと、「DO! ALL SPORTS」のキャッチフレーズを掲げるJリーグ百年構想に通じる理念と言える。

再び福田市長が言う。

「川崎市が策定したスポーツ推進計画には、『する、みる、ささえる』といった方針があるのですが、まさにJリーグ百年構想と合致しています。川崎フロンターレは、そのJリーグ百年構想のフロントランナーとして、これまで多くのことを実現してきました。そして、今や川崎フロンターレの取り組みは、サッカーだけでなく、他競技にも影響を与えています。川崎市には、川崎フロンターレだけでなく、Bリーグの川崎ブレイブサンダースなどもありますが、彼らもＳＤＧｓの活動を行っていく際には、フロンターレの地域での活動に倣っているところもあります。また、フロンターレもそこで競合するのではなく、一緒に地域を盛り上げていくために、手を取り合って取り組んでくれています。競技という枠組みを超えて、川崎のために活動してくれている姿は、まさにＪリーグ百年構想そのものと言えるでしょう」

まちづくりのパートナーとして、川崎市と川崎フロンターレが連携する活動は尽きず、広がりを見せている。

「可能性は無限大に広がってきていると思います。今もすでに多くの事業で連携していますが、スポーツ推進計画にある『生涯にわたってスポーツを元気に楽しみ、自分らしく暮らせるまち』という視点においては、健康づくりにも協力してもらっています。また、フロンターレは教育分野にも関わってくれていますし、偏見や差別のない人権問題にも寄与してくれています。行政が求める道徳的な部分だけでなく、たとえば消防のポスターに選手が登場してくれているように、スポーツが、スポーツ選手がかっこいいものといった、憧れられる存在であるということも含めて、大人から子どもまで幅広い世代、層に貢献してくれています。すでに健康、安全、福祉にまで関わってくれていることを考えると、やはり可能性は無限だと感じます。私自身も市長として、いろいろな行事に出席していますが、たとえばふろん太くんがいない会場はないのではないかというくらい、一緒になります。それくらい、川崎のまちでフロンターレは愛されていますし、相思相愛のもと、スパイラルアップしていることを実感しています」

2022年11月8日、川崎フロンターレがホームスタジアムとする等々力陸上競技場がある等々力緑地の再編整備実施計画において、PFI法(民間資金等の活用による公共施設等の整備等の促進に関する法律)に基づく事業として、総合評価一般競争入札方式による入札及び提案審査が行われ、落札者が決定した。代表企業を東急株式会社に、構成企業には富士通株式会社のほか、株式会社川崎フロンターレも加わっている。それはすなわち、等々力陸上競技場の再整備に、クラブが大きく関わっていくことを意味している。

「スタジアムだけではなく、等々力緑地全体の価値をどう高めていくかと考えたとき、サッカーだけでなく、多くの団体が自分のチームのために、等々力緑地をスポーツの聖地にしたいと考えています。そうしたとき、フロンターレが持つノウハウは欠かせませんし、海外のスタジアムやアリーナがそうであるように、スポーツ産業と関連産業を含めれば幅広い事業になるので、フロンターレが持つ経験、知識、アイデアには非常に期待しています」

最後に、川崎フロンターレは川崎のまちのシンボルになったのかを尋ねた。

「タイトルを獲る前から、シンボルといったイメージはありました。しかし、シビックプライドの話をしたように、タイトルを獲ったことでより市民の受け止め方が変わり、それによって、シンボルとして根づいたと思います」

全国の市長会に出席すると、他市の市長から「フロンターレ、強いですね」と、話題を振られる機会も多い。福田市長は、そこで改めて、川崎フロンターレがまちのシンボルとして存在していることを感じるという。

福田市長もまた、熱狂的なサポーターの一人とつづったが、一人の夫として、一人の父親としての会話がそれを強く感じさせてくれた。

朝食をしていると、妻がこう話題を提供してくる。

「小林悠選手の家はこんな料理を食べていたみたいよ」

「やっぱり、さすがだね。栄養バランスが取れているね」

小林悠の妻がInstagramで紹介した料理を見て、家族の団らんが始まる。それは間違いなく、福田市長がアメリカに留学していた時代に見ていた、感じていた光景だった。

そんな会話をしている、という話を聞いて思った。

川崎フロンターレは、川崎にとっての「MY TEAM」であり、「OUR TEAM」になっている。

09
証言

草壁悟朗

Goro Kusakabe

川崎を支えて100年。共鳴した地域貢献への思い

サッカーを愛するがゆえの不信感

学生時代からプレーヤーとしてサッカーを楽しみ、つい最近までシニアリーグでボールを蹴っていた。Jリーグが創設するよりもはるか昔、サッカーが日本で人気スポーツの一つになる前から、競技を愛してきた川崎信用金庫の草壁悟朗会長は当初、川崎フロンターレにまったく期待をしていなかった。

1923年設立の川崎信用金庫は、2023年に100周年を迎える。川崎という地域に生まれ、川崎という地域とともに歩み、「かわしん」の通称で親しまれる地元の信用金庫

にとって、スポーツ団体に対する心証は決して好ましいものではなかった。

会社の本店からほど近い場所に、川崎球場(現・富士通スタジアム川崎)があった。過去には、大洋ホエールズ(現・横浜DeNAベイスターズ)が本拠地にしていたが、1978年に横浜スタジアムへと移転した。そのあとを受け、1978年からはロッテオリオンズ(現・千葉ロッテマリーンズ)が川崎球場をホームとしたが、1991年を最後に千葉マリンスタジアムへと移転した。川崎市は、東京と横浜に隣接する横長の地形にある。現在は154万人の人口を誇るように、当時から多くの市民が生活していたが、市民の意識は東京や横浜に向きがちな傾向もあり、大洋ホエールズの決断も、ロッテオリオンズの移転もいたしかたない結末だと思っていた。

それでも、1991年にJリーグの創設が決まり、ヴェルディ川崎(現・東京ヴェルディ)が川崎をホームタウンにすると決まったときには、サッカーを愛する一人として、少しだけ期待した。川崎信用金庫としてもヴェルディを応援しようと、ノベルティーや粗品を作って活動を推進すべく、担当者が努めていた。しかし、三浦知良やラモス瑠偉をはじめ、日本代表のスター選手を擁していた当時のヴェルディ川崎の目は、地元・川崎ではなく、全国に向いていた。しばらくすると、ヴェルディ川崎が東京に移転する話が浮上した。

「ああ、またね……」

聞いたときには思った。

1997年には、富士通サッカー部を前身とする川崎フロンターレが創設されたことは、サッカーファンとして知っていた。1999年にJ2リーグで優勝し、J1リーグ昇格を決めたニュースも把握していた。

すると、営業推進を担う業務部から、今度は川崎フロンターレを応援したいという声が挙がった。

「それではあまりにも節操がないのではないか。そもそも、そこまでしてサッカーチームを応援する必要はあるのだろうか」

そう草壁は思っていた。

担当者から詳しく話を聞くと、ヴェルディ川崎はグッズを作ろうと持ちかけるたびにスポンサー料がかかる旨を伝えてきたが、川崎フロンターレはチームをPRしてくれるのであれば、追加の費用はなしで名前やマスコットを使用して構わないという。その条件には驚いたが、過去の歴史や記憶が呪縛のように残っており、どうしても前向きにとらえることはできなかった。

それでも担当者が熱心だったこともあって、川崎信用金庫は、川崎フロンターレがJ1リーグに昇格した2000年からパートナー企業として支援することにした。

「当時は私自身が、会長でも理事長でもなかったので、もし理事長だったとしたら、『やめておけ』と言っていたかもしれません」

草壁は苦笑いを浮かべる。

そんな川崎フロンターレへの印象が変わりはじめたのは、2001年以降だった。

川崎フロンターレは、本気で地域に根づこうとしている

転機は、ある人物との出会いだった。

川崎フロンターレのJ2リーグ降格が決まった2000年12月に、クラブの社長に就任した武田信平だった。

「地域の名をチーム名につけているように、Jリーグのクラブとして、地域と運命共同体のような関係を築いていきたい」

武田からは会うたびに、「川崎フロンターレは、川崎の町に根づき、川崎市民に応援されるクラブを目指したい」という熱意を聞かされた。

そして、「Jリーグ百年構想」にあるように、スポーツ文化の振興と、スポーツによる地域社会への貢献を理念に、地域に根ざした活動を増やしていきたいとの思いも告げられた。

草壁が武田に感銘を受けたのは、言葉だけではなかった。

あるとき、地域の人たちと話をしていると、武田の名前が挙がった。

「そういえば、この間の会合に川崎フロンターレの武田社長が来ていたよ」

「えっ、そうなの？　昨日はこっちの会合にも顔を出していたよ」

地域で長く活動する自分たちですら、各業界、各団体の会議や会合は手分けして参加しているのに、一サッカークラブの社長が一人ですべてを回っていたのだ。

「なにかにつけて、武田さんの名前が出てくる。サッカークラブの社長というイメージではなく、極めてアクティブな活動を行っている人だなと感じました」

さらに耳を傾けていると、武田社長自らが各駅に出向いて、ホームゲームを告知するためにチラシを配り、スタッフとともに商店街の各店舗に挨拶をして歩いていることを知った。

「私自身も会議の場などで、たびたび武田さんとお会いする機会があり、同じ大学出身で、武田さん自身もサッカーをしていたことも知り、親しくなっていきました。話をする機会が増え、さらに武田さんの考え方に触れ、勝てないから応援されないということがないようにチームを強くするとともに、地域に根ざした活動を行っていくことでホームタウンに認めてもらおうとしているんだというメッセージを強く受け取りました。クラブの経営者である武田さんの継続したメッセージを受けて、私自身も川崎フロンターレのファンになっていった。同じように、市民のみなさんからの賛同にもつながったと考えています」

川崎フロンターレは、本気で地域に根づこうとしている。武田の熱意を通じて、草壁はそんな姿勢を感じ取った。これまでいくつものスポーツ団体が川崎を去っていったが、川崎フロンターレは違うのではないか——。

そして——「地域密着」は、地域の金融機関である川崎信用金庫の考えと合致する理念だった。今日まで続く、パートナー企業としての支援は、武田の言葉と行動、そして地域という視点で深くつながったのである。

三笘薫も、田中碧も出場した「かわしん杯」

川崎信用金庫は、2000年からパートナー企業の一社として川崎フロンターレを支援し続けている。2022年は、選手が着用するユニフォームのパンツ裏面に「川崎信用金庫」の文字がプリントされているように、創設100周年を目前に控え、クラブとの関係性はスポンサー費用という面でも一歩、前進した。しかし、その根底は、川崎フロンターレの理念に賛同した当初から、今も変わっていない。

草壁は言う。

「私自身は、武田さんと知り合い、その考えに賛同してから、応援しようという思いは変わっていませんが、クラブが川崎の町で活動を続けてきたことで、川崎市民も、私たち川崎信用金庫の人間も、町のいたるところでフロンターレを目にするようになりました。商店街ではタペストリーを見かけるし、行政と連携した防災活動などのポスターも見かけるようになりました」

川崎フロンターレが地元に根づきつつある。そう感じはじめたのは、2010年ころからだったという。それは地元の金融機関だからこそ感じられる、生きた声だ。

「当金庫はJ2時代からクラブを応援していますが、J1に昇格してからもしばらく、フロンターレは『シルバーコレクター』と言われ、なかなか優勝に手が届かないシーズンが続きました。しかし、武田さんが言っていたように、川崎フロンターレは優勝を目指してチームを強くするだけでなく、『地域貢献活動ばかりやっているから勝てない』と揶揄されながらも、ここ川崎をホームタウンとするクラブとして、ずっと地域とのつながりを大切にしてきました」

思い起こされるのは、２０１１年3月、東日本大震災があったときのことだ。川崎フロンターレは、すぐに募金活動を始めると、復興支援活動も積極的に行っていた。川崎市を代表するスポーツクラブとして被災地に赴き、被災した人たちに手を差し伸べる姿は誇らしく、名実ともにＪ１リーグのトップクラブに成長してくれたことを実感したという。そのため、長らくタイトル獲得は叶わずとも、そこに「勝てないから応援しない」という気持ちはみじんも生まれなかった。武田が目指していた「成績に関係なく、勝敗に関係なく応援されるクラブ」という目標は、パートナー企業にも届いていたのである。

２０２２年に話を戻すと、ユニフォームのパンツスポンサーになっただけでなく、２０２２年7月9日の明治安田生命Ｊ１リーグ第21節で開催された「２０２２川崎ものづくりフェア」では、参加した地元の企業や団体によるワークショップの運営に協力した。また、毎年行われている「かわしん杯ジュニアサッカー大会」では、クラブと協力して地元のサッカー少年・少女たちを支援している。

第29回を数えた「かわしん杯ジュニアサッカー大会」は、２０２２年大会では川崎市内の総勢85チームが参加し、1400名もの選手がプレーした。ちなみに2022年大会で優勝したのは、川崎フロンターレU―12だった。

川崎信用金庫が、1994年から同大会を開催するようになった経緯は、「川崎市制70周年協賛事業」の一貫だったという。地域の金融機関として、金融サービスはもとより、地域の社会貢献活動に取り組んでいた川崎信用金庫は、積極的に「スポーツのまち・かわさき」を推進してきた。川崎フロンターレが創設するよりもずっと前から、クラブが持つ理念を地元に向けて活動していたことになる。

大会の設立に至った背景について、草壁会長が教えてくれた。

「それまでの川崎信用金庫は、どちらかというといろいろなことに内向きでした。地域の金融機関でありながら、地域との接点も決して多くはありませんでした。そこで当時の柳川三五理事長が、いろいろなことにトライしていこうと方針を変えたんです。柳川理事長の言葉を借りると、『静から動へ』。そのなかで、市のサッカー協会が行っていたイベントに協賛して、未来を築く若い才能を育むためにも、サッカーを通じて少年・少女の育成をお手伝いしようということになりました」

大会を開催した当初は、小学校の校庭や、多摩川の河川敷で試合を行っていた。だが、川崎フロンターレのパートナー企業になったことで、クラブの協力も得られる状況になり、大会は広がりを見せると、規模も拡大していった。開会式が等々力陸上競技場で行われ、リフティング大会の上位入賞者には川崎フロンターレから賞品が提供され、ホームゲームへの招待も行っている。準決勝や決勝も、等々力陸上競技場で開催されるとあって、子どもたちにとってもモチベーションの非常に高い大会となっている。

「過去の大会を振り返ると、三笘薫選手や田中碧選手、宮城天選手と、川崎フロンターレのトップチームでプレーした選手たちも出場していることが自慢です。三笘選手や田中選手は東京オリンピックやワールドカップにも出場し、今や海外を舞台に活躍しています。我々としても、川崎に住む多くの子どもたちに夢を与える舞台を提供できていたとすれば、光栄なことですよね」


スポンサー料を捻出し、金銭的にクラブを支援するだけでなく、相互にメリットのある企画を実施し、享受し合う。それでいて、お互いの視線の先にある〝地域のために〟なっているのだから、理想的な関係と言えるだろう。

「1994年から『かわしん杯』がスタートしたように、我々は我々で地域になにか貢献できることはないかと考えるようになっていました。その時期に川崎フロンターレも創設され、少しずつチームとしても強くなり、少しずつ町にも認められていった。それにより、お互いに一緒にできることが増えてきた背景はあると感じています」

サポーターが掲げた、驚きの横断幕

「商店街ではタペストリーを見かけ、行政と連携した防災活動などではポスターも見かけるようになりました」

川崎を拠点とする信用金庫の会長として、この26年間での川崎フロンターレの〝町への浸透度〟について聞いた。

「以前は、川崎といえば、川崎大師くらいしか全国区と呼べるようなものはありませんでした。しかし、川崎フロンターレが川崎の町に目を向けて活動してきたことで、行政もサポートして協力するようになり、さらにタイトルを獲ったことで全国区になりましたよね」

川崎信用金庫の理事長を務める堤和也から、うれしそうに報告を受けた。堤が九州に出張で行った際に、先方から「川崎フロンターレのファンなんです」と明かされたのだそうだ。このように、いたるところで川崎フロンターレが会話のツールになっている。

なにより、草壁自身が、川崎フロンターレの活動をよく把握していた。

「ファン感謝デーでは、選手だけでなく、武田さん自らが被り物を被って、集まった人たちを笑顔にしていた。そうしたユーモアあるクラブカラーも伝統として続いていて、コロナ禍で多くの人たちが疲弊しているなかにあっても、周りに元気を与え、勇気を与えてくれていましたよね。それに、ホームゲーム時に開催しているフロンパーク。サッカーが大好きな人は試合自体を楽しみにしているかもしれませんが、そうではない人も楽しめるような工夫をしています。縁日のように、食事もできて、子どもたちも遊べる。そういったコミュニティーが地域にあることは素晴らしいと思います」

草壁会長は言う。

「サッカーファンになって50年以上が経ちますが、自分にとっては日本がワールドカップに出場することすら、生きているうちにはありえないと思っていました。それが今や、ワールドカップに出場するのが当たり前という時代になりました」

サッカーが人気のあるスポーツではなく、川崎がスポーツ不毛の地と呼ばれていたことを知っているからこそ、等々力陸上競技場に人が集まり、笑顔があふれている光景を夢のように感じる。

「だからこそ、フロンターレが優勝した2017年は、本当にうれしかった。初優勝が決まった瞬間は喜びがこみあげてきましたし、中村憲剛選手がピッチにうずくまって涙を流している場面を見て、私自身も涙しました。J1優勝は、川崎フロンターレだけでなく、川崎市民にとっての念願であり、あの優勝は、クラブ、サポーター、市民が一体となり、諦めずに頑張れば結果が出ることを証明してくれたと思います。あの優勝は、武田さんも話していた『スポーツ文化の振興とスポーツによる地域貢献』という理念が結実した瞬間だったとも感じています」

今や自身もすっかり「フロンターレ党」だ。仕事で試合が見られないときには、スマートフォンで結果をチェックし、大事な試合に負けたことを知ったときには、やけ酒を飲むことすらある。

「今はまだ仕事があるので、そうそう試合を見に行くことはできないのですが、リタイアしたときには、シーズンチケットを買って、毎試合、見にいってみたいなと思っています。できれば、アウェイゲームも応援に行ってみたい。あとは、もともとサッカーを見るのが好きなので、時間があればユースの試合にも足を運んでみたいと思っています」

継続は力なり――ということわざがある。川崎フロンターレが続けることで、町に愛され、そしてタイトルを獲得したように、川崎信用金庫もクラブの支援をずっと続けてきた。２０２２年5月14日、「川崎信用金庫エキサイトマッチ」と銘打たれた明治安田生命Ｊ１リーグ第13節のアビスパ福岡戦で、スタジアムにはサポーターからある横断幕が掲げられた。

「１００年川崎を支えてくれてありがとう。これからも川崎と共に」

誇るものがなかった川崎の町を支え、強豪とは呼べなかった時代からクラブを支援し続けてきてくれた川崎信用金庫への感謝だった。

草壁会長以上に川崎フロンターレの熱狂的なサポーターだという堤和也理事長は、その日、横断幕の前に立つと、お礼を伝え、チャントを歌ったという。コロナ禍だったため、サポーターは声出し応援をすることは叶わなかったが、もし声援を送れる環境にあれば、きっとスタジアムは大合唱に包まれていたことだろう。

草壁が、代表して感謝を述べる。

「Jリーグの歴史のなかでも、パートナー企業に対して横断幕を掲げてもらったのは、あれが初めてのことではないかと思います。ひとえに今の堤理事長が、ファン・サポーターとコミュニケーションを取り、さまざまなところで協力していることもありますが、今日まで長くクラブと良好な関係を築いてきた賜物だったと感謝しています」

ただ、草壁は最後に警鐘を鳴らすことも忘れなかった。

「クラブが創設して26年が経ち、ファンクラブの会員数が4万8000人を超えたと聞きました。喜ばしい一方で、川崎市の人口が154万人だと考えると、1割にも達していないですよね。それを考えると、もっと、もっと地域に根ざしていってほしいと思います」

川崎信用金庫は2023年で100周年を迎える。そしてフロンターレは26周年を迎えた。まだまだ、地域のために、川崎の町のために、両者ができることはたくさんあるということだろう。

証言 10

山崎真

クラブが本気で変わるなら、サポーターも変わろう

Makoto Yamazaki

地元の駅にいた、忙しそうに作業をする男

家族で旅行に出掛け、宿泊先の旅館に着くと、女将に声をかけられた。

「今日はどちらからお越しですか？」

女将が親ではなく、まだ子どもだった自分に話しかけてきたのは、きっと場を和ませようという気遣いだったのだろう。

「東京とか、横浜のほうです」

幼いながらも、とっさにそう答えていた。

同時に心のなかでは、こうも思っていた。

「きっと、川崎と言ったって、地方の人には伝わらないだろうな……」

川崎フロンターレの応援団、川崎華族の代表である山崎真は、川崎に生まれ、川崎で育った。

東京と横浜に挟まれた川崎の町は、生活するには利便性がよく、住みやすさを感じてはいた。一方で、胸を張って「地元は川崎です」と言えるような〝誇り〟は持てなかった。

40代に突入した彼が、まだ学生だった時分の川崎といえば、東京湾沿いにいくつもの工場が建ち並んでいるように、工業地帯というイメージだった。それにより発生する光化学スモッグに包まれた町として知られ、自分自身もそれを体感していた。

横長の地形である川崎市を、北部エリア・中部エリア・南部エリアの3つに分ければ、当時の南部エリアは治安も悪かった。年配者にとっては川崎大師という全国区の寺院があるとはいえ、若者だった自分にとってはネガティブなイメージばかりが先行していた。

「ずっと、この町のアイデンティティや文化、老若男女が誇りを持てるようなものを感じることができなかった」

1993年、Jリーグが始まったのは中学生のときだった。山崎自身は根っからの野球少年だったが、Jリーグの話題はニュースでも大々的に取り上げられ、スポーツニュースではゴールシーンとともにチーム名が紹介されていた。山崎は、鹿島アントラーズや浦和レッズというチーム名を通じて、それまで聞いたことすらなかった浦和や鹿嶋という町の名前を知った。

「地域密着を掲げるJリーグの活動理念ってすごいんだな」

当時は中学生だったが、おぼろげにそう思ったことを覚えている。

川崎フロンターレの存在を知ったのは、高校生になってからだった。地元の駅を利用すると、男性が忙しそうに作業していた。

「なにをしているんですか？　手伝いましょうか？」

山崎が声をかけると、男性は振り返った。

「今ね、ポスターを貼っているんだよ」

当時はホームタウン推進室という名の部署に配属されていた天野春果だった。

「僕らは川崎フロンターレという、この町で活動しているサッカーチームなんだよ。Jリーグを目指して頑張っているから、よかったら一緒に応援してよ」

Jリーグではヴェルディ川崎が活躍していたが、このとき初めて、生まれ育った町に他にもサッカーチームがあることを知った。それからしばらくして、多摩川の河川敷で草野球をした帰り道だった。等々力陸上競技場の近くを通ると、駅でせわしなくポスターを貼っていた天野がイベントをやっていた。

「おっ！　あのときの野球少年じゃないか。今、がらがらくじをやっているから、一度、やっていってよ」

天野に誘われるがまま、くじを引いた。すると、ユニフォームが当たった。

「すごいじゃん。ユニフォーム、持って帰りなよ！」

家に帰って、ユニフォームを広げてみると、想像以上にサイズが大きかった。

「取り替えてもらえるかな……」

当時は武蔵小杉駅近くにあった川崎フロンターレの事務所を訪ねてみると、やはり天野がいた。

「この間、くじで当たったユニフォームが大きすぎるから交換してもらえないですか？」

「ちょうどいいところに来たね。ユニフォームの交換もいいけど、どうせならちょっと手伝ってよ」

またまた天野に誘われるがまま、ポスター作りを手伝うことになった。断らなかったのは、天野がとても楽しそうに見えたからだ。

それまでサッカーにはまったく興味がなかった。だが、天野と知り合ったこともあり、試合を見に行ってみることにした。スポーツ観戦の経験はプロ野球くらいだったが、川崎フロンターレの試合を見に行くと、観客と選手の距離の近さに驚いた。「プロ野球と違ってフェンスがないから、選手を近く感じるのか」と気がついた。

「決して見に来ている人は多くないけれど、みんな楽しそうだな。地元にこういう場所があるのっていいな」

サッカーの知識が深かったわけではないため、当時・川崎フロンターレが戦っていたＪＦＬ（ジャパンフットボールリーグ）のことは、それほど詳しく把握していなかった。だが、

1998年にJFLで2位になり、アビスパ福岡とJ1リーグ参入決定戦を戦うことになったときは、珍しくメディアでも取り上げられていたこともあり、重要な一戦だということは理解できた。

10代だった山崎にとって、会場となる福岡県福岡市までの交通費や宿泊費はばかにならない。それでも、見届けたいという思いが先に立ち、会場となった博多の森球技場まで足を運んだ。結果は延長戦で逆転負けを喫し、川崎フロンターレは2―3で敗れた。目の前で涙を流す選手たちを見て、同じピッチで戦っているような悔しさを覚えた。

「これは行くしかないと思い、博多まで行ったけれど、試合に負けて、自分も悔しい思いをしました。でも、同時にこの悔しさや感動をもっと多くの人と共感したい、多くの人に感じてもらいたいと思うようになりました」

〝サポーター〟と呼ばれていることの意味

転機は、川崎フロンターレがJ1リーグから降格し、再びJ2リーグでの戦いを強いられることになったあとの2002年だった。

「当初は熱狂的な応援をする人たちの近くにいて、一緒になってチームを応援していただけでしたが、自分もそうだったように、サッカーやルールに詳しくなくても、応援することが楽しくてスタジアムに来ている人もいるのではないかと感じるようになりました」

チームがJ2リーグからリスタートを図ったように、クラブも経営陣が交替し、武田信平が新社長に就任していた。

「武田さんがクラブの社長に就任すると、チームは行き当たりばったりの選手補強をするのではなく、中長期を見越して着実な強化を図り、クラブとしてはしっかりと地域に根ざした活動を行っていきたいと話してくれました。その言葉を受けて、サポーターである僕らは僕らで、スタジアムに来た観客が、『見に来てよかった』とか、『応援して楽しかった』とか、さらには『また見に来たいな』と思ってもらえる雰囲気を作れるように、責任を持ってスタンドを盛り上げていきたいと思うようになりました」

J2リーグ降格を機に、スタンドから離れていった人も見かけた。でも、クラブが本気で変わろうとするならば、応援する自分たちも本気で変わろう――同世代を中心に声をかけ合い、サポーターグループである「川崎華族」を立ち上げた。

「川崎華族」と組織名をつけたのは、〝責任の所在〟を明確にするためだった。

山崎は言う。

「曖昧にしたくなかったんです。良くも悪くもふわっとしたサポーターの集まりでもよかったのかもしれないですが、クラブが『こういう雰囲気を作りたい』と考えたときに、サポーター側に窓口がなかったら、それを相談して、スタンドで表現することはできません。それに、クラブが集客を頑張って多くの人を集めてくれたのであれば、サポーターである僕らからも方法やアイデアを出すことによって、さらにスタジアムを盛り上げることができるかもしれない。そうしたことを、責任を持ってクラブと話し合うことのできる関係性を築くためにも、組織化しなければいけないと考えました」

窓口が不透明で、体系化していなかったとすれば、クラブの思いは伝わらず、なにも実施できない可能性もある。組織化すれば、クラブの考えや発想に賛同したあかつきには、責任を持って実現しなければならなくなる。

交渉や折衝と聞けば、ネガティブな印象を抱く人もいるかもしれない。しかし、組織化することで、彼らが実施したのは対話——すなわちクラブとのコミュニケーションだった。

同時に山崎は、Jリーグで各チームを応援する人たちが〝サポーター〟と呼ばれていることの意味も考えた。

「チームを応援する人たちのことを、野球では〝ファン〟と呼び、サッカーでは〝サポーター〟と言いますよね。その意味を考えたとき、語源はチームを支える『サポート』から生まれていた。サポーターとはチームをサポートするもの。ならば、最大限にチームをサポートしようじゃないか。そう思いました」

サポーターとして、チームを支える。今日の川崎フロンターレの応援スタイルが生まれた原点だ。

「チームに対して、厳しい意見を言うのがサポーターという考えも一理あるのかもしれません。でも、僕自身は各家庭によって教育方針が異なるのと一緒だと思っています」

子どもに対して、できない部分に目を向けて成長を促していく家庭もあれば、できる部分を褒めて伸ばしていく家庭もある。

クラブが変わろうとした2002年、サポーターもまた、試合に負けたからといってブーイングするのではなく、拍手で称え、背中を押すと決めた。

「ブーイングという言葉の由来は、サッカーが生まれたヨーロッパにあると聞きました。もともとは、喜劇を見て対価に見合わない作品だったときに、ヤジを飛ばす風習があったということらしいです。だから、対価を支払ってスタジアムに来たファンの人が、試合に負けたこと＝対価に見合わないと考えてブーイングやヤジを飛ばす権利もあるだろうとは思っています。だから、ブーイングをする人を否定したことは一度もありません。ただ、サポーターってなんだろうと考えたとき、先ほど言ったように、支援者であり、支える人なので、観戦料もチームへのサポート費だと考えています。そうした〝志〟を持って川崎華族を立ち上げました。そのポリシーは今でも、1ミリもブレていません」

いつかは、自分たちが川崎フロンターレの応援をけん引していく存在ではなくなるかもしれない。

「そのときは、その人たちの考えに基づいて変わっていけばいい。それを僕らはやはり否定できるものではないですし、クラブが変わろうとしたタイミングで応援も変わったように、世の中が変われば、また応援のスタイルも変わっていくかもしれないですからね」

ただ――と、山崎は言葉を続ける。
「今はうれしいことに、多くのファン・サポーターがチームを支えたいという思いでスタジアムに足を運んでくれているように感じています」

スタジアムに響きわたる〝清掃車の曲〟

クラブが変わろうとする2002年以前は、チームが試合に敗れたあと、等々力陸上競技場でもブーイングが巻き起こっていた。

しかし、山崎は思っていた。

「サポーターというからには、試合に負けたときにチームをサポートしないで、いつサポートするんだ」

サポーターだからこそ、勝ったときだけではなく、負けたときこそ鼓舞する。社長になった武田が望んでいた「勝っても負けても応援してもらえるチームになる」という思いに、サポーターが寄り添ったのである。

「試合に勝っているときは、応援されずとも選手たちは喜ぶし、盛り上がります。だからこそ、大事なのは試合に負けたとき。これは仲間にもよく言うことなのですが、試合終了の笛が鳴ったら、もう次の試合が始まっている。だから、どういう雰囲気で選手たちに次の試合に臨んでもらうのかが重要で、サポーターが次の試合に向けたスタートを、選手たちに伝えられるのも、試合終了の笛が鳴ったあとだと思っています。どんな結果であれ、『俺たちは次の試合も応援する。チームを支える』という姿勢を見せることが大切なのではないかと思っています」

こうして、ブーイングのないスタジアムは生まれた。

ただし、ブーイングをしないのは、チームを支え、選手たちを鼓舞したいという理由だけではない。もっと言えば、真相はここにあるのかもしれない。

「またスタジアムに、応援に来たいなって思ってもらいたいんです」

山崎自身がそうだったように、Jリーグができたことで、初めてサッカー観戦に訪れた人はとても多い。特に川崎には、Jリーグ草創期からヴェルディ川崎があり、等々力陸上競技場でJリーグの試合を観戦することが可能だったし、近隣には横浜マリノス(現・横浜F・マリノス)や横浜フリューゲルスがあり、交通の便がいい川崎市内からならば、浦和レッズやジェフユナイテッド市原(現・ジェフ千葉)の試合にも足を延ばすことができた。

「サッカーに、Jリーグに触れやすい環境にあるのに、川崎市内におけるフロンターレの存在はどうだったかといったら、後発のチーム。しかも、ヴェルディが東京に移転して『サッカーに裏切られた』という否定的な感情を抱いている市民も少なからずいました」

サッカーに、Jリーグにネガティブなイメージを抱いてしまっている人たちが、わざわざ川崎フロンターレの試合を見にスタジアムまで足を運んでくれた。そのとき、試合を見て、再び不快な思いを抱けば、サッカーを好きになることも、スタジアムに来てくれることも、二度とないだろう。

「Ｊ２リーグを戦っていた当時は、観客数も多くなかったので、クラブは子どもたちのために、１００円で試合を観戦できる子どもチケットをはじめ、子どもたちが試合を見に来られるような機会をたくさん作っていました。そんな子どもたちが、初めてスタジアムに来たとき、大人たちが大声を出して怒鳴っていたり、選手たちに向かって文句を言っていたりしたら、またスタジアムに来たいと思いますか？」

思わず、首を横に振った。

「だったら、その子どもたちに『またここに来たい』と思ってもらえるような雰囲気を作る。ピッチで戦っている選手たちに向けて、サポーターがブーイングするのではなく、『次も頑張ろう』と声をかけていたら、子どもたちも保護者に『次も応援しに来ようよ』と言ってくれるんじゃないかなと」

〝チャント〟と言われる応援歌を工夫しているのもそのためだ。たとえばストライカーである小林悠のチャントのメロディーは『アンパンマンのマーチ』で、かつて在籍していたブラジル人選手、エウシーニョの応援歌は『ぼくドラえもん』の替え歌だった。どちらも子どもたちが日ごろから耳にしているであろう楽曲で、手拍子しやすいように、という意図があった。

「自分の子どもが一生懸命、手拍子していたら、親も一緒に応援せざるをえなくなりますよね（笑）。コアゾーンで試合を見ているから応援するのではなく、メインスタンドだって子どもが手拍子しているから親も、となれば、スタジアムの一体感につながる。もちろん、メインスタンドはメインスタンドなりの応援の仕方があるので、無理せずに応援してもらいたいですけどね。たしかに、ヨーロッパの応援に比べたら格好悪いと思われるところもあるかもしれません。でも、アニメは日本の文化で、日本の歌だからこそ、発信していきたいなと思ったんです」

チームを応援するチャントの一つに、人気バンドであるＳＨＩＳＨＡＭＯの『明日も』を用いているのも、彼女たちが川崎フロンターレのサポーターというだけでなく、地元・川崎出身のバンドという地域愛や地域性があってこそだ。

また、試合前に流れる恒例の一曲として、川崎市民の歌『好きです　かわさき　愛の街』がある。これはクラブスタッフとサポーターが、日々コミュニケーションを取っているなかで、雑談から生まれたアイデアの一つだった。

「国家斉唱ってあるじゃない。あれって、どんな試合で歌っているのかな？」

「プロ野球だと、毎試合、国歌斉唱しているチームもあるよね」

「そういえば、この間、あるＪリーグのチームが県民の歌を試合前に歌っていたよ。そういうのもいいかもしれないね」

「川崎にも市歌はあるけど、聞きなじみがないよね」

「だったら、〝清掃車の曲〟がいいんじゃない？」

川崎市では、清掃車が音楽を流しながらゴミ収集をしている。そのメロディーとして使用されているのが『好きです　かわさき　愛の街』だった。川崎市で生活する人たちにとっては、毎週のように朝に聞くなじみ深い曲だ。それをスタジアムで歌うことで、改めて〝町〟を感じることができる。また、川崎市の小学校では、１９８４年に川崎市制60周年を記念して制作されたこの市民の歌を音楽の授業で習い、合唱する学校もあるという。『好きです　かわさき　愛の街』は、地元で生まれ育った人たちにとって、ノスタルジーを感じられるアイテムでもあった。

こうして試合前に、『好きです　かわさき　愛の街』がスタジアムに響きわたり、歌われるようになった。

クラブが思い描く地域密着という理念に、サポーターも協力していく。等々力陸上競技場の雰囲気は、クラブだけでなく、ファン・サポーターが一緒になって作り上げてきた空間だった。

この町にフロンターレがあってよかったと思ってもらえるように

クラブが地域に視線を送り、サポーターもまた地域を見てきた。

「僕らはサポーターなので、クラブと向かっていく方向は一緒なんです。一緒でなければいけないし、向かっている方向が違えば、きっとサポートしていなかったと思います」

クラブスタッフとのコミュニケーションは、膝を突き合わせて話し合うケースもあれば、電話などで連絡を取り合い、その場、その場で会話をする機会もあった。

「川崎市内でこんなお祭りをやるみたいだけど、参考になりそうだから行ってみない？」

「この間、プロ野球の試合を見にいったら、こんなおもしろいことをやっていたよ。フロンターレの試合でもできるんじゃない？」

全面的に協力しているからといって、クラブが取り組むことに、無条件に賛同してきたわけでは決してない。地域密着を掲げてくれているクラブが、異なる方向に進みそうになっていると感じれば、はっきりと「それは違うのではないか」と提言してきた。

「始球式などで、お客さんを呼ぶためだけに芸能人を呼ぶのであれば、それは地域密着をうたうチームが向かうべき方向ではないと思い、そのように意見したこともありました。もちろん、こちらに決定権はありません。だからクラブがやりたいこと、やることを否定するつもりはないですが、そこに自分たちが協力する必要もない。だけど、川崎フロンターレというクラブと親和性があったり、地域との関わりがある人に来てもらうのならば、周りに理解してもらえるように自分たちもサポートするし、スタジアムを盛り上げるために協力していく。その姿勢は変わらなかったですね」

川崎華族のメンバーがクラブをサポートして20年以上になるが、今日まで、ただ集まってアイデアを出してきただけではなかった。

「あそこの駅のポスターがはがれているから、新しいものをもらえたら、こっちで貼り直しておくよ」

そんなやりとりがあったり、過去を振り返れば天野や井川宜之が制作していた「フロンターレ新聞」を代わりに配ったこともあった。

「平間の商店街は地元だから、自分が全部、配ってくるよ。その間に、天野さんは新規の商店街を回ればいいよ」

代わりを務めるからといって、ただポスティングしていたのでは意味がない。天野や井川がそうしていたように、山崎も一軒一軒に顔を出して直接、相手と話をして新聞を配った。件数を数えたことはなかったが、手渡ししていた新聞は200枚をゆうに超えていた。

「川崎フロンターレです。応援よろしくお願いします」

それらの活動にはすべて見返りはなく、あくまでボランティアだったが、応援するクラブが次第に町に浸透し、町の人たちから愛されていくのを肌で感じるのはうれしかった。

「最近、チームの調子がいいみたいだね」

「この間の試合、負けちゃったんだね」

商店街の人たちが、チームの結果を、動向を気にしてくれるようになった。

「もう一枚、もらえる？　お客さんもこの新聞を欲しがっているのよ」

今や川崎中の商店街で、川崎フロンターレのタペストリーを見かけるようになった。それらを新しいデザインに切り替える作業も、クラブのスタッフと一緒になってサポーターの有志で手伝った。

「今シーズンのデザインも格好いいね」

「これ、よかったらみんなで食べてね」

話しかけてくれる人もいれば、差し入れを持ってきてくれる人もいた。反応してくれる人たちが増えていくのもまた、たしかな実感につながった。

一方で、まだまだ川崎フロンターレの存在を知らない人もいるように、すべての市民に愛されているわけではないことも感じている。

「タペストリーを交換しているときも、町の人たちのいろいろな反応を感じ取ることができます。素通りする人がいれば、そのたびに『もっとチームのことを知ってもらわなければいけないんだな』と思う。フロンターレを応援できることを誇りに思ってもらえるように、市民の人たちにこの町にフロンターレがあってよかったと思ってもらえるように、僕らサポーターも満足することなく、感度を高めていかなければいけないと思います」

市民クラブが目指す究極の未来

2004年にJ2リーグで優勝し、再びJ1リーグに戻ってからは、武田が「二度と

Ｊ２に降格しないチームを作る」と所信表明したように、川崎フロンターレはＪ１リーグに定着できるチームになった。

それでも長くＪ１リーグを戦いながら、チームはタイトルを獲ることができなかった。Ｊ１リーグに再昇格した２００５年から数えても、リーグ戦では2位になったのが3回、カップ戦では4回も準優勝に泣いた。いつしか周囲からは「シルバーコレクター」と揶揄されるようになり、その原因については心ない意見が飛んだ。「ユーモアあふれるプロモーションにばかり力を入れているから優勝できないのだ」という声もあれば、同時に「ブーイングすることのない温かい応援」も原因の一つだと中傷されるようになった。

それでも――。

「タイトルを獲れなかった原因は、チームや選手たちではなく、応援がぬるかったんだと思います。チームを応援してくれる人をもっと増やさなければいけなかった」

応援がぬるかった、とはどういうことなのか。山崎が噛みくだく。

「チームへの期待の伝わり方や、世間からの期待度の高さが足りなかったんだと思っています。きっと、スタジアムに応援しに来てくれている人たちも、どこかでまだまだ第三者だったというか……。悔しい思いをしている人たちが、どれだけスタジアムにいたのか。『次こそは！』と、ふつふつとした感情をピッチに届けることができていたのか。タイトルが獲れなかった時期は、もっと、もっと、フロンターレが地域の人たちから応援してもらえるクラブにならなければいけなかったということだと感じています」

チームが目標にしてきたタイトルを獲得したのは、2017年12月2日だった。

川崎フロンターレは明治安田生命J1リーグ最終節で逆転し、喉から手が出るほど欲しかった、ずっと追い求めてきた栄冠を掲げた。その瞬間がアウェイゲームではなく、ホームの等々力陸上競技場だったのは、きっと多くの人の願いを聞き届けた神様からのプレゼントだったのではないだろうか。あの日、スタジアムは一体感に包まれ、ファン・サポーターの声援は選手たちをたしかに後押ししていた。

それでも山崎は、選手たちへの感謝を真っ先に口にし、そして自分たちを省みる。

「本当に選手たちには感謝しかありませんでした。あの2017シーズンも、毎試合、スタジアムが満員になっていたか、地域の全員が応援していたかと問われたら、まだまだだったと思います。そのなかで、あれだけ選手たちが頑張って、結果を出してくれました」

自分たちを戒める瞬間は、他にもあった。

「それと同じくらい申し訳ないと感じたのは、優勝パレードでした。川崎駅周辺にあれだけの人が集まってくれたという感謝もありつつ、一方で『あれだけの人しか集めることができなかった』という思いもありました。そこはクラブをサポートする僕らサポーターの力のなさを感じた部分でした」

福田紀彦川崎市長は、「見たことのない景色」だったと表現してくれたが、川崎フロンターレを応援する川崎華族の代表を務めている山崎は、「もっと市民を巻きこみたかった」と、現状ではなく、未来を見据えていた。

それでもタイトルを獲ったことで、今までは得られなかった感覚を抱いたのも事実だ。

「世間からの注目度は変わったと思います。強いフロンターレとして注目されるようになりました。それは本当に素晴らしいことだと思います。一方で、選手たちはその強いフロンターレを維持しようと、日々頑張ってくれていますが、クラブや僕らサポーターは、どんなときでもフロンターレを応援してくれる人を増やすことができているかと考えたら、やっぱりまだまだですよね。『餅は餅屋』と言われるように、チームの強化は強化部が担う仕事なので、サポーターである僕らが口を出したり、意見を言ったことは一度もありません。でも、強化とともにクラブの両輪と言われる事業については、僕らサポーターも協力することができるはずです」

事業に協力するからといって、クラブの売上に貢献するという意味ではない。山崎ははっきりと言いきる。

「僕らが協力できるのは〝人の感情〟の部分です。目に見えないところこそが大事なことなのではないかと思っています」

企業がスポーツへの投資を考えたとき、日本ではまだサッカーよりも野球のほうが露出も多く、扱いも大きい。では、サッカーにある付加価値とはなんなのか。Jリーグ百年構想に基づき、川崎フロンターレも理念としている「地域性」と「社会性」がそれだ。

「地域の人たちがこれだけ応援しているから、投資しよう。そう企業に考えてもらえるくらいのクラブになってほしい。お金を集めることにフォーカスしてしまうと、異なる方向に進んでいってしまうと思うので、その根本には、今までと変わらず、地域の人たちの活力になる存在を目指してほしいと思っています」

山崎は言った。

「Life is FRONTALE」

黎明期から川崎フロンターレを支え、川崎華族の立ち上げにも大きく尽力した人物がいる。川崎市商店街連合青年部で部長を務めていた故・石渡俊行である。

山崎は、2018年に45歳の若さで亡くなった彼を、今でも〝師〟と仰ぐ。

「俺は商店街を盛り上げてフロンターレを支えるから、マコ（山崎）はスタジアムでフロンターレを盛り上げてクラブを支えてくれ」

昨日のことのように、その言葉を思い出す。

スタジアムにいる人だけが、川崎フロンターレを支えてくれる人たちではない。仕事や商売があって、試合を見に来られない人もいる。育児や家庭の都合でスタジアムに足を運べない人もいる。それでも、川崎フロンターレを応援してくれる人たちがいる。

「だから、まだまだなんですよね。川崎市は人口154万人ですよ。その全員がファンクラブ（後援会）に入ってくれるようになれば、それだけでクラブは成り立ってしまう。市民クラブが目指す究極の未来は、きっと、そこじゃないのかなと」

2022年の明治安田生命J1リーグは34試合で、うちホームゲームは半分の17試合だ。日数に換算すれば、1年のうち17日しか、ホームで川崎フロンターレを応援する、できる日はない。一方で、商店街の人たちは会場に来ることはできないかもしれないが、1年の365日、ずっとフロンターレを応援してくれている。

石渡が夢見ていたのは、川崎市に住む人たちが無条件に応援するようなスポーツクラブの姿だった。

とはいえ、タイトルを獲ったことで、地域に根ざそうと行ってきた川崎フロンターレのさまざまな活動が実を結んだのも事実だ。この26年で、川崎の町にはいたるところでフロンターレがあふれ、日本中にフロンターレという名前とともに「川崎」を知ってもらうことができた。


幼かったとき、思わず地名を言うことを躊躇してしまった町ではなくなったのではないだろうか。

そう尋ねると、山崎はにっこり笑ってこう言った。

「ちょっぴりはなったかもしれないですね」

そして、視線はもっと先を見ていた。

11

証言

石渡孝明 Takaaki Ishiwata
星野義孝 Yoshitaka Hoshino

川崎の町を盛り上げる「戦友」

クラブと商店街との物語がスタートした日

川崎フロンターレには、新シーズンに臨む際の恒例行事がある。監督・選手一同が、川崎市川崎区にある川崎大師へと赴き、本堂で護摩祈祷を行う。いわゆる必勝祈願である。

祈祷を終えた監督・選手たちは、本堂を背景に記念撮影を行い、その後は選手ごとに分かれて川崎市内の各商店街へと挨拶回りに向かう。近年は、新型コロナウイルス感染症の感染拡大防止の観点から実施できていなかったが、地域密着を掲げる川崎フロンターレの原点ともいえる、欠かせない活動だった。

しかし、この必勝祈願も、クラブ創設当初は本堂に上がることは許されなかった。川崎大師から、ＪリーグではなくＪＦＬ（ジャパンフットボールリーグ）を戦うチームのために、他の参拝者たちの時間を割いてまで護摩祈祷を行うことはできないと、丁重にお断りされていたのだった。

川崎大師に必勝祈願を依頼した天野春果は、「いつか本堂に上がれるチームになってみせる」と、ここでも闘志を燃やしたという。当時の川崎フロンターレの知名度が低く、地域に認知されていなかった事実として興味深いエピソードといえるだろう。

川崎大師の本堂で護摩祈祷が許されるようになったのは、Ｊ2リーグが発足した１９９９年からだった。シーズン開幕前の2月19日に、当時の社長と監督、選手の計13名が参加して、必勝祈願を行った。

のちにホームゲームでは、試合に臨む中村憲剛が、ピッチに入場する直前に、「水色のだるま」に手を当てて勝利を祈願する姿が見られるようになった。そのだるまがチームに贈られるようになったのも、このときからだった。川崎大師にあるだるま店の『小田切商店』が寄贈し、その後、クラブカラーであるサックスブルーのだるまも作られるようになった。

なぜ、日付まで詳細に記すことができたかというと、写真と記録が大事そうにファイリングされて残されていたからだった。

訪ねたのは、川崎大師駅にあるごりやく通り商店会で『石渡燃料店』を営む石渡孝明と、同じく銭湯の『寿恵弘湯』を経営する星野義孝だった。

石渡は大師駅前商栄会・ごりやく通商店会の会長であり、星野は川崎浴場組合連合会の副会長という肩書きも持っている。二人とも川崎大師の商店街にて、古くから川崎フロンターレを応援し、支えてきた人たちだ。まさに川崎に生まれ、川崎で育ち、そして川崎に生きる地元の人たちである。

彼らを訪ねると、やはり商店街にあった『山川酒店』の店主が、大切に保管していたという思い出の記録を借りて、持参してくれた。まるで宝箱を開ける子どものように、星野がうれしそうにアルバムをめくった。

「懐かしいですよね。ほら、ここに庄子(春男)さんが写っていますよ」

「これが天野くんです。まだ若いでしょう(笑)」

その写真の日付を見ると、1998年3月13日との記載がある。アルバムには、山川酒店の店主の几帳面な性格がにじみ出ていた。貼られた付箋には、こう書かれている。

「川崎フロンターレ初めての交流会」

写真には、当時在籍していた中西哲生やベッチーニョが写っていて、若かりし日の佐原秀樹(現・U—18コーチ)の姿もある。1998年3月13日は、川崎フロンターレと川崎大師にある商店街との物語がスタートした日だった。

きっかけは、川崎華族の代表である山崎真が〝師〟と仰ぎ、クラブの社長を務めていた武田信平が「大変お世話になった」と語る故・石渡俊行だった。燃料店の石渡とは親戚の間柄になる（混同を避けるため、ここでは「俊行」と表記させてもらう）。俊行は川崎市商店街連合会青年部で部長を務めていた。

ある日、ごりやく通り商店会の会合で俊行が切り出した。

「商店街で、川崎フロンターレを応援しよう」

商店街の人たちも、最初から前向きだったわけではなかった。石渡が言う。

「川崎はほとんどの人が、よそから来て、就職して、ここに住んでいる人ばかり。でも、我々はここに生まれて、ここで育っているから、地元に対しての愛着はやっぱり全然違う。それでもプロ野球は根づかず、当時はサッカーといえばヴェルディ一色だった。でも、我々にとっては、ヴェルディ川崎と言われても、ほとんどテレビで見る以外に肌で感じられる部分はなかった。日本代表に選ばれるような選手がたくさんいましたけれど、どこか遠くでやっている出来事みたいでね。等々力といっても、だいぶ向こうだったし。スポーツへの思い入れは薄かったと思います」

同じ川崎市内でも、川崎大師で暮らす人間からすれば、等々力陸上競技場は中原区にある「向こう」のもの。南部エリアに当たる川崎区にとっては、川崎フロンターレも一緒だった。石渡がつぶやく。

「まだヴェルディがいたから、フロンターレと言われても、最初はピンとこなかったですよ。それにあっちはJリーグなのに、こっちはJFLだというから、なおさらね」

　星野が会話を引き取る。

「それでも、俊行が『商店街のみんなで応援していこう』って言うのなら、『やってみるか』というのがスタートでした。当時は商店街の活動もまだまだ盛んだったので、俊行はフロンターレと、私はどちらかというと商店街の人たちと相談しながら、イベントを企画していくようになりました」

　中西が言っていた、ひっくり返したビールケースの上に立って話をした商店街のイベントとは、ごりやく通り商店会のことだったのではないか。星野は苦笑いを浮かべた。せっかく選手が来てくれたのに、人を集めることができず、星野自身も反省したという。

　チームがJ1リーグ昇格を決めた1999年の11月14日には、大師駅前商栄会と川崎市商店街連合会青年部の共催により、商店街にとっては大々的なイベントが行われた。

　J1リーグ昇格とJ2リーグ優勝の祝勝会だった。イベントには選手たちもやってきて、近くに住む子どもたちと餅つき大会やサイン会を実施した。そのときに多くの人が集まってくれたのは、過去の教訓を生かしたからだろう。それは、川崎フロンターレが行っている手作り感のあるイベントの原点だったかもしれない。

　石渡がしみじみと言う。

「うれしかったですよね、その距離感が。ヴェルディから商店街になにか声をかけてくれたことは一度もなかったと思います。それなのにフロンターレは、選手たちがあっちから、わざわざ大師まで来てくれるんですから」

「向こう」ではなく、南部の自分たちも川崎の一員である。クラブの行動が、距離感が、商店街の人たちに、川崎フロンターレを応援しようという火を点していった。

星野が、俊行と過ごした日々を思い出すかのように言葉を紡ぐ。

「よく足を運んでくれた天野くんもそうですし、武田さんもことあるごとに俊行に声をかけて、『誰々を紹介してほしい』といったように頼りにしてくれていました。この大師とフロンターレがつながる礎を築いたのは全部、俊行なんです。そうしたつながりが、徐々に広がっていって、今につながっているんじゃないかなと」

石渡が続ける。

「それでだんだんと、大師の町にもフロンターレが浸透していってね。フロンターレが来るよって言えば、商店会のみんなが喜んで協力してくれるようになったんです」

応援をやめようという話が出たことは一度もない

小田切商店がだるまを寄贈するようになったように、くず餅で知られる『住吉』や、のど飴が有名な『松屋総本店』など、同じ川崎大師の仲見世商店街も川崎フロンターレを応援してくれるようになっていく。次第に輪は広がっていった。

今も続く必勝祈願会とともに、選手たちが行っている各商店街への挨拶回りも、ごりやく通り商店会に選手が訪れたことがきっかけになっている。星野が言う。

「フロンターレの選手たちが来てくれることで、新聞や雑誌、さらにはウェブなどでも取り上げられて、商店街のことも幅広い層に知ってもらえるようになりました。この商店街から始まった活動が、川崎市内中に広がっていったことも今では自慢ですし、なによりもうれしいですね。それでもクラブは、今でも大師を大切に思ってくれているのか、商店街の挨拶回りでは必ず社長と監督、コーチ、それと新卒の選手たちか、新しい外国籍の選手たちを任せてくれるんです」

ちなみに、川崎大師で必勝祈願を終えた一部の選手たちは、近くにある若宮八幡宮にも参拝するのだが、ホームゲームのときに等々力陸上競技場に開設されているフロンターレ神社は、若宮八幡宮の力添えによるものだ。

今では川崎市内のあちこちで見かける川崎フロンターレのタペストリーも、ごりやく通り商店会だけは違うものが掲げられている。通りには、川崎フロンターレのエンブレムが描かれた大旗がたなびいているのである。店先から、その大旗を眺めるようにして石渡が言う。

「これも最初は俊行が持ってきて、飾ってくれたものでした。彼が亡くなったあとも、やめるわけにはいかないと、商店街の会費から支払って購入を続けています。必勝祈願で選手たちが来たときに、きれいな旗を見てもらえるように、シーズンが終わった12月と、夏になる前の6、7月ごろの年2回、必ず取り替えているんですよ」

川崎フロンターレのファンやサポーターが通ると大旗に驚き、思わず声を上げる。それを聞いた石渡をはじめとする店主たちは、気づいてくれたことがうれしくなり、声をかける。町にコミュニケーションが生まれるきっかけに、川崎フロンターレが一役買っていた。

星野は言った。

「一気にこうなったのではなく、ずっと続けてきたから今があるんです」

川崎フロンターレがJ1リーグに返り咲き、年々、スタジアムに来場する人が増えていったように、川崎大師と川崎フロンターレの関係性も強くなり、そして広く知れ渡るようになっていった。きっと、一過性のものではなく継続性のあるものだったから、ここまで周知されるようになったのだろう。

石渡は言った。

「だから、チームがタイトルを獲れない期間も、シルバーコレクターと言われていようが、商店会のみんなから応援をやめようという話が出たことは一度もありません」

星野も続いた。

「武田さんは毎年、必勝祈願で会うたびに、『去年は申し訳なかった』って、必ず僕らに謝るんです。『今年も頑張るからさ』って言って。でも、僕らは勝つチームだから、フロンターレを応援しているわけじゃない。それはもう、戦友みたいな感覚ですよね」

戦友――川崎の町を盛り上げる同志ということなのだろう。だから、２０１７年に川崎フロンターレがＪ１リーグで初優勝したときには、テレビで見ながら涙を流した。

病気で療養していた俊行が亡くなったのは、２０１８年12月のことだった。もう時効として、彼の話をここにつづることを許してもらいたい。

すでに社長の職を退任していたが、武田は葬儀に参列し、クラブはＪ１リーグ優勝の象徴であるシャーレを式場に運び入れると、天国へと旅立った彼に、改めて優勝と感謝を伝えた。後日、中村憲剛も彼の家を訪ねると、お線香をあげたという。

まさにそれは、戦友と呼ぶに相応しい関係だった――。

石渡が言う。

「優勝争いをするたびに、商店会に飾る『優勝おめでとう』というポスターを何度作ったことか。今回はもしかしたら優勝できるかもしれないと思って、準備しておくんだけど、やっぱりダメだった、ということがどれだけ続いたか」

それだけ、戦友のうれしい報告を待ち望んでいた。川崎フロンターレの優勝にどれだけ喜んだかは、石渡が家に飾っているという、あるオフィシャルグッズの話からも伝わってきた。それは初優勝を記念してクラブが制作・販売したもので、「前代未聞」と方々でも話題になったグッズのことだ。

「思わず、純金でできたカブレラの人形を買ったんだよ！」

風呂とフロンターレの数奇な縁

川崎フロンターレが明治安田生命J1リーグで初優勝した2017年12月2日、銭湯の寿恵弘湯を営む星野にとっては、言葉を失うほど、うれしい出来事があった。

最終節を迎えた時点では、鹿島アントラーズが首位に立っていたことから、優勝したチームが掲げるシャーレは、彼らが戦うジュビロ磐田の本拠地、ヤマハスタジアムにあった。最終節は、その鹿島アントラーズがジュビロ磐田に0―0で引き分けた。それにより、大宮アルディージャに5―0で勝利した川崎フロンターレは勝ち点で並ぶと、得失点差により優勝を決めた。

万感の等々力陸上競技場で、中村憲剛がシャーレをカップアップする瞬間だった。テレビで優勝を見届けたあと、銭湯の営業開始時間とあって星野が仕事をしていると、妻が大声で叫んだ。

「お父さん！　お父さん！　ちょっと、こっちに来てよ！」

なにごとかと駆けつけ、テレビ画面をのぞくと、なんと中村憲剛が風呂桶を掲げていた。シャーレの代わりにクラブが用意したのが、風呂桶だったのである。

思わず口に手を当てて、号泣していた。

「お風呂の風呂と、フロンターレのフロをかけて、クラブとはいろいろな取り組みをしてきましたが、あの場で風呂桶を掲げるとは、自分も知りませんでした」

川崎フロンターレの「フロ」と数字の「26」をかけて祝った2022年、クラブ創設26周年では、「川崎大田銭湯大スタンプラリー」なる企画が実施された。「026（おフロ）サポーター」に就任したスーパー銭湯アイドル『純烈』とのコラボや、サウナ発祥の地として知られるフィンランド政府観光局の後援も受け、大々的なプロモーションになった。

その原点は、川崎フロンターレきっての〝仕掛け屋〟である天野にあった。

「兄さん、兄さん、フロンターレの〝フロ〟と、銭湯の〝風呂〟はかけ合わせられるので、絶対にいつか一緒になにかやりましょうね」

俊行が、星野のことを「兄さん」と呼んでいたこともあり、天野をはじめとする古参のクラブスタッフも、いつの間にか星野のことを「兄さん」と呼ぶようになっていた。

それでもクラブ創設当初は、知名度も低く、マンパワーもかけられなかったため、天野も星野もなかなかアイデアを実行に移すことができずにいた。ようやく実現できたのは、2010年になってからだった。

「いっしょにおフロンた〜れ」

星野と天野は相談しながら企画名を決めると、川崎浴場組合連合会とクラブが協力して、スタンプラリーを開始し、スタンプを集めるとコラボしたタオルが抽選でもらえるキャンペーンをスタートさせた。2012年には、漫画『テルマエ・ロマエ』の実写映画公開に合わせて、漫画、クラブ、浴場組合がコラボ。当時・川崎市高津区にあった高津湯では、浴場内に描かれる銭湯絵を、中村憲剛ら選手が手伝っただけでなく、外壁まで『テルマエ・ロマエ』を感じさせるデザインに変更した。スタンプを3つ集めると、特製のバスタオルがもらえるキャンペーンでは、1887口の応募があった。単純計算しても、特製バスタオルほしさに5661回も銭湯の利用があったことになる。

2013年には『イクフロ』と題して、家族で銭湯に行く「浴育」を推進するキャンペーンを打った。その目玉として、NHK Eテレの番組『みいつけた!』に登場するオフロスキーと、またまた中村が共演。多くのメディアに取り上げられるプロモーションになった。その中村が現役を引退する際には、現役中の彼の印象的なシーンを描いた銭湯絵を、絵師とサポーターが協力して作成するなど、実現してきたアイデアは数え切れない。

そうした企画で選手と触れる機会が多かった星野は、選手への感謝も言葉にする。

「普段、接する彼らは、地元にいるお兄ちゃんたちのようでした。サッカーをやっているときは、あれほどプロフェッショナルなのに、プライベートではまったく壁がない。憲剛くんとは一緒にお風呂も入りましたからね(笑)」

石渡も賛同して、強くうなずく。

「私らは、憲剛くんのプレーのすごさはよくわからない。でも、彼らの人間性を感じることはできる。小林(悠)くんやノボリくん(登里享平)と、後輩たちも、得手不得手はあるでしょうが、憲剛くんが取り組んできたことをしっかりと受け継いでくれていますよね」

フロ周年を祝った2022年は、まさにその集大成といえるものだった。

前述したように、スーパー銭湯アイドル『純烈』が「026サポーター」になり、純烈と川崎フロンターレがコラボしたタオルが、入浴した人たちに先着でプレゼントされた。キャンペーン当日には、開店前から銭湯の入口に並ぶ多くの人たちの姿があった。

広がりはそれだけではない。Jリーグがホームタウン外での活動も緩和したことで、多摩川を渡った先である東京都大田区も協力。川崎浴場組合連合会だけでなく、大田浴場組合も加わって、参加した銭湯の数は68軒にも上った。

また、フィンランド政府観光局が後援についたように、近年ブームになっているサウナも推進した。サウナ専門店に比べれば、規模は小さいかもしれないが、川崎浴場組合連合会に加盟している35軒の銭湯のうち、実は30軒がサウナを完備していた。サウナブームと、川崎フロンターレとの取り組みにより、順番待ちができるほど、まさに熱を帯びた。

星野は言う。

「天野くんもよく言いますが、続けることが大事だということを改めて知りました。一度、途絶えてしまうと、次のつながりを作るのは難しくなる。また、やろうとしたときには、それまで以上の熱量が必要になりますからね。細くてもいいから、毎年のように続けていく。それが合致したときに、大きなうねりになるように思います」

都心に近い川崎市は近代化が進み、タワーマンションの建設があとを絶たない。同時に、大型店舗やショッピングモールも増えている。さらにコロナ禍が追い打ちをかけ、商店街も、銭湯も厳しい経営にさらされている。それでも、今日まで地域に根ざしてきた戦友同士が協力し合い、地域を活性化するものを生み出してきた。

もしかしたら、時代とともに関係性は変わっていくのかもしれない。だが、星野の言うように「細く」ても続けていくことで、新しいものが生まれる好機は再び訪れるかもしれない。

地域を見つめる目線を強く植えつけた武田の思いは、クラブがタイトルを獲ったあとも、クラブの規模が大きくなったあとも、前社長の藁科義弘、そして現社長の吉田明宏へと脈々と受け継がれている。

２０２２年にクラブの代表取締役社長に就任した吉田は、コロナ禍が続き、選手たちを商店街に派遣できない現状を理解すると、自らが出向いて川崎大師の商店街を回った。そのあとは、予定を変更して平間商店街にも足を運んだという。

川崎の町で生まれ、川崎に生きる人たちと触れ合ったことで、思うところがあったのかもしれない。

横長の地形ということも手伝って、川崎市はエリアによって雰囲気や町並みも異なる。だが、川崎フロンターレの存在が、そして川崎フロンターレの活動が、町を一つにした。川崎にこっちも、向こうもない。

第4章

チーム強化とクラブの理念

第4章の証言者

伊藤宏樹（いとう・ひろき）

1978年7月27日生まれ。愛媛県出身。川崎フロンターレ強化部長。立命館大学卒業後、2001年に川崎フロンターレに加入。守備の中心選手として、チームキャプテンとして長らく活躍し、2013年に現役引退。その後はスタッフとして集客プロモーション部を経て、2016年より強化部へ移り、2021年より現職。

向島建（むこうじま・たつる）

1966年1月9日生まれ。静岡県出身。川崎フロンターレ強化部スカウト担当部長。スピードあふれるドリブルが武器のFWとして、1997年に清水エスパルスから当時JFLの川崎フロンターレに加入。2001年に現役を引退後もスタッフとしてクラブに残り、さまざまな部署を経て2005年より強化部にてスカウトを担当する。

山岸繁（やまぎし・しげる）

1962年10月11日生まれ。新潟県出身。川崎フロンターレ育成部長。1981年に富士通入社。1997年に川崎フロンターレ強化部へと出向し、2012年に強化部長に就任。2016年より現職。

証言 12

伊藤宏樹

Hiroki Ito

「強いから好き」ではなく「愛されているから強い」クラブに

選手の立場からクラブの思いを伝えられる人材

「J1だと思って加入したらJ2でした」

2001年に川崎フロンターレに加入した伊藤宏樹の本音と言えるだろう。

「スタジアムには全然、観客がいなかった」

2001年にJ2リーグを戦ったスタジアムを端的に表した言葉と言えるだろう。

加入を決めた大学4年生の2000年、川崎フロンターレはJ1リーグを戦っていた。

自分自身もプロサッカー選手になったあかつきには、J1リーグでキャリアをスタートできるものと思っていた。ところが、川崎フロンターレは、ぶっちぎりの最下位でJ2リーグへと降格した。当然ながら監督も交代し、前年にプレーしていた選手も半数近くが入れ替わった。まさにチームはリスタートを切ることになったのである。

そこには伝統もなければ、継続性もない。今日の川崎フロンターレからは想像もできない状況だった。しかし、大卒新人だった伊藤は、逆にチャンスととらえることにした。

「一から競争できる、一から勝負できると思いました」

そう語るように、2001年のJ2リーグ開幕戦からスタメンで出場すると、いきなりレギュラーとして存在感を示した。チームは成績不振から、第20節のヴァンフォーレ甲府戦を終えて、堀井美晴監督から石崎信弘監督に指揮権を移したが、その後も伊藤はピッチに立ち続け、出場停止だった最終節を除く43試合にフル出場した。

J2リーグに降格したことによる集客の影響も大きかった。平均観客動員数は、前年の7439人から3784人へと落ちこんだ。

「特に雨が降った試合や、負けた次の試合は（観客の少なさが）顕著でした。ただ、僕は加入したときの現実がそれだったので、違和感を持つことなく受け入れていました」

舞台はJ1リーグではなく、J2リーグ。経験や偏見がないことから、正直、「こんなものなのだろう」と思っていた。それでもホームで結果を出し続けていけば、自然と客足は増えていくはずだと信じていた。

「集客については、事業部の人たちが一生懸命やってくれていたので、僕たち選手にできることは、ホームで勝って、また次の試合に来てもらうことだと思っていた。むしろ、この現状が〝底〟で、クラブ的には〝伸びしろ〟しかないと思っていたので、地域貢献活動にしろ、ファンサービスにしろ、事業部の人たちと徐々にいろいろなことをやっていこうと、ポジティブに考えていました」

2000年を最後に、選手の立場から、クラブとチーム、クラブと地域をつなげていこうとしていた中西哲生は、現役を引退した。J2リーグ降格という事実だけでなく、選手の立場からクラブの思いを伝えられる人材も同時に、フロンターレは失っていた。

クラブにとって、試合に出場している新人選手は、次の〝担い手〟として適任だった。チーム広報として長年、選手に寄り添ってきた熊谷直人は、伊藤を引っ張り出し、プロモーションやイベントに参加させたのである。プロモーション、広報という両者の視点から、クラブの戦略が垣間見える起用と施策だった。

「なにも知識がなく、色のついていない新人だったので染めやすかったんだと思います」

そう言って伊藤は笑うが、もともと周囲を見る力も備わっていた。J2リーグに降格したとはいえ、当時はJリーグが人気を誇っていたJリーグバブルの名残を醸し出している選手もいた。そのため、チーム内には、地域貢献活動やファンサービスに積極的ではない選手のほうが圧倒的多数を占めていた。

そうしたなかで、イベントに参加する機会の多かった伊藤は、自然とクラブスタッフと会話する場面も増え、彼らの考えに共感していった。事業部の影響も強く、ファン・サポーターに向き合うようになっていった。

伊藤がルーキーだった時代から接してきた広報の熊谷が、当時の印象を語る。

「宏樹は、加入当時から真っ直ぐな性格でした。常にポジティブな思考を持っていたし、当時のプロサッカー選手としては新しいタイプの選手だったかもしれません。我々事業スタッフの話にも耳を傾けてくれました。チームを強くすることと合わせて、スタジアムを満員にしたいという強い思いを常に持ってプレーしてくれた、フロンターレにとってはまさに核となってくれた選手です。宏樹の言うように、真っ白な状態でフロンターレに加入し、我々の考えに染めやすかった側面もあるかもしれません。ただ、加入してすぐにチームの中心選手としてプレーするようになった彼が率先して動いてくれたことが、チーム内の先輩や後輩に大きな影響を与えてくれたことは間違いないと思います。フロンターレの影のレジェンドは宏樹だと思います」

また、伊藤自身は、こう言って当時を思い出す。

「それに、ちょうど一人ひとりに向き合うことができたことも、状況的にはよかったんだと思います」

今となっては記憶も曖昧だが、川崎港近辺で行われたイベントでは10人弱しか来場者がなく、観客よりスタッフが多いという事態も経験した。中西が商店街のイベントで、誰も立ち止まることのないさびしい状況で、一人ひとりと話をした過去と思わずリンクした。

また、当時は練習場の麻生グラウンドに駆けつけるファン・サポーターの人数も限られていた。それがかえって、新人だった伊藤にとっては、一人ひとりと向き合えるいい機会になっていた。中西も話していたように、オセロの石を黒から白へと、一枚ずつひっくり返していくには最適な環境だった。

「それでも、最初から地域貢献活動やファンサービスを積極的にやっていたかと言われたら、決してそうではなかったと思います」

たとえそうだったとしても、面と向かって触れ合う一人ひとりの心をがっちりとつかんでいくには好都合だったのだろう。クラブと伊藤は一歩ずつ歩んできたことで、徐々に人気を獲得していったのだから。

少しずつ、町の景色が変わっていった

ゆっくりとでも、確実に前進していけば、機が熟す瞬間は必ず訪れる。

2001シーズン途中から指揮官に就任した石崎信弘監督の下、チームはJ1リーグ再昇格に向けた土台を築き、バトンを受け継いだ関塚隆監督が、2004年にJ2リーグ優勝という結果を残した。同時に、クラブの人気も右肩上がりの曲線を描いていった。

2001年には経験も知識もなかった伊藤が多くを担っていた地域への活動も、少しずつ広がりを見せていく。2002年には、セレッソ大阪から岡山一成が加わり、メガホン

片手に観客を盛り上げる「岡山劇場」の人気がチームに好影響を与えた。2003年には中村憲剛が中央大学から加入し、かつての伊藤がそうだったように、右も左もわからないところから、やはり事業部の面々が教育し、地域に飛び出す機会を増やしていった。

伊藤の行動は、徐々に圧倒的少数ではなく、圧倒的多数へと変わっていく。なかでも公私ともに意気投合した中村の存在は大きかった。

「憲剛とは同じマインドで進んでいくことができたと思います。最初は自分も憲剛も、クラブに〝やらされている〟という感覚だったと思いますが、いろいろな人と接していくうちに、クラブのためにも、自分たちのためにも〝やらなければいけない〟という考えに変わっていきました」

あれが2004年のいつだったかは、覚えていない。だが、まだまだ空席が目立っていた等々力陸上競技場のスタンドを眺め、中村と約束を交わしたことだけは、〝はっきり〟と覚えていた。

「時間はかかるかもしれないけど、絶対にこのスタンドを満員にしような」

中村との会話を思い出しながら、伊藤は言う。

「J1昇格が見えてきて、試合に勝ったあとには、次の試合ではどれくらいお客さんが増えてくれるかなと考えるようになった。勝利が観客数の増減に直結していたこともあって、自分たちがクラブを作っているんだと実感できる時代でもありました。だから、いつも二人で、クラブに対して、地域に対して、なにができるかを話していたんだと思います」

J1リーグ昇格という明確な目標に近づけば、近づくほど、スタジアムに観客が増えていく。それに比例して、メディアに取り上げられる機会も増え、自分たちが、川崎フロンターレが、注目されてきていることをリアルに感じることができた。

「プレーやサッカーとは別の成功体験が、よりクラブのことを考えるきっかけでした」

だから、うれしかったことを聞けば、すぐに思い浮かぶ。

「スタジアムの外でもフロンターレのユニフォームを着ている人を見るようになったことです。少しずつ町の景色が変わっていったみたいな……」

町の景色が変わっていくなかで、伊藤や中村のさらなる発信も大きかった。クラブが今も、続けていることの多くは、伊藤が選手時代にスタートしたことばかりだ。

「続いているものの最たる例としては、ファン感謝デーです。もっと多くの人を巻きこみたいと考えて、クラブとも、サポーターとも一緒に考えながら作り上げてきた企画の一つです。ファン感謝デーを通じて、地域とのつながりの大切さ、ファン・サポーターの大切さをより自分たちも深く理解しました。サポーターともグッと距離が縮まった気がして、楽しかったですよね」

こちらが聞くまでもなく、伊藤は「うちのいいところであり、悪いところでもあるのですが」と言い、再び笑いながら言葉を続けた。

「ファン感謝デーも最初は、僕らが女装してステージに立つくらいだったんですが……」

選手が女装してファン・サポーターの前に出るだけでも、すごいことに思えるが……。

「だんだんハードルが上がってきて、ダンスを踊ったり、歌を歌ったりして。僕ら選手もしっかりしたものを見せなければと、3カ月くらいみっちり練習して臨んでいました。強化部で働く今の立場からすると、〝選手のコンディション〟を気にしなければいけないところですが、当時は隠れて練習していましたね。一歩間違えると、『お前らどこに力を入れているんだ』と言われかねない。でも、そこも含めて、フロンターレというクラブなんです」

女装もバナナの被り物も、最初は「抵抗がなかったといったら嘘になる」と話すが、ファン・サポーターが喜ぶと思えば、率先して取り組んだ。伊藤や中村がキャリアを重ね、チームの年長者になったときも、二人が先陣を切ってやるから、後輩たちもやらざるをえない。そんな雰囲気や空気を作り出していた。

「そういうことも含めて、クラブのカラーを作り上げたとは思います」

大きかったのは、伊藤が選手時代に強化本部長を務めていた庄子春男が、それを肯定していたことだった。

「フロンターレの選手として、地域への活動やファン・サポーターを喜ばせる活動に積極的に参加し、チームとしてしっかりと残していかなければダメだからな」

あと一歩のところでタイトルを逃したときも、周囲からシルバーコレクターと揶揄されたときも、強化部がその姿勢や方向性を変えることはなかった。だから、伊藤や他の選手たちも、自信を持ってあとに続くことができた。

伊藤がチームキャプテン、中村がゲームキャプテンという役割を担った期間も長く、「二人で一人前だな」と話していた。そんな二人は、もう一つ約束を交わしていた。

「憲剛はいつか監督をやりたいんでしょう？　じゃあ、オレは現役時代と同じように、チームの裏の顔じゃないけど、強化部という立場でチームを支えられることを目指すよ」

その先の文章を書くのは、野暮だろう。

元選手の強化部だから、できること・思うこと

これも〝いつ〟だったかは覚えていないが、言った〝こと〟は鮮明に覚えている。

伊藤は庄子に言った。

「将来的には庄子さんのような仕事をしたいと考えています」

川崎フロンターレで選手として13年間プレーした伊藤は、２０１３シーズンで現役を引退した。その後もクラブに残ると２０１４年、２０１５年は集客プロモーション部に所属し、クラブの事業面を内部から学んだ。

庄子に伝えていたように、２０１６年からは強化部に異動すると、スカウト業務を担当する向島建の下につき、サッカー界の常識や通例、仕組みを勉強した。現在は強化部長の肩書きがあるように、強化部の一員として選手のサポートや選手の契約全般を担っている。

「選手としてもフロンターレでプレーしてきたので、選手に近い存在ではあると思ってい

ます。日々の活動にしても、選手と同じ目線に立って事業との調整、選手の仲介人との面談、時間が許せば他のチームの試合も視察に行っています」

選手と距離が近いという利点を生かして、選手の相談に乗るだけでなく、逆に選手にアドバイスを求めることもあった。特に中村が現役中は、練習参加した選手への評価を聞き、参考にしたこともある。それだけではなく、すでに獲得が内定している高卒や大卒の選手が練習参加した機会には、中村に声をかけ、「話しかけてやってくれ、アドバイスしてやってくれ」ともお願いしていた。

「憲剛は若手にも的確なアドバイスと、心に響くような言葉を投げかけてくれますからね」

川崎フロンターレに加入する多くの選手が、レジェンドである中村に憧れの思いを抱いていることはわかっている。それを見越して、彼から言葉をかけるように働きかける。そうすることで、選手のモチベーションは上がり、さらなる向上心につながっていく。

「憲剛が引退したあとも、同じように今いる選手たちにお願いしています。新たに加入する選手がどのようなプレースタイルかにもよりますが、今の所属選手ならばアキ(家長昭博)や(大島)僚太と一緒にプレーしたいと思って入ってくる選手も多い」

家長や大島もまた、中村の背中を見てきた選手たちである。チームにおける効果も知っているだけに、自然と声をかけ、その場の空気を和やかにしてくれる。そうした小さな伝統も、優秀な人材を確保するためには欠かせず、チームにいい循環が生まれていると、伊藤は話してくれた。

「僕はフロンターレでしかプレーしたことがないから、他のクラブのことは知りません。でも、庄子さんが監督や選手、つまり現場を信頼していたことは、自分自身も感じていました。そうした信念は一つ大事なことだと思います。加えて、今のチームでプレーしている選手たちを大事にすることも、フロンターレというクラブとして残すべきところ、続けていくべきところだと感じています」

選手として庄子と接し、強化部の一員としても庄子と接した。それぞれの立場で〝チーム強化〟とはなんたるかを感じ、学んできた。

「在籍年数が長い選手が多くいることも、クラブにとっての財産。近年は海外も含め、選手の移籍がより活発になり、一つのクラブに長く留まることが難しい時代になってきています。そのなかでも、選手たちがフロンターレを選んでくれていることは、クラブの魅力の一つとして維持していきたい」

選手時代も未来を切り開いてきたが、立場が代わった今も、間違いなく未来の川崎フロンターレを背負っていく人物である。

「チームの強化に携わるようになり、目先の勝利と、5年後、10年後を意識したチーム作りを並行していく難しさは痛感しています。一方で、フロンターレはタイトルも獲得し、クラブとしてのブランド力を着実につけてきていますが、地域やファン・サポーターを大事にするといった原点を見失ったり、なくしたりしてはいけない。タイトルを獲ったことで、急激にファン・サポーターは増えていますが、今はチームが強いから試合を見に来てくれているという人も少なからずいると思っています」

こちらが求めていたと言ったら安易すぎるかもしれないが、クラブ創設から今日にいたるまで、川崎フロンターレを築いてきた人たちの取材を通じて、次第にテーマ（主題）として浮かび上がってきた言葉を、伊藤が発してくれた。

「100年以上を誇るヨーロッパサッカーの歴史と比べると、本当にまだまだだと思っています。だからこそ、なおさら〝強いから好き〟ではなく、地域に〝愛されているから強い〟クラブになっていかなければいけない。ヨーロッパはそうなっているクラブが多いことを考えると、僕らはまだ志半ばです」

伊藤は「強化部の人間が、それを言ってはいけないのかもしれませんが」と笑う。だが、選手として町が変わっていく様を目の当たりにし、選手たちを陰で支える立場として強くなったチームを見てきた人だから、言える思いでもあるように感じる。

勝って愛されるのではなく、愛されることで勝つ。今日の川崎フロンターレがある意味と、未来の川崎フロンターレが目指す姿だった。

「そのためにも、今後も強化と事業はとことんぶつかるべきだとも思っています。議論した先に、やれることとやれないことが見つかっていく。どちらかが気を遣ったり、諦めてしまうと、クラブの発展にはつながらない。強化はチームとして、さらにタイトルを目指す。事業は地域に目を向けて、さらにファン・サポーターを増やす。切磋琢磨しながらも、クラブが一つであり続けられたらと思います」

証言13

向島建

川崎フロンターレにふさわしい選手の見つけ方

Tatsuru Mukojima

引退後、各部署でありとあらゆる業務を経験

ユニフォームからスーツに着替え、毎朝、満員電車に乗りこんだ。

サッカーボールしか蹴ってこなかった自分が、社会を知るためだった。

選手時代は主に車での移動が当たり前だったため、切符の買い方に混乱し、1万円札を入れて回数券を購入してしまったこともある。通勤電車のなかで突然、サポーターに声をかけられて驚いたこともあった。

向島建は身長161センチと小柄ながら、スピードを武器とするFWとして名を馳せた。

清水エスパルス時代はリーグ戦の優勝争いに身を置いたことも、Jリーグヤマザキナビスコカップ（現・JリーグYBCルヴァンカップ）で優勝を経験したこともある。1997年に富士通サッカー部から川崎フロンターレに名称変更したチームに移籍したときは、JFL（ジャパンフットボールリーグ）で「優勝するために自分は呼ばれた」と、自負していた。

3年の年月はかかったが、1999年に川崎フロンターレをJ1リーグ昇格に導いた。そして、再びJ2リーグでの戦いを強いられることになった2001年をもって現役を引退した。

5年間を過ごした清水エスパルスからは、毎年のように「引退したらコーチとして戻ってきてくれ」と、声をかけてもらっていた。静岡県出身だけに、清水に帰れば、みんなが歓迎してくれることもわかっていた。

それでも向島は、川崎フロンターレで働くことを選択した。2000年末にクラブの社長に就任したのち、次々と改革を行っていた武田信平に告げた。

「フロンターレには自分がやれることが、まだまだいっぱいあると思っています。とはいえ、自分は現役生活が長かったため、クラブがどんな形で成り立っているかを知らない。ゆくゆくは指導者になりたいと考えていますが、クラブのことを勉強する機会をください」

クラブはどういった経営によって成り立っていて、また、どういった人たちのおかげで、選手だった自分はピッチで思いっきりプレーできていたのか。

当時は、それを知ったうえで指導者にならなければ、選手を育成する〝幅〟も、選手を指導する〝奥行き〟も足りないと考えていた。

真っ直ぐな熱意と学びたいという意欲を見抜いた武田社長は、望む機会を与えてくれた。スーツに身を包んだ向島は、3カ月ごとに各部署を異動し、クラブのありとあらゆる業務に携わった。ときには、本業に近いサッカー教室のコーチとして子どもたちを指導する機会もあったが、スポンサーセールスの営業や、裏方となる試合の運営にも従事した。

それだけではない。地道な活動といわれるビラ配りやポスティング作業も手伝った。とにかく1年間は、事業部で働く社員と同じく、スーツを着て働き、世間を、社会を知ろうと心がけた。

そうした生活も板についてきた2004年のことだった。当時、強化部長を務めていた庄子春男に呼ばれた。

「スカウトをやってみないか？」

川崎フロンターレは4年をかけて、J2リーグで優勝。翌2005年からは再びJ1リーグを主戦場に戦うことが決まっていた。

J1リーグから二度と降格しないチームを築く。それを目標に掲げていたクラブは、よりチーム強化に力を入れるべく、スカウトにも専門のポストを置こうと考えていた。指導者への未練を完全に断ち切れていたわけではなかったが、「クラブから必要とされるならば」と、引き受けることにした。

スカウトのグレーなイメージを変えたい

しかし、当時の川崎フロンターレには、前任者がいたわけではなかった。選手を引退して、社会人になったときと同じく、すべてが手探りだった。ノウハウも、情報も持ち合わせていない。その都度、庄子に聞き、教えてもらうところから始めた。

「九州で学生の大会があるから、行ってみたらどうだ」

庄子に言われるがまま、九州へと出張したが、居合わせた他クラブのスカウトからは、「ここは君が来るような場所じゃないよ」と、指導者になることを勧められた。

スカウト担当に就いたとき、ノウハウや業務内容について調べようがなかったように、スカウトという仕事はどこか不透明で、グレーなイメージもつきまとう。実際、向島が目にした当時のスカウトの多くは、学校やチームの監督、さらには選手の親を接待し、当事者である選手の意向とは関係のないところで話が進んでいるケースが散見された。

「自分がスカウトをやるのであれば、今までのイメージを変えて、みんながやりたくなる、就きたくなるような仕事にしたい」

青臭いと冷笑する人もいるかもしれない。そんなに甘い世界ではないとあざ笑う人もいるかもしれない。それでも向島は、外堀を埋めるのではなく、選手本人に「なぜ君が必要なのか」を説明し、本人の〝意思〟でチームに入ってもらいたいと、考えた。

なにより、川崎フロンターレには、自分の意思でこのユニフォームに袖を通し、自分の意思でクラブのためにプレーできる選手が必要だと思っていた。

なぜなら、創設したばかりのチームに加入した自分がそうだったから――。

Jリーグの強豪の一つだった清水エスパルスから、1997年に川崎フロンターレに移籍したとき、チームにはまだ富士通の社員選手が半数近く在籍していた。向島自身、JリーグからJFLというカテゴリーに移籍することで、環境の変化への不安や影響はかなりあったが、Jリーグに昇格するために呼ばれた、という明確な使命があったから、そうした過酷な状況でも受け入れてプレーする覚悟はできていた。

ただ、チームの半数近い富士通の社員選手が、そうした自分を受け入れてくれるかどうか、不安があった。だから、自分たちがJリーガーの感覚そのままで振る舞ってしまえば、チームはうまく機能せず、仲間に受け入れてもらうこともできないと考えていた。たとえ自分にJリーグでの経験値があったとしても、謙虚に接することを意識した。

「ピッチではプレーで違いを見せるのは当然のこと。これまで経験してきたことを伝え、見せることは最年長としての役目でもありました。また、30歳を越えていた自分にとっては、トレーニングで手を抜けることはありませんでした」

向島自身が、JSL（日本サッカーリーグ）だった東芝サッカー部（北海道コンサドーレ札幌の前身）でプレーしていたときに、アマチュアからプロに転向した選手だった。そうした経験があるだけにプロとアマチュア、両者の気持ちは誰よりも理解できたのである。

また、一緒にプレーする選手たちの多くが、次第に応援されることへの喜びを見出し、地域への感謝やファン・サポーターへの感謝を感じるようになっていた。

「ファン・サポーター、地域への感謝を持ちながら、技術の向上を目指していく選手こそが、フロンターレのカラー」

それはスカウト業に就いて18年が経った今も変わらぬ、向島の確固たる指針となった。

思い切って、庄子にもその旨を伝えた。すると、強く賛同してくれた。

もし、庄子が異なる考えや、向島が感じていたグレーなイメージを〝よし〟とする上司であったならば、その方向性は大いに異なるものになっていただろう。

「お前が思う、そのやり方で間違っていないと思う。自分がいいと思うやり方で、いいと思う選手を連れてきてくれ」

〝川崎フロンターレのスカウト〟として、〝川崎フロンターレにふさわしい選手〟を見る基準が定まった瞬間だった。

頭のなかでフロンターレのユニフォームを着せてみる

スカウトになって間もないころは、前任者がいなかったように、クラブや自身が独自に確立したルートは皆無だった。

また、川崎フロンターレ自体が、J1リーグに昇格して間もないチームで、決して強豪ではなかったため、その時代の高校サッカー界ナンバーワンや、大学サッカー界ナンバーワンといった名の知れた選手を獲得できる状況にはなかった。

当時は、高卒ルーキーながら鹿島アントラーズ加入1年目にして、開幕スタメンの座を勝ち取った内田篤人に声をかけたこともあった。「よくよく考えると、当時のうちが獲得できる選手では到底なかった」と、向島は笑う。

「この選手だったら、他のクラブとは競合しないだろうなという感覚は、実際にやりながら身につけていくしかなかった」

熟考の末、たどりついたのが、やはり「川崎フロンターレに合う選手」になるのだが、向島が、まずポイントとしたのは、「特徴を持っている選手」だった。

「プロでやっていくサッカー選手として、基礎となるベースは必要ですが、Jリーグでプレーしていた自分から見ると、高校生、大学生は足りないところだらけに見えてしまう。でも、その足りないところばかりを見てしまうと、獲得する候補者がほとんどいなくなってしまいます。なので、同世代である他の選手にはない、突出した〝なにか〟を持っているかどうかを見るようになりました」

パスでも、シュートでも、ドリブルでも、スピードや高さでもいい。それこそ守備でも、他の選手にはない光るものがあるかどうかが、まず基準になる。

「そのうえで、自分の頭のなかで、フロンターレのユニフォームを着させてみて、うちのチームにマッチするかを想像してみるんです」

高校や大学では、周りの環境やレベルはさまざまだ。注目した個人がよくても、周りが一定のレベルに達していないがゆえに、パスが出てこない、もしくはマークが集中してしまうケースは往々にしてある。だから、向島は頭のなかで、サックスブルーのユニフォームを着せて、想像を巡らせるのである。

「うちのメンバーのなかに入れれば、ここではパスが出てきて、きっとチャンスになるな」

「あの選手と組めば、ここではシュートまで持ちこめるだろうな」

向島が想像する思考の琴線に触れるかどうか。

感覚的に聞こえるかもしれないが、その感覚こそが、多くの新卒選手が川崎フロンターレで大成している最大のポイントだった。

いわゆる〝うちのチーム〟でフィットしそうなことがわかり、気になって何回も試合を見ていると、向島はその選手に期待を抱くようになる。

それが合図のようなものかもしれない。試合会場に向かう足取りが、仕事ではなく、ファン・サポーターと同じくワクワク感に変わっていく。

「自分が見たい選手＝チームが獲りたい選手になっていく」

熱を帯びた向島が力説する。

「極論を言うと、みんながお金を払ってまで、その選手のプレーを見たいかどうかだと思います。チームとしては、試合に勝ちたい、優勝したいという目標はありますが、それ以前に応援したい選手であるかどうか。その選手のプレーが見たくて、ワクワクしながらスタジアムに向かうような選手でなければ、うちに連れてくる意味はない。近年は力のある選手たちが加入してくれていますが、応援したい選手という意味のなかには人間性も含まれています。そこも含めて、まずは自分が応援したくなるような選手に声をかけています」

実績や経歴にとらわれず、人を見る目

いつしか川崎フロンターレのなかで、「向島が連れてきた選手ならば間違いない」という信頼を勝ち取った。

当初は、自分が見極めた選手を、さらに監督と強化部に見定めてもらい、獲得の可否を決めていたが、近年では向島に一任してくれるほどになった。

「新卒に関しては、ほぼNOと言われることはなくなりました」

そう話すように、向島が主に見ているのは、高校生や大学生といった新卒の選手が対象になる。向島自身やクラブが、新卒選手に重きを置くようになったのも、チームの歴史が深く起因していた。

中村憲剛の存在である。

大学時代まではまったくと言っていいほど無名だった中村は、伝手をたどってチームの

練習に参加すると、そこで見出されて加入することになった。中央大学を卒業して、新人としてチームに加わった２００３年は、周囲はもちろん、ファン・サポーターも彼のキャラクターやプレーを知る人は少なく、決して期待値は高くなかった。

だが、当時は背番号14ではなく、背番号26を着けていた無名の新人は、Ｊ２リーグ開幕戦に途中出場すると、めきめきと頭角を現し、４―０で快勝した5月17日のＪ２リーグ第13節、湘南ベルマーレ戦で2得点を挙げたことを機に、スタメン出場の機会を増やしていった。指揮官が関塚隆監督に代わった２００４年からは、トップ下からボランチにコンバートされると、司令塔として存在感を発揮していく。２００５年からスカウトとして活動を始めた向島にも、選手を見るうえで彼の存在は大きなヒントになっていた。

「フロンターレは、必ずしも世代別の日本代表選手や、いわゆる幼少期からエリートだった選手が大半を占めるチームではありませんでした。そのなかでも、憲剛は大学で徐々に頭角を現して、努力してプロの選手になる夢を勝ち取った。その彼がチームの中心として活躍していたことで、世代別代表の実績やエリートの経歴だけでなく、幅広く選手を見るようになりました」

その最たる例が、青山学院大学でプレーしていた現スカウトの田坂祐介だった。彼が大学４年のときは、チームも関東大学サッカー１部リーグに昇格したが、向島が見出したときは、まだ2部でプレーする選手だった。

また小林悠も2部リーグの拓殖大学に在籍していたストライカーだった。彼が大学４年生のときに、拓殖大学は1部昇格を決めたが、小林自身は右膝前十字靭帯を断裂して、ずっと長期離脱していた。

「自分がいいと思った選手は（大学リーグの）1部、2部に関係なく、積極的に声をかけていきました。選手に話をするときも、チームに推薦するときも、中村憲剛という存在がいたことは大きな説得力になった。彼がフロンターレで活躍していることにより、選手にも『2部の選手でもプロになれるんだ』『（世代別の）代表に選ばれていなくてもプロになれるんだ』と希望を与え、クラブとしても『2部の選手でも他にはない特長があるなら』『（世代別の）代表に選ばれていなくても、将来性があるなら』と、とらえてくれるようになった。憲剛の台頭によって、フロンターレとしても、そういった可能性を秘めた大卒の選手たちを獲得し、しっかり育てていこうという方針を築くことができたんです」

関東大学サッカーの2部リーグでプレーしていた小林が、川崎フロンターレのユニフォームを着る姿を想像した瞬間を、向島は振り返る。

「僕が学生を見るときは、その選手の数年後の姿も思い描くんです。その選手がフロンターレに加入したら、こう成長曲線を描き、こんな選手になっていくだろうと。悠は大学4年生のときには長期離脱するケガを負っていましたが、完治したあとは、自分が思い描いた姿を見せてくれると思っていました。ところが、彼の場合は、自分が想像していた姿になるまで時間がかかりましたけどね」

小林のプレーに惚れ、獲得を打診したときに向島が思い描いた姿を、ピッチで表現してくれるようになったのは、２０１６年だったという。チームは風間八宏監督に率いられ、小林自身も試行錯誤するなかで、ちょうど開眼した時期だった。動き出しの速さを武器に、リーグ戦で15得点をマーク。翌年に明治安田生命Ｊ１リーグ得点王に輝く布石となるシーズンだった。

ＤＦの背後を突き、次々にゴールを決める小林のプレーを見て、向島は思っていた。

「これが、自分が想像していた悠の姿だ」

２０１１年に静岡学園高校から加入し、のちに川崎フロンターレの背番号10を背負うことになる選手も、数年後の姿をイメージできた一人だった。

「チームとしては、いずれ憲剛に代わる選手を探さなければいけないという思いがずっとありました」

中村のように、中盤で司令塔としてゲームをコントロールできる選手がいつかは必要になる。時代的には、青森山田高校の柴崎岳や、前橋育英高校の小島秀仁が世間で騒がれていた。すでに世代別の日本代表に選ばれ、「超高校級」と呼ばれていた彼らの獲得に乗り出しても競争は激しく、川崎フロンターレが獲得するのは難しいだろう。

そう思いながら、母校である静岡学園高校の試合を見に出かけた。目的は高校３年生ではなく、翌年に卒業する高校２年生の視察だった。

ところが、いざ試合を見ると、衝撃を受けた選手がいた。

「プレーがスムーズで、ストレスがまったくなかった。こんな選手がいたのを自分は見落としていたのか……」

大島僚太だった。

高校3年生になっていた彼のプレーを初めて見た衝撃は、今も忘れられないという。すぐに静岡学園高校の監督と話をすると、プロからのオファーはなく大学に進学するという。これは向島自身も後に知ったことだが、大島はすっぱりとサッカーをやめるつもりだった。

「この選手がプロにならないということになれば、日本のサッカーの大きな損失になる」

すでに2011年のチーム編成は固まり、新人としては5人の加入が決まっていた。それでも、大島の可能性を諦めきれなかった向島は、チームの練習に参加させ、他の強化部の面々にもプレーを見てもらうと、「異例の6人目」として大島の加入は決まった。

その後、日本代表にも選ばれることになる大島の成長とプレーを見ると、向島の選手を見る視点と基準が、たしかなことは言うまでもない。

変わってきたものと、決して変わらないもの

向島が選手だった時代から、川崎フロンターレは〝攻撃的なサッカー〟を標榜していた。それが言葉や方針として、具体的かつ明確になったのは、2012シーズン途中に風間監督が就任したことが大きかった。

「選手をスカウトするとき、特徴や技術と、ある程度、チームが求めるものがわかりやすくはなりました。一方で、それに合致する選手が決して多くいるわけではないので、逆に難しい側面もあります」

ボールを「止めて蹴る」に代表されるように、チームが求める技術の質は、スカウトである向島も、その正確性の意味を理解するまでに時間を要した。だが、すでに完成されている即戦力のブラジル人選手として、2012年に当時31歳で加入したDFジェシが、風間監督の指導を受けてうまくなったのを見て、「なるほど」と実感した。

「プロになってからも、選手はこんなにうまくなるのかということが、自分のなかでもさらにわかるようになった。それにより、選手を見る目にも当然、いい変化を及ぼしました」

足下でボールを正確に止めて、蹴ることのできる選手をより見るようになった。そのため、スペースを生かしてプレーするタイプの選手に魅力を感じても、「うちのスタイルには合わないかもしれない」と、声をかけるのを断念したこともあった。

スカウトは、ただ闇雲に優秀な選手を獲ってくればいいわけではない。そこには、チームが求めるスタイルに合うかどうかという絶対的な基準が存在する。

「サッカーは先発で11人しか試合に出ることのできない競技ですが、シーズンを通して戦っていくには、30人強の選手が必要になります。その30人全員が、すごい選手だったとしたならば、チーム内には必ず反発や不協和音が起こる。だから、必ず選手を補強する際には、即戦力や数年後を見越した将来性なども踏まえて編成していく必要があります。現時点ではトップ・オブ・トップの選手には見えなかったとしても、それぞれにストロングな部分はある。加えて、その選手の性格や人間性も含めて、チームの雰囲気に合う、合わないといったキャラクターも見るようにしています」

たとえば、高校や大学の所属チームが、ロングボールを多用する戦術を用いていれば、どうしてもパスワークを重視する川崎フロンターレのサッカーに順応するには時間がかかる。プロになったあとも向上できるとは言っても、最初からスタイルに近い選手を集めてくるほうが結果に直結しやすい。

２０１７年から鬼木達監督がチームを率いて、タイトルを獲得してからは、学生たちにも川崎フロンターレのスタイルは周知されるところとなった。自然と技術を強みとする選手が興味を持ち、集まってくる傾向も強まった。スカウトとしても、選手を「集めやすくなった」とうなずく。

一方で、タイトルを獲り続けていることによる弊害もある。

「こちらがオファーを出す前に、『フロンターレでは試合に出られそうにないので無理です』と断られるケースが何度もあります」

他のクラブのスカウトからも、「これからが大変だぞ」と声をかけられた。Jリーグの歴史をひもとけば、リーグ3連覇を達成したことのある唯一のクラブである鹿島アントラーズが、同様の課題を抱え、次代を担う選手たちを育てることに苦労した話は聞いていた。

チームには、タイトル獲得に貢献した、能力と実績を兼ね備えた絶対的な選手たちが存在し、若手が試合に出るのは容易ではない。ならばと、選手が他のクラブを選ぶのは賢い選択の一つでもある。そうなると、クラブは次世代を育てていくのが余計に難しくなる。

「実際、香川西高校から加入したノボリ（登里享平）や、静岡学園高校から加入した（大島）僚太は、若いときから実践の場である試合を経験できたことで、成長してきた部分は少なからずありましたからね」

6年で6つのタイトルを獲得してきた川崎フロンターレの次なる課題であることは明白だった。加えて日本サッカー界を取り巻く環境の変化も拍車をかけている。2018年に流通経済大学から加わった守田英正、U―18から筑波大学を経て2020年にトップチームに加入した三笘薫、同年に順天堂大学から加入した旗手怜央は、タイトル獲得に貢献すると、すぐにヨーロッパへ巣立っていった。アカデミーで育ち、トップチームの主軸へと台頭した田中碧も同様である。

「ここ数年で、大卒選手でも海外に行く状況が生まれています。当然、今後もJリーグで活躍すれば、海外のクラブから獲得のターゲットになるのは避けられないでしょう」

中村にはじまり、小林、谷口彰悟と続いてきた大卒新人選手がチームの屋台骨を〝長く〟支える選手になるといった考えにも修正を加えなければならない事態が発生している。

「そういう意味では、チームの編成においても、今後はさらに若い世代を増やしていかなければならない可能性もあります」

そのため、川崎フロンターレでは育成組織であるアカデミーの強化にも力を注いでいるが、そこにもひと工夫を加えている。

「たとえば、アカデミーの選手と高体連出身の選手をぶつけて、チーム内での競争をより激しくする取り組みをしています」

常にタイトルを目指し、若手が試合に出ることが容易なチームではなくなった今、若手選手たちには、チーム内にライバル視できる存在をあえて作り、互いに刺激し合い、切磋琢磨できる環境を提供する。強豪になったがゆえに、試行錯誤する次なる方向性だった。

また、クラブがアカデミーの強化を図っているように、アカデミーを巣立った選手たちのフォローも、向島をはじめとするスカウト陣の業務になっている。

「アカデミーで育った選手で将来が有望だと思う選手は、その後の4年間も面倒を見るというか、ケアをするようにしています」

三笘がその筆頭であるように、U―18から阪南大学を経て2018年にトップチームの選手として戻ってきた脇坂泰斗もその一人である。2022年に桐蔭横浜大学から加入した早坂勇希、同じく2023年に加入が発表されている山田新も同様のケースだ。

「彼らに関しては、大学時代の試合にも足を運び、その都度、食事しながら話をしたり、見に行けないときも映像を送ってもらって試合をチェックするようにしていました。そこでしっかりと関係性を築いておけば、他のクラブに行くことなく、フロンターレを選んでくれると思っています」

タイトルを獲得したことで、攻撃的なサッカーだけでなく、川崎フロンターレでは高い技術を求められるという認識も学生たちにも周知されるようになった。そして、向島は「うちに入ったらバナナの被り物も被ることになるけどいい？」ということも、必ずアナウンスしている。今では多くの選手が、オファーを出した時点でそれを理解しているという。それもまた、クラブが積み上げてきた功績の一つだろう。

「オファーをする際には、クラブの理念や、川崎市がどういった場所なのかといった資料も渡して説明をしています。そこは特に重要視しているので、加入を決めてくれた選手との考えの乖離はないですね」

選手たちに〝川崎フロンターレというクラブ〟を説明する際には、現役を引退してスーツに身を包み満員電車に乗り、各部署の業務に携わった経験が大きく生きていると、向島は話す。

同時に、向島には、獲得した選手たちに必ず伝えていた言葉がある。

「オファーを出したからといって、ポジションは確約されていない。つかむのは、自分の努力次第だということを忘れないでほしい。それでもフロンターレでプレーしたいと思ってくれるなら、ぜひ来てほしい」

大事なのは、選手自身の意思である。

18年間、不変の哲学を貫いて、向島はスカウトという職業のイメージを変えた。それは川崎フロンターレのユニフォームを着た多くの新卒選手たちの躍動が証明している。

証言14

山岸繁

Shigeru Yamagishi

トップからアカデミー、上から下まで貫く一本の道

三好、板倉、三笘、田中碧……アカデミー育ち、次々と

2022年にカタールの地で行われたワールドカップで、7回目の出場を果たした日本は、12月1日、決勝トーナメント進出を懸けてスペインと対戦した。0―1の劣勢で前半を終えた日本は、48分に堂安律がミドルシュートを決めて追いついた。

その3分後だった。

同点弾を決めた堂安のパスに、三笘薫が反応すると、ゴール前に走りこむ。のちに「三笘の1ミリ」と呼ばれるように、ボールはゴールラインを割ったかに見えたが、ギリギリ

のところで三笘が折り返すと、ゴール前に詰めたのが田中碧だった。田中のゴールでリードを奪った日本は2―1で勝利し、グループステージを2勝1敗で終え、1位で決勝トーナメント進出を決めた。1年前の2021年8月3日、U―24日本代表として戦った東京2020オリンピック準決勝では、スペインに敗れて苦杯を嘗めた二人は、カタールの地で結果を残し、悔しさを晴らしたのである。

その三笘も田中も、ジュニア世代から川崎フロンターレのアカデミーで育ち、トップチームを経て世界へと羽ばたいていった選手たちだ。カタールワールドカップでセンターバックを担った板倉滉や、ベルギーのロイヤル・アントワープFCに所属する三好康児も、2015年にU―18からトップチームに昇格した選手である。ほかにも代表的なところを挙げると、2018年には脇坂泰斗、2019年には宮代大聖、2020年には宮城天といった選手たちが、U―18からストレート、もしくは大学を経由して、トップチームに加入している。さらには2023年も、高井幸大、松長根悠仁、大関友翔の3選手がU―18から正式にトップチームへと昇格した。

2015年の三好と板倉を皮切りに、毎年のようにアカデミーはトップチームに選手を送りこんでいる。

ユース年代における最高峰のリーグとして知られる高円宮杯JFA U―18サッカープレミアリーグでは、昇格1年目にしてEASTで優勝した。2022年12月11日のファイナルでは、惜しくもサガン鳥栖U―18に敗れたが、近年のフロンターレ・アカデミーの成長は目覚ましいものがある。

２０１２年から強化部長として庄子春男の下でトップチームの強化に携わり、２０１６年から川崎フロンターレの育成部長を務める山岸繁は、アカデミーの転機は２０１２年にあったと話す。シーズン途中に風間八宏がトップチームの指揮官に就任したことを指していた。

「風間さんは、トップチームの練習が終わったあとに、アカデミーの監督やコーチを集めて指導してくれました。アカデミーのダイレクターを務めている望月達也も、当時はトップチームのコーチだったので、一緒に指導にあたってくれました。そこで風間さんが、トップチームだけでなく、育成年代からボールを〝止めて蹴る〟といった技術を徹底しなければならないと説いてくれました」

トップからアカデミーまで選手指導の指針が明確になったことで、細かい指導要項やトレーニングメニューを作らずとも、各カテゴリーで「止めて蹴る」を意識した練習が取り入れられるようになった。

「今では、どの年代のチームでも、ウォーミングアップは必ずボールを止めて蹴るという基本から始まります。私自身は、アカデミーに携わる指導者たちとの会議の場では、常に『幹がずれなければいい』と伝えています」

幹とは、「止めて蹴る」に代表されるテクニックのことを意味している。アカデミーとして年代に合わせて、試合で生かせる技術を磨いていくことを念頭に置いて指導していく。

ただし、枝葉となる細かいところは、各年代を担当する監督やコーチが、それぞれ考えて指導してほしいということだった。

「どの年代においても、まったくシステムが一緒で、どこから守備をして、どうやって攻撃する、というのがそろっていたらロボットみたいですからね。育成年代はプロとは異なり、学年や年齢によって著しく変化していく選手たちばかりです。チームの成績だけを追い求めるのではなく、〝育てる〟という部分も大事になってきます」

東京・横浜を含めた熾烈な人材の奪い合い

各年代に目を向けると、ジュニア世代にあたるU―12では、結果よりも育てることに重きを置いている。ジュニアユース世代であるU―15になると、その比重は半々くらいのイメージになる。ユース世代となるU―18は、最もプロに近いとあって、結果すなわち試合に勝利することも強く意識していく。

9歳から12歳までの時期は「ゴールデンエイジ」と呼ばれ、子どもの運動神経を育むには最適な時期と言われている。だが、年齢的にも、身体的にも、そして技術的にも12歳から15歳までのジュニアユース世代も大きく伸びるのだと、山岸は話す。ユース世代は、身体的な成長もゆるやかになってくるため、個の成長だけでなく、戦術的な練習も取り入れ、よりトップチーム昇格を意識して選手を育てていくと、段階について説明してくれた。

山岸が育成部長になって、取り入れた試みの一つに、アカデミー専任のスカウトがある。今では多くのJリーグクラブが同職を置いているが、特に山岸も重要視する「ジュニアユース世代の選手獲得」に、大きな効果を発揮している。川崎フロンターレでは、2018年からアカデミー専任のスカウトを担っているのが大田和直哉である。

山岸がその意図を教えてくれた。

「私が育成部長に就いたときは、セレクションでしか選手を獲っていない状況でした。近隣のクラブとしてはFC東京や横浜F・マリノスがありますが、当時からアカデミー専任のスカウトがいて、川崎市内の優秀な選手たちもそちらに流れていってしまう傾向にありました。たとえば、小学4年生から6年生の3年間では、その選手を見る時期によって、選手のプレーは大きく変わります。選手を獲得するのに、年齢が早ければ早いほどいいというわけではありませんが、我々も優秀な才能をなるべく早く見つけ、声をかける必要がありました。なにより、セレクションでしか選手を採用していないということは、裏を返せば、スカウトの目に引っかからなかった選手たちから選出することになる。神奈川県内には、ほかにも湘南ベルマーレ、横浜FC、Y・S・C・C・横浜、SC相模原、さらに東京には東京ヴェルディ、FC町田ゼルビアと、多くのJリーグクラブがありますからね」

横浜F・マリノスやFC東京が川崎市内の子どもたちもターゲットにしているように、川崎フロンターレもまた、川崎市内を中心に、東京や横浜にもスカウトの目を向けた。

アカデミー専任のスカウトである大田和への依頼にも、試行錯誤してきたクラブの取り組みが見えてくる。山岸は言う。

「数年前に、その時点で求める技術には達していないけれども、スピードが持ち味の選手を数人、チームに加えたことがありました。小学生までは、技術が足りなくても、その時点での身体能力が高ければ、スイスイ抜いていける選手がいるように、それだけで突出できる子もいます。しかし、技術を追い求めているうちのアカデミーにそうした選手が入ると、練習をしていても、その子たちのところですべてが止まってしまって、全体の練習に影響を及ぼしてしまう状況が見受けられました。我々のチームが目指しているサッカーは、守ってスピードを生かしたカウンターを狙うものではないですし、そうした経験を踏まえて、やはり〝止めて蹴る〟といった技術に、再び目を向けるようになりました」

ただし、川崎フロンターレはU—10、U—12とジュニア世代のチームを持ってはいるが、いわゆる「町クラブ」の選手をすぐに引き抜くようなことはしていない。

「ジュニア世代のセレクションにおいては、所属クラブの承諾書がなければ受けられない決まりを作っているように、スカウトに優秀な選手を発掘してもらったとしても、すぐにチームに引き入れるような手順は行っていません。ジュニアユース、すなわちU—15になるタイミングで加入してくれる選手を探しています」

そのために機能しているのが、エリートクラスである。アカデミースカウトである大田和が、可能性を感じた選手に声をかけ、所属クラブと本人の意思確認をしたのち、希望すればまずはエリートクラスで練習参加をしてもらう。普段の練習はもちろん、公式戦はあくまでも町クラブのメンバーとして出場してもらい、ジュニアユースに上がるタイミングで、川崎フロンターレのU―15に加入してもらう。

クラブが地域に根ざした活動をモットーとしているように、アカデミーも町クラブとの共存を図りながら、優秀な選手には川崎フロンターレのフィロソフィーやテクニックを早くから身につけてもらう。クラブにとっても、町クラブにとっても、選手の成長という視点で互いにメリットのある体制といえる。

近年の成果は顕著で、2023年度からU―15が2チームになることもあり、加入する選手は、スカウトにより獲得が決まった選手が半数を超えた。

また、アカデミー専任スカウトである大田和の業務は、ジュニア世代の視察だけではない。2023年にトップチームへと昇格した大関友翔は、ジュニアユースまでFC多摩でプレーしていた選手である。大田和が声をかけ、競合の末、中学を卒業するタイミングでU―18に加入した。アカデミー時代にスカウトした選手が、こうしてトップチームにたどり着いた事例を見てもわかるように、着実に成果は出ている。

トップチームも、育成も、一気通貫の指針で

山岸が育成部長に就任した2016年当時、アカデミーに加入した選手の保護者に、川崎フロンターレを選んだ理由を尋ねたことがあるという。

「家から近いから」

そう答えた人がいた。

しかし、近年は違う答えを言う人が圧倒的に増えたという。

「チームがやっているサッカーと、環境」

山岸がその答えについて言及する。

「これは明らかに、トップチームのおかげでしょうね。トップチームがタイトルを獲り、強くなって、アカデミーもトップと一貫した練習や指導を行っている影響だと考えています。アカデミーの最大の目的は、やはりトップチームに選手を送りこむことです。だから、トップとまったく異なる練習をしていたら、トップが求める最低限の技術の一つである〝止めて蹴る〟ができない選手も増えてしまう。そうなれば、まずトップに選手は昇格できないことになります。今日まで、トップからジュニアまで一貫した指導を行っていることが、クラブの強みになっているのは間違いありません」

トップチームの監督が代わり、目指すサッカーが変わると、アカデミーに求める選手の

特徴も変わってしまう。そのサイクルが頻繁に起きると、アカデミーの指導方針もコロコロと変わることになり、トップチームが求める選手とアカデミーに在籍している選手の特徴にも齟齬が起きる。そうなると、必然的にアカデミーからトップに昇格する選手は減っていくことになる。

２０１２年、風間監督がトップチームの指揮官に就任したことを契機に、アカデミーの指導内容が定まり、２０１７年から指揮を引き継いだ鬼木達監督も、そのサッカーを継続していく方針を打ち出した。その鬼木監督は、２０２３年で就任7年目を迎えた。トップチームもアカデミーも10年以上変わらぬ継続性が、近年の選手輩出数に大きく起因しているのは言うまでもない。

「いずれは鬼木監督から誰かにバトンタッチするときが来るのでしょうが、クラブはそのときにも、今、トップチームが体現しているようなサッカーを継続できる人を、監督として選ぶはずです。そのとき、クラブ内の人間を選ぶのか、それとも外部の人間に声をかけるのかは、そのときになってみなければわかりませんが、クラブとして目指していくサッカーの土台を築けたことは、将来性を考えても大きいと思います」

一方で、川崎フロンターレのアカデミーを選ばなかった選手の保護者に、その理由を尋ねると、こう言われたこともあった。

「プレミアリーグではなく、プリンスリーグですよね」

高円宮杯ＪＦＡ Ｕ—18サッカーリーグにはカテゴリーがあり、プレミアリーグの下位にあるのがプリンスリーグだ。川崎フロンターレU―18は2022年に、プレミアリーグへ昇格し、カテゴリーの懸念も解消された。かつては、声をかけても10人のうち10人が強豪であるFC東京や横浜F・マリノスを選択していたが、今では「6対4」くらいの比率にまで変わってきていることを実感している。

「うちみたいなサッカーをやりたい選手が増えてきたということだと思います」

それだけトップチームの成績や結果、さらには見せているサッカーの内容や質が、育成年代の選手に来てもらううえでは重要ということになる。

10年以上にわたって継続性や一貫性を築き、さらに強化していくことができた背景には、〝縦の連携〟が図れていることも大きい。

山岸は言う。

「自分が過去に強化部長としてトップチームに携わっていたので、現在の強化本部長の竹内弘明、強化部長の伊藤宏樹、監督の鬼木、コーチの寺田周平と、よく知っている人間が多くいます。彼らには、トップチームに昇格できる可能性を持つU―15からU―18までの選手たちについて、ポジションや特徴を記載したリストを年2回ほど更新して、その都度、共有しています。鬼木監督や寺田コーチは時間が許すときには、U―15やU―18の試合を見に来てくれることもあります。自分がトップチームに携わっていた当時よりも、確実にその距離は近くなっています」

川崎フロンターレ全体として、「技術委員会」を設置し、トップチームとアカデミーのスタッフが顔を合わせて定期的に指導方針や練習内容を共有する機会を設けていることも、連携強化につながっている。

このような距離の近さは、U―18がプレミアリーグ昇格1年目にしてEASTで優勝した結果に直結している。

あるとき、山岸は鬼木監督にお願いをした。

「都合がつくときに、トップチームとU―18で練習試合をやってくれないか?」

「いいですよ。やりましょう」

鬼木監督はすぐに理解を示した。

トップチームがキャンプに行く直前の1月に、練習試合が実現した。キャンプ前ということもあり、トップチームの選手たちのコンディションはベストにはほど遠かったものの、それでも「日本で一番強いチーム」と対戦できたU―18の選手たちの〝吸収量〟は尋常ではなかったという。キャンプ中にトップチームはその地元の高校と試合をし、大差で勝つこともあったため、山岸にも試合前は不安もあった。だが、U―18は善戦し、鬼木監督をはじめとするコーチ陣からも「U―18の選手たちはうまいですね」と太鼓判をもらった。

さらにはトップチームがリーグ優勝したことで、シーズン開幕の前哨戦として前年のJリーグ王者と天皇杯王者が戦うスーパーカップに出場することになると、その前座として、U―18も日本高校サッカー選抜と対戦した。U―18の監督である長橋康弘も、「この二つの経験が大きい」と語り、それがプリンスリーグからプレミアリーグへの昇格につながった。選手たちが、日々の練習に取り組む目の色が変わったのだ。

鬼木監督がアカデミーに歩み寄る姿勢は、試合機会のことだけではない。あるシーズンオフには、鬼木監督がアカデミーの指導者たちからの質問を受ける場所と時間を作ってくれた。そこでは、チームマネジメントをするうえでのモットー、選手を指導する際に気をつけていることなど、メンタルからテクニカルなことまで幅広い質問が投げかけられ、鬼木監督が答えていったという。そうした機会がアカデミーのスタッフたちにいい刺激を与え、指導者たちの目の色もまた、変わっていく。

「トップチームとの練習試合や、指導者同士の交流も、恒例にしていくことができればと思っています。それもまた、いつかはマンネリ化していく可能性もあるので、そうなればまた別の刺激を考えていく必要はあるでしょうけどね」

クラブの頂点に立つ指導者が、育成年代であるアカデミーに理解を示し、協力する姿勢を見せてくれることが強化と発展につながっている。まさに川崎フロンターレは、上から下まで一本の道が描かれている。

サッカーだけでなく、人としても成長できる環境を

川崎フロンターレのアカデミーでプレーすることを選んだ選手の保護者が、その理由に

「サッカーと環境」を挙げたように、山岸が育成部長に就任してから取り組んできたのは、前述したアカデミー専任のスカウトを置くことだけではない。

クラブは、サッカーだけでなく、「環境」にもしっかりと目を向けている。

在籍しているアカデミーの選手たちに、しっかりと伝え、心がけさせているのは「文武両道」だ。学校の成績は、かつての相対評価から絶対評価に変わったため、昨今は成績表に「1」がつく機会はまずなくなっている。だが、成績が芳しくない選手には、本人と学校にもヒアリングを行い、授業態度はどうなのか、課題の提出はちゃんとできているのかなどを把握し、改善するように努めている。これは川崎フロンターレに限らず、多くのJリーグクラブのアカデミーも実践していることだ。

川崎フロンターレのアカデミーでは、さらにパートナー企業である早稲田アカデミーに協力してもらい、オンラインによる受験対策の講義なども行っている。コロナ禍になる以前は、実際に早稲田アカデミーへと選手たちが足を運んで、不得意教科を勉強する機会を設けていた。その後、さらに勉強にも力を入れたい選手には、定期的に早稲田アカデミーに通えるようにサポートもしている。サッカーだけでなく、学業もケアする取り組みは、選手たちの保護者からも喜ばれているという。

「サッカーのプレーだけでなく、人としても成長できる環境でなければいけないと考えています。それには、勉強ももちろん大切ですが、前提として、挨拶ができる、感謝の気持ちを伝えられる、そういった思いやりが大事です。それらはフロンターレというクラブが大切にしてきたことなので、アカデミーの選手である彼らにも知ってもらい、感じてもらえるように働きかけています」

プレー環境で見ても、アカデミーの選手たちは人工芝のグラウンドでサッカーができる。一方で、町クラブの選手たちは、隣の土のグラウンドで泥まみれになりながらサッカーをしていたりする。そうした違いを「サッカーがうまいから」とおごることなく、恵まれた環境でプレーできることへの感謝の気持ちを示す。それは練習や試合の準備をしてくれるスタッフや、応援に来てくれるファン・サポーターに対しても、である。トップチームで活躍する選手たちが、クラブが大切にしてきたマインドを備えているように、アカデミーの選手であっても、感謝の気持ちを持てなければ、いくらサッカーがうまくても、トップチームでプレーはできない。それは、全選手に共通するクラブのフィロソフィーだからだ。

2023年3月には、クラブが川崎市とともに整備を進めてきた新施設「Ankerフロンタウン生田」が開業する。人工芝のサッカーグラウンド2面を備え、クラブハウスも完備する施設は、テニスコートや体育館も併設されるように、町の憩いの場としての役割とともに、アカデミーの新たな拠点としての顔も持つ。ますます環境は充実していくことになり、なおさら選手たちは感謝の気持ちを忘れてはならないだろう。

「保護者の方々は、子どもをプレーさせるときには当然、環境面も重視します。それだけに、これは自称ではありますが、フロンタウン生田ができれば、施設としても日本一の育成組織になると思っています。環境が充実するだけに、アカデミーとしては今まで以上に、多くの選手をトップチームに昇格させなければならないというプレッシャーもありますが、そこはスタッフたちの頑張りにかかっているところですね」

中・長期の目標を掲げていくなかで、「中期」としてまず目指していくのは、トップチームに在籍する選手のうち、3分の1をアカデミー出身の選手で占めることだ。これまでも、伊藤や中村憲剛、小林悠と、サッカーでいう〝センターライン〟を生え抜きの選手たちが担ってチームを支えてきたように、今度はそのセンターラインをアカデミー出身の選手たちが務めていくことが目標となる。

世界との距離が近づいたことで、近年は優秀な若手選手はすぐにヨーロッパへと巣立っていく流れが加速しているが、Jリーグが開幕して30年の日本では、100年を超えるサッカーの歴史を誇るヨーロッパにはまだまだ敵わないところはある。それでもアカデミーで育ち、トップチームに昇格し、海外へと羽ばたいていった板倉や三笘が、帰国した際にはアカデミーに顔を出してくれる。

「三笘が顔を出してくれて、一対一の勝負をしてくれたときには、子どもたちも熱が上がって、三笘からボールを奪えたときには大歓声があがりましたからね」

その憧れが、アカデミーの選手たちの向上心にもつながっていく。そして、いつか彼らがヨーロッパでの旅を終えて戻ってきたとき、川崎フロンターレは次のサイクルに向かうのだろう。

トップチームもアカデミーも一本の道でつながっているように、同じく——。

第5章

川崎フロンターレのバンディエラ

第5章の証言者

中村憲剛（なかむら・けんご）

1980年10月31日生まれ。東京都出身。中央大学卒業後、2003年に川崎フロンターレに加入。以降、チームに欠かせない司令塔として現役生活18年をすべて川崎で過ごし、Jリーグ通算546試合出場83得点を記録。Jリーグベストイレブンに8度選出、2016年にはJリーグ最優秀選手賞を受賞した。2020年限りで現役を引退した後は、フロンターレ・リレーションズ・オーガナイザー（FRO）やJFAロールモデルコーチとして育成現場で指導法を学びつつ、解説業など多分野で活動している。

証言 15

中村憲剛

Kengo Nakamura

ピッチ外の活動を続けながら、絶対に勝ちたいと思っていた

「Jリーグのクラブって、こんなことまでやるんだ」

間違いなく、川崎フロンターレのシンボルである。

クラブが創設されてから今日にいたる26年間の歩みをひもとくべく、話を聞かせてもらった誰もが、会話のなかで〝必ず〟一度は名前を口にした。

ピッチに立つ選手たちは、尊敬すべき指標として。クラブで働くスタッフたちは苦楽をともにした同志として。そして地域の人たちは、最も身近で、最も応援した存在として——。

2003年に川崎フロンターレに加入してから現役を引退する2020年まで、クラブ

一筋でプレーした中村憲剛だ。

イタリアでは、クラブの象徴的な選手のことを、旗手や旗頭の意味であるバンディエラと表現する。多くのサッカーファンが、リスペクトをこめて、彼を〝川崎のバンディエラ〟と呼んだ。それほどに、中村の選手としての歩みは、川崎フロンターレというクラブの歩みとイコールだった。

ただ、中村も最初からクラブのシンボルだったわけではない。プロサッカー選手になれるかどうかも危うかった無名の大学生は、2002年に川崎フロンターレの練習に参加したことで運命を切り開いた。

「これからのクラブと、これからの自分。タイミングがよかったんだと思います」

その後の彼の成長とクラブの成長がリンクしていたからこそ、ファン・サポーターは、背番号14の背中に希望を見たのだろう。

川崎フロンターレの強化部長だった庄子春男と、中村が通う中央大学サッカー部で当時コーチをしていた佐藤健が、同郷の先輩・後輩だったことから、中村は2002年に川崎フロンターレの練習に参加する機会を与えられた。プロサッカー選手という夢を叶えるため、中村は一縷の望みに懸けていたが、当時から川崎フロンターレのことを詳しく知っていたわけではなかった。

「当然、J2にいるチームだということは認識していました。それ以前で唯一、J1を戦った2000年にフロンターレは降格しましたけど、セレッソ大阪のステージ優勝をストップした相手、というイメージが強かったですね。あとは青と黒のユニフォームというくらいしか情報は持ち合わせていなかった。だから、JFL時代に博多の森（球技場）でアビスパ福岡に敗れてJリーグに昇格できなかったという事実も、あとから知ったくらい。でも、我那覇（和樹）と、あとは高校サッカーの大ファンだったから、（市立船橋高校出身の）オニさん（鬼木達監督）の名前は当時から知っていました」

川崎フロンターレは2000年のJ2リーグ降格を機に、2001年から本格的なチームの立て直しに着手していた。武田信平がクラブの社長に就任し、「J1リーグに再昇格したら、二度と降格しないチーム」を目指すべく、大卒選手を〝幹〟として、長く活躍してくれる選手たちを育てようと考えていた。その施策に、中央大学の司令塔としてプレーしていた中村は見事にマッチしたのである。

2003年に憧れだったJリーガーになったとき、中村はこんな妄想を抱いていた。

「プロサッカー選手といえば、高額なお金をもらって、高級車を乗り回し、美味しいものをたくさん食べて、周りからもチヤホヤされているイメージでした」

細かい話をすれば、彼がプロになったときにはJリーグが選手の契約制度を設けていた。そのため、新人である彼の年俸は480万円からのスタートだった。契約した時点で、抱いていた妄想は幻想に終わったのである。

また、多くのファン・サポーターからサイン責めにあうのだろうと想像していたが、これも違った。

「むしろ、自分たちからサインを書いて、商店街の人たちに渡しに行っていました」

今やクラブの恒例行事となっている商店街への挨拶回りだった。川崎大師での必勝祈願を終えた中村は、新人選手として平間商店街に足を運んだ。

「Jリーグのクラブって、こんなことまでやるんだ」

当然ながら、高校時代も大学時代も地域の人たちと交流する機会はなかった。それが、前年に加入していた木村誠と高卒ルーキーだった飛弾暁と3人で、それぞれ名前の入ったタスキを掛けると、各店舗を回って挨拶し、ポスターを貼らせてもらった。最後は寿司屋に立ち寄り、地域の人たちと話をしながら、お寿司をご馳走になってイベントは終了した。

「いやに地域との距離が近いな、とは思いました。でも、クラブの名前に川崎という地名がついているから、Jリーグのクラブはみんな、そういった活動をやっているものなんだろうなと、違和感なく受け入れました。それがフロンターレ独自の活動だということを知ったのは、あとになってからでした」

ガラガラだったホーム等々力のスタンド

ギャップが大きかっただけに、今でも鮮明な記憶として脳裏に焼きついている。

2003年に川崎フロンターレでプロサッカー選手としての一歩を踏み出した中村は、石崎信弘監督に抜擢されると、ルーキーながらリーグ開幕戦のメンバー入りを果たした。

2003年3月15日、相手は前年にJ1リーグから降格したサンフレッチェ広島だった。会場となった敵地・広島ビッグアーチには、1万2426人の観客が詰めかけていた。プロになって初めての公式戦、否が応でも気持ちは昂ぶったが、スタジアムの雰囲気を見て、さらにときめいた。

「うわっ。J2でもすごいんだな」

都立久留米高校（現・都立東久留米総合高校）時代も全国大会に出場したことはなく、中央大学時代も4年生のときは関東大学サッカーリーグの2部で過ごしていた。1万人を超える観客の前でプレーする機会など、経験したことがなかった。

「等々力のホーム開幕戦はもっとすごいのかな」

ところが、翌週の3月22日に行われたJ2リーグ第2節、湘南ベルマーレとのホーム開幕戦の観客は7357人だった。さらに4月5日に行われたJ2リーグ第4節のヴァンフォーレ甲府戦は、雨も悪影響を及ぼし、観客は2438人だった。ガラガラのスタンドを見て、中村はさびしさを覚える。

「その甲府戦の印象が強く残っています。スタンドの2階席は、観客を入れていなかった。それもあって、スタンドは閑散としていて、広島ビッグアーチと比べると、等々力は全然、お客さんが入らないんだなと思いました」

２００３年は勝ち点1差に泣き、Ｊ1リーグ昇格を逃したが、それでもシーズン終盤まで優勝争いに加わっていたため、徐々にスタンドには人が増えていった。

「２００３年は、アルビレックス新潟とサンフレッチェ広島と、三つ巴でＪ2優勝を争っていましたが、夏を過ぎてアルビレックスとホームで試合をしたときには、かなり観客が来てくれました。その試合は３―０で勝利しましたが、当時は特に負けた次の試合は、一気に観客数が落ちこむ印象があった。だから余計に、ホームではとにかく勝ち続けなければいけないと思うようになりました」

中村の言う３―０で勝利したアルビレックス新潟戦は、10月４日のＪ2リーグ第37節だった。首位との決戦とあって、クラブは「打倒！　新潟」を掲げ、「等々力超満員大作戦」なるプロモーションを実施した。その効果もあって当日は2万１３９３人の観客が詰めかけた。一方で、当時のクラブはホームゲームのたびに大々的なプロモーションを実施できていなかったこともあり、10月18日のＪ2リーグ第39節のコンサドーレ札幌戦は、７１１９人に観客数は減少した。その試合は天候も悪く、当時は、結果や天候に観客数が大きく左右するような人気だった。

「プロ1年目の２００３年はがむしゃらで、とにかく自分自身のことで精一杯だった。だから、地域貢献の重要性や地域の人から応援されることの大切さも、徐々にクラブの人たちから教わっていったように思います」

プロ２年目の２００４年は、その年に就任した関塚隆監督に、トップ下からボランチへとコンバートされ、チームの主軸へと台頭していった。それにともない、自信をつけていった中村は、チームメートともさらに打ち解けていく。攻守の軸として絶大な信頼関係を築いていったのが、2歳年上の伊藤宏樹だった。公私ともに意気投合した伊藤とは、多くの時間を過ごすようになり、チームのことやクラブの未来についても話すようになった。

試合を終え、まだまだ空席の目立っていた等々力陸上競技場のスタンドを眺めながら二人で誓った。

「いつかこの等々力のスタンドを満員にしような」

祈り、願い、思い。人が集まると勝てる

中村は言う。

「クラブの未来について、自分自身でも本気で考え、発信するようになったのは、2005年にJ1を戦うようになってからだと思います。加入した当初は、まだまだクラブも、そして個人としても足下がおぼつかないような状況でしたが、自分もレギュラーに定着し、2006年には日本代表に選ばれたことで、クラブのビジョンについて話しやすい立場になっていきました」

伊藤がチームのキャプテンを務め、中村が副キャプテンになり、自分の考えや意見を発

信しやすい環境になったことも大きかった。

「お互いに存在感を高めていったことで、チーム内でイニシアチブを握れるようになりました」

そして、集客プロモーションを担っていた天野春果を筆頭にクラブスタッフは、ことあるごとに中村と伊藤の二人に声をかけ、チームの〝顔〟として起用した。もともと取材を受けることが嫌いではなかったこともあり、広報の熊谷直人も積極的にメディアに露出する機会を作ってくれた。取材は、自分の考えを整理して話をする訓練にもなり、サッカーを言語化する能力だけでなく、当初はぼんやりとしていたクラブの姿勢や指針、地域貢献、社会貢献の大切さ、ファン・サポーターへの思いや感謝を、自分の言葉として表現できるようになっていった。

「コンディション不良でピッチに立つことはできなかったのですが、J1リーグに昇格した2005年のホーム開幕戦が、浦和レッズ戦でした。パンパンに人であふれかえっていて、それまで、こんな等々力は見たことがなかった」

スタンドから眺めた2005年3月12日の浦和レッズ戦は、2万4332人の観客動員を記録した。前年にJリーグチャンピオンシップに出場していた浦和レッズを相手に、川崎フロンターレは怯むことなく戦うと、3―3の引き分けで試合を終えた。

「J2で培ってきたものは間違っていない。自分がピッチに戻ったら、もっとチームは戦えるようになるはずだ」

満員のスタジアムを見て、中村は徐々にクラブが地域に根づいてきている実感と、チームの成長に確信を得ていた。

「それでも当時は、対戦相手とプロモーションによって、観客動員にばらつきがありました。たとえば、2005年に鹿島アントラーズをホームに迎えたときには『K点越え』といったプロモーションを実施していたように、アントラーズやレッズ、ガンバ大阪など、集客が期待できそうな試合は、クラブもプロモーションに力を入れ、集客を伸ばそうとしていました。横浜F・マリノスとの試合を神奈川ダービーと呼び、2007年からはFC東京との試合を多摩川クラシコと呼ぶようになったのもその一つです」

プロモーションに力を入れた試合は、集客も期待できるとあって、チームのモチベーション向上の後押しになっていたという。

「クラブが試合の動機づけをすることで、その試合に意味が生まれ、話題になり、新規のファンも試合に足を運んでくれるようになった。クラブは会場に来てもらったら終わりというのではなく、来てくれたその人たちの心をつかむために、拍車をかけて試合会場でもおもしろいことを上乗せしていった。加えて僕ら選手が、その試合にしっかりと勝つことで、がっちりとファン・サポーターの心をわしづかみにする。その繰り返しだったように思います」

J1リーグに昇格した2005年9月11日の鹿島アントラーズ戦（第23節）は、「K点越え」と銘打ってプロモーションをした結果、1万6418人の来場があっただけでなく、

2—1でチームも勝利した。その直前のホームゲームの来場者が8623人（第21節対サンフレッチェ広島戦）だったことを考えると、観客数、結果ともにプロモーションの成果が結びついている。その「K点越え」に始まるユニークなプロモーションの数々を、中村はどう見ていたのだろうか。

「どんどん悪ノリが加速していくイメージでした」と笑うが、「でも」と言葉を続けた。

「正解、不正解なんて、やってみなければ誰にもわからない。特に勝負である試合の結果は水ものなので、まずはそこに人が集まることが大切でした。だからクラブは人を集めるために、僕らのためになんでもやってくれていた」

そのたびに、選手としては引っ張り出されていたわけだが、「あと」と言って中村はさらに言葉を紡ぐ。

「集客プロモーション部の人たちは、毎回、僕ら選手にきちんと理由を説明してくれていました」

なぜ、これをクラブが企画しているのか。なぜ、選手たちに協力を依頼しているのか。頭ごなしにただ「やってくれ」と言うのではなく、企画の意図や趣旨を説明してくれ、選手たちも納得したうえで撮影や取材、またはイベントに参加することができていた。

「これをやれば川崎の人たちが楽しんでくれるでしょ」

「等々力に来てくれた人が喜んでくれるでしょ」

それが、クラブの利益のためだけでなく、地域の人たちの活気やファン・サポーターの喜びにつながっているとわかるから、ピッチ内のパフォーマンスだけでなく、ピッチ外でもパフォーマンスをすることができた。

地域性、社会性、話題性、そしてユーモア。川崎フロンターレが実施してきた数々のプロモーションは、4つのキーワードをモットーに成り立っている。

それらの言葉を用いると、格好のいい指針に聞こえてくるが、クラブが地域やファン・サポーターに愛されるために、努力し続けてきた中心にいた中村は胸中を吐露した。

「当時の僕らは、ただ、ただ必死なだけでした」

さらに中村は思いを語る。

「スタジアムに観客が来てくれなければ、クラブ自体の体力がどんどん削られ、地域にある存在意義もどんどんと薄れていってしまうという危機感がずっとあった。川崎という町は、東京や横浜といった大都市が近くにあり、周辺には娯楽といえるものがたくさんありました。そうした環境下で、等々力という場所に来ることを選んでくれる人を、どれだけ増やせるか。しかも週末に、ですよ。そうなると、必然的に、勝った、負けたという試合の勝敗だけで勝負をするのは苦しいですよね。だから、クラブはピッチ外でもいろいろなプロモーションを行って、スタジアムに来てくれた人たちに楽しんでもらおうとしてくれていた。『フロンターレの試合に行くのって楽しいよね』となってもらえれば、チームが試合に勝っても負けても、また等々力に行きたいと思ってもらえる。それを特定の人だけでなく、おじいちゃんもおばあちゃんも、お父さんもお母さんも、若者も子どもも、みんながみんなそう思ってくれる場所にしなければいけなかった。結果的に、人が増えるとパワーになりますからね」

最後の一言は、選手としての言葉だった。

「もちろん負ける試合もありましたが、人が集まると、勝てるんですよね。選手だってテンションが上がるわけですよ。5000人が生み出すパワーと、1万人、2万人が生み出すパワーとでは全然違う。だから、普段出ないような力が湧いて、プレーに表れるんです」

初めてタイトルを勝ち獲った2017年のリーグ戦における平均観客動員数は2万2112人で、ホームゲームの成績は12勝4分1敗だった。この記録と数字は、まったくの無関係ではないだろう。

試合終盤に勝利をたぐり寄せる劇的なゴールがあまりに多く生まれることから、ホームでのドラマチックな展開は、いつしか〝等々力劇場〟と呼ばれるようになった。それは人が集まったことによる〝パワー〟だったのかと尋ねると、中村は言い淀むことなく「間違いない」と言い切った。

「祈りだったり、願いだったり、思いだったり。それが僕らに力を与えてくれたんです。アディショナルタイムになると、自分も（点が）入る、（点が）決まると思っていた」

だから、ホームの等々力陸上競技場で戦っていたときは、いつもこう思っていた。

「負ける気がしない」

「この空気なら勝てる」

選手たちにとっても、スタジアムに人が集まることで得られるものは多かった。中村はそれを知っていたから、感じていたから、地域の人々に愛され、地域に必要とされるだけでなく、自分たちが〝勝つ〟ためにもプロモーションに協力し、チームの先頭をずっと、ずっと走っていた――。

それが結果的に、自分たちの目指すものに手が届き、そして川崎フロンターレを愛する、または川崎という町の喜びにつながっていくと思っていたからだった。

自身と、クラブと、メディア。三者の思惑が合致した

現役を引退した今は、指導者だけでなく、テレビや雑誌といった各メディアで活躍する解説者としての顔も持つ中村は、選手時代から言語化能力が高いことで知られていた。ただ、これも、ルーキー時代から理路整然と話すことができていたかというと、決してそうではなかった。

「プロになる前の自分を知る人はみんな、口をそろえて、昔からしっかりと自分の言葉で話せる人間ではなかったと言います（笑）」

今日の〝中村憲剛〟が築かれた背景には、川崎フロンターレのメディア戦略も見え隠れする。

「まったく色のついていない生え抜き選手だったので、きっとクラブも染めやすかったのではないかと思います。今もクラブに、その系譜や傾向は見えますからね」

中村が、他のクラブを知らず、プロモーションへの協力やメディアへの対応の経験がなかったため、固定観念がなかったことも奏功したのだろう。集客プロモーション部の天野春果をはじめ、クラブの多くのスタッフが、なにかあれば、中村を頼りにしていた。広報の熊谷も、クラブの方向性や思惑に強く賛同していた。

「きっと、当時は天野さんや熊谷さんも『こいつ、ちょろいな』って思っていたかもしれませんね(笑)。でも、僕はそれでよかった。だって、当時は、自分から協力しなければ、誰も取材に来てくれないのが実情でした。だから、取材の依頼が来たら、断る理由もない。それに取材してくれた相手が喜んでくれることも純粋にうれしかった」

高校、大学とエリート街道を歩いてきたわけではなかったため、脚光を浴びたことは一度もなかった。それだけにメディアからの取材は、ピッチ外で自分がプロのサッカー選手だと実感できる機会だった。

2004年に当時の最速記録でJ1リーグ昇格を決めると、試合会場に来るメディアの数が急激に増える瞬間も目の当たりにした。そのチームの主軸として活躍し、中村自身もインタビューを受ける機会が増えてくると、広報の熊谷から言われた。

「クラブとしても、積極的に取材を入れていこうと考えているんだけど、いいかな?」

もともと人と話すことが好きだった中村は頷いた。

それはクラブとしてのメディア戦略の一つでもあった。中村がメディアに露出する機会が増えると同時に、川崎フロンターレの選手として認知されていく。メディアへの対応にストレスを感じない中村は、ここでもクラブの意向と見事にマッチしていた。

「こんなに取材って来るものなのかと思ったこともありましたけど、うれしかったですよ。現役を引退した今もその精神は続いていますけど、周りから求められるうちが華だと思っています。なにより、取材を受けることで、自分の言葉を紡ぐ訓練になりました。最初は自分も好き勝手に話していたところがありましたけど、インタビュアーの方がなにを聞きたいのか、書きたいのかがだんだんとわかるようになりました。また、クラブがどのような意図を持って、この取材を引き受けたのかも見えてくるようになりました。先方が欲しい言葉を自分自身も探り、クラブが伝えたいことを自分自身も考えることで、自然と言語化能力は研ぎ澄まされていきました」

受けた取材は、サッカー専門のメディアだけではなかった。女性誌から文化誌、ジャンルもファッションから教育系まで多岐にわたった。

中村を通じて川崎フロンターレの名前が世の中に発信され、中村の言葉を通じてクラブの思いも世の中に伝わっていった。

「途中からは、発信することも自分の使命だと思うようになりました。中村憲剛を知ってもらうのと同時に、フロンターレのことを知ってもらうことで、最終的には等々力に足を運んでもらう。それが自分の役割だと思っていました」

クラブ創設時には中西哲生が担おうとしていた役目を、中村は背番号だけでなく、受け継いでいたのである。

「クラブの戦略的なところもあったのかもしれませんが、ＷＩＮ―ＷＩＮだからよかったんだと思います。自分も人前に出たり、人前でしゃべったりすることが好きでしたし、クラブは僕を使って、フロンターレを広げていきたかった。また、メディアの人たちはこんな選手がいることを世の中に届けたいと思ってくれていた。まさに、三者の望みが合致した戦略だったように思います」

自身のキャラクターと、クラブの考えが合致して、誰もが身近に感じ、誰もが応援したくなる〝川崎のバンディエラ〟像が築かれていったのである。

そして――中村も語ったように、今もその意志は〝チーム〟に受け継がれている。

ピッチ外の活動も、スポーツ選手の存在意義の一つ

２０２０年12月21日――等々力陸上競技場で、中村憲剛の引退セレモニーが行われた。川崎フロンターレ一筋で18年間プレーした中村の引退セレモニーは、ホーム最終戦のあとに行われたわけではなく、別日にチケットを販売して、彼のためだけにファン・サポーターを集めて行われた。

コロナ禍でありながら、発売した約1万3000枚のチケットは完売した。真冬の寒空のなかで実施された引退セレモニーは、クラブに貢献してくれた中村への感謝をクラブが示す、または中村がファン・サポーターに感謝を伝える機会だけではなかった。一人の選手の引退に、クラブが手をかけ、段取りを行い、花道を作るという意味では、サッカー選手の価値自体を確立するうえでの布石になった。これが、まず一つ目の意義と言えただろう。

セレモニーも終盤になり、ステージでスポットライトを浴びた中村は、クラブ、地域、ファン・サポーターに向けて、こう思いを届けた。

「僕はフロンターレで学んだことがあって。Jリーガーはお金を稼いで、いい車に乗って、いいものを買って食べて……サッカーをすればいいって、僕は入る前、本当にそう思っていました。けど、このクラブに入って、そうじゃないことに気づかされました。地域密着、川崎市のみなさんを笑顔に元気にするという合言葉を持ったクラブに入ったことで、多くの方と接し、多くのものを学び、なにより僕自身が、みなさんと触れ合うことを楽しみにしていました。

今でも忘れません。2003年の開幕戦。雨でした。3、4000人しか入りませんでした。ホントか、って思いました。それでも地域密着を続けて、ともに歩んできた結果、今、フロンターレはこれだけ大きなクラブになりました。これは先輩たちから始まって、川崎フロンターレをいいクラブにしたい、川崎を強くしたいと思う、クラブ、サポーター、スポンサーのみんなが同じベクトルを向いた結果だと思いました。

自分がただサッカーをやっていればいいという発想の人間だったら、ここまでプレーヤーとして続けられなかったし、地域のみなさんを巻きこんで大きくなることはなかった。フロンターレに拾ってもらって、心からよかったと思っていますし、18年間、感謝の気持ちしかないです」

2時間以上に及んだセレモニーは、中村の軌跡を振り返ると同時に、クラブの歩みに改めて触れる機会でもあった。これが二つ目にして最大の趣旨になっていたように思える。セレモニーの序盤では、川崎市の中原警察署と、中原消防署の職員が登場した。

中村は言う。

「川崎市内に掲出される消防、警察のポスターに何度も起用してもらいました。1日警察署長もやらせてもらいましたし、消防士の方たちの制服を着させてもらったこともありました。フロンターレや自分を起用することで、犯罪や事故の抑止力になったり、地域の課題解決につながったりするということがわかったときには、クラブの知名度が町に浸透してきている答えみたいなものを感じました」

中村も語るように、選手がポスターに起用されるということは、クラブの地域への貢献度、浸透度を示すとともに、クラブが地域のシンボルになった証明でもあった。

川崎フロンターレでは、「多摩川〝エコ〟ラシコ」と題して、毎年、選手会が主催となって多摩川の清掃活動を行ってきた。その際に、知り合った『とどろき水辺の楽校』の鈴木眞智子が続いてステージに登壇した。

「多摩川〝エコ〟ラシコでは、川崎市の環境局の人たちに来てもらい、子どもたちやサポーターと一緒になってゴミを拾って、分別についても学びましたが、それだけではありませんでした。眞智子さんのことは親しみをこめて『眞智子ちゃん』と呼んでいましたけど、眞智子ちゃんが行ってくれた体験学習では、多摩川に生息する生き物の生態系などについて教えてもらうなど、子どもたちと一緒になっていろいろなことを学びました」

クラブが地域に根ざすだけでなく、地域の環境を改善しようと、よりよくしようと取り組んできた活動だった。同時に、参加した子どもたちに学習機会を設けるなど、クラブは教育にも寄与していた。

クラブが教育に貢献してきた軌跡は、続いて引退セレモニーに登場した川崎市の小学校教職員たちとの関係が物語っていた。

「算数ドリル」である。川崎フロンターレが制作し、2009年から川崎市立上丸子小学校の6年生を対象に配布をはじめ、翌2010年からは川崎市内全域の全6年生に配られている教材だ。

「スタートは、2009年に僕らがJリーグヤマザキナビスコカップ（現・JリーグYBCルヴァンカップ）の決勝に敗れて、表彰式でスポーツマンとして相応しくない態度を取ったことでした。大会で準優勝して得た賞金を、謝罪の意も含めて、どう地域に還元するかを考えた結果、算数ドリルは始まりました。これはフロンターレや選手にとってはPRにつながっていますが、学校にとっては算数の嫌いな子どもにも、僕らを通じて興味を持ってもらえるきっかけになっている。ＷＩＮ―ＷＩＮの関係性だからこそ、今日まで続いている取り組みの一つだと思います」

選手たちが被り物を被って誌面に登場することでおなじみの算数ドリルは、今や川崎フロンターレが行っている地域活動の代名詞の一つになっている。それは地域にとって重要な教育、そして未来を担う子どもたちの成長にクラブが寄与している証だった。

引退セレモニーでは、川崎市内の関係者だけでなく、岩手県陸前高田市の人たちも中村にメッセージを送ってくれた。きっかけは東日本大震災の支援だったが、その後も関係性を育んできたことによる結晶だった。

「個人的には、ピッチ外の活動も、スポーツ選手の存在意義を示す一つであり、また、それが選手の成長にもつながると思ってきました。陸前高田市と交流する前までは、地域の人たちに扱ってもらえるのは、地元だけだと思っていましたが、僕らが貢献できるのは、地元だけではないことを知りました」

２０１１年３月11日に、東日本大震災が起きた直後は、ニュースで被害の惨状を見ていただけに、現地に赴くことをためらう自分もいたという。

「サッカー選手である自分が被災地に行ったところで、なにもできないのではないかというのが、当初の率直な心境でした。今までは川崎市内だから僕らは喜ばれていましたが、地震による被害を知れば知るほど、被災地はフロンターレで培ってきたものがまったく通用しない場所だとも思っていました」

9月18日には、陸前高田市に赴き、サッカー教室を開催した。現地に着くまで心は不安に支配されていたが、陸前高田市の人たちは温かく迎え入れてくれ、子どもたちと触れあったときには、むしろ自分が元気をもらった。

「また、来てね」

サッカーを通じて打ち解けた子どもたちにそう言われたときには、選手である自分にしかできない役割があることを知った。

「自分たちが遠い誰かのことも喜ばせることができた。プロスポーツ選手は競技だけをやっていればいいのか。それは違うなと。サッカーをやっていたからこそ、自分たちが現地に行ったときには喜んでもらえた。それが本当に自分自身もうれしくて、本当の意味で選手としてできる社会貢献活動の重要性をとらえはじめたのは、このときでした」

そして——クラブが掲げた〝支援はブームじゃない〟という言葉を、中村は年を追うごとに実感していった。毎年のように、「かわさき修学旅行」として陸前高田市の小学生たちが等々力陸上競技場まで来て、試合を観戦し、楽しいひとときを過ごしてくれる。サッカー教室のときと同じく、自分たちと過ごすわずかな時間だけでも、震災の辛く、悲しい出来事を忘れてもらうことができたら……。その思いは一過性の支援ではなく、継続性のある交流へと形を変えていった。

「サッカー教室で触れ合い、かわさき修学旅行で等々力に来てくれた小学生の一人だった、

（菅野）朔太郎が大学生になり、フロンターレでアルバイトしてくれているということを知ったときには感慨深かったですね。僕はこのクラブに入って、続けることの大切さを感じました」

ここに紹介した活動はあくまで一部であり、中村が選手として歩んできた18年間の軌跡は、地域密着を掲げて歩んできたクラブの軌跡でもあった。

そのすべてが、昨今注目されているＳＤＧｓ（持続可能な開発目標）に当てはまる活動だったわけだが、意識せずともすべてがＳＤＧｓに即していたところに、川崎フロンターレの活動の〝輝き〟が見えてくる。

「なかにはもちろん、やらざるを得ないからやっていたこともあったかもしれません。でも、僕らはやりたくてやっていたし、なによりやっていることが楽しかった。だから、時代があとからついてきただけだと思います」

ピッチ内でもピッチ外でも、川崎フロンターレが行ってきた活動の先頭に立って取り組んできた。だから、〝中村憲剛は川崎フロンターレのバンディエラ〟になったし、〝中村憲剛は川崎のシンボル〟になった。

それは引退セレモニーで川崎市から贈られた、歴代3人目となる「川崎市民栄誉賞」に表れている。

「自分たちを肯定することができた」初タイトル

「クラブが地域への活動を行ってなにが悪いというのか」

「クラブが川崎市民の人たちに喜んでもらう活動をしてなにが悪いんだ」

ずっと、そう思ってきた。

「タイトルが獲れないのは、僕ら選手が力不足なだけで、そうした活動は一切、関係ない」

2位や準優勝の数が増えれば増えるほど、中村は強く思ってきた。

「ピッチ外の活動の手をゆるめてまで勝ちたいとは思わなかった。クラブが取り組む活動を続けながら、絶対に勝ちたいと思っていた。だから、2017年にリーグ戦で優勝できたときには、めちゃくちゃうれしかった。それまでの周囲の声を完全に打ち消し、自分たちを肯定することができましたから」

2017年に明治安田生命J1リーグで初優勝するまで、自身が2位や準優勝を経験したのは7回を数えていた。3位でJ1リーグを終えた2013年や明治安田生命J1リーグチャンピオンシップ準決勝で敗れた2016年を含めると、あと一歩のところでタイトルを逃した経験は二桁に迫ろうかとしていた。

「クラブが行う社会貢献活動や地域貢献活動と、自分たちのパフォーマンスはまったくリンクしていないと思っていた。ただ、ただ、僕らの力が足りなかっただけで、1ミリも足かせになっているとは感じていなかった。ただし、プロは結果がすべての世界なので、だからこそ、タイトルを獲って、チームのことも、クラブのことも肯定したかった」

タイトルは喉から手が出るほど欲していた称号だった。それだけに、川崎フロンターレというクラブにとって、中村憲剛という選手にとって、2017年にタイトルを手にした意味は大きかった。

川崎フロンターレがタイトルを獲得した意味を改めて言葉にする。

「クラブが1997年に創設されて、2000年にJ1に昇格するまでは、おそらくフロンターレも、他のJリーグクラブと同じ発想のもとで活動していたように思います。まずサッカーが第一というか、それはある種、サッカークラブとしては当たり前ではあるのですが、サッカー以外に存在価値はないという考えを持っているクラブが多かったように思います。でも、僕らフロンターレは、後発のクラブにもかかわらずJ2に降格してしまった。観客動員の数にも表れていたように、そこで路線を変更し、ピッチ上のパフォーマンスだけではなく、いかに川崎市民のみなさんに寄り添い、ともに町を盛り上げていけるかを本気で考えなければいけなかった。それを考えに考えた僕らは結果的に、クラブとしても、チームとしても力をつけていくことができた。Jリーグ百年構想や地域密着の理念を続けてきたクラブが、オリジナル10といわれるJリーグ創設時のクラブではなく、J2リーグからの後発クラブだったこと、そしてそのクラブがタイトルを獲ったことの意味やインパクトは、日本サッカー界にとって大きいことだったと思っています。しかも、クラブ創設から21年間苦しんできたぶん、いい意味で、そのあとの反動も大きかった。それが２０１７年の初タイトル以降も、タイトルを獲り続けることができた力にもなっていたように思います」

同時に中村はこうも言葉を加えた。

「僕らの軌跡は、誰にでも、他のクラブにも、チャンスがあると思えるような優勝だったのではないかと思います」

Jリーグ創設期から存在するオリジナル10であろうが、後発のクラブであろうが、今はJ3リーグに所属するクラブであろうが、地域リーグからJリーグ参入を目指しているクラブであっても――。

「考え方と努力次第では、自分たちもタイトルを獲れるクラブに、自分たちも地域から必要とされるクラブになれることを、僕らは優勝という結果を勝ち獲ったことで示すことができました。資金力を投じて、選手を集めたから勝てたわけではなく、クラブのために走り、戦える選手を育て、地域に根ざした活動をしていくことで、町の人たちからパワーをもらって一緒に大きく、強くなっていった」

そして、中村がピッチを去った２０２１シーズンも川崎フロンターレは、新たにタイトルを一つ加え、星の数を６つに増やした。

中村は胸を張って言う。

「そうやって築いてきたものが、僕らだけの強さに、僕らにしか出せない強さになりました」

中村自身も、選手としてタイトルを獲ったことでわかったこともあった。

「チームに明確なコンセプトと哲学があり、そこに向かって正しい競争が起きると、練習の雰囲気が変わり、日常の基準がレベルアップしていく。それを続けてきても、タイトルだけは獲ることができなかった。でも、自分がフロンターレに加入してからの15年間は、振り返ると、やっぱり抜けや漏れ、隙が多かったように思います。それでは勝てないということは（タイトルを）獲ったからこそ知りました。どれだけ細部を詰められるか、どれだけ細部を埋められるか。あとは、相手と競ったときに、どれだけ自分たちが崩れずに踏ん張ることができるか」

わかってはいたつもりだったが、タイトルを獲る前とタイトルを獲ったあとで、痛感したことだった。

「タイトルを獲れずにいた僕らは自分たちから崩れてしまうチームでした。我慢強さが足りなかった。チームとしても、組織としても、〝これだけやった〟からという〝これだけ〟の程度が甘かった。それがタイトルを獲ったことでタイトルを獲るために必要なラインが見えるようになりました。一度、（タイトルを）獲ると、次もそのラインを超えることができれば、また勝てると思えるようになるんです」

その線（ライン）を選手たちに見せてくれたのが、鬼木監督だったと、中村は言う。

「（2012年に監督に就任した）風間（八宏）さんからはうまくなる方法を、（2017年からチームを率いる)オニさんからは勝つ方法を、僕は学びました」

川崎フロンターレが、川崎の町に、川崎の市民に認められていく過程には、一瞬や1日ではなく、何年にも及ぶ地道な活動が実を結んでいったように、チームがタイトルを獲るためには、一瞬や1日ではなく、日々の積み重ねと、その高い基準が必要だった。

その答えを知るのに、その答えをつかむのに、川崎フロンターレと中村は15年の年月を費やしたが、屈みに屈んでいたのはより大きく跳ぶための助走だったのだろう。

大学4年生だった2002年に、川崎フロンターレの練習に参加する機会を得たことで、中村はプロサッカー選手になる夢を叶えた。そのときはまだ、自分自身もクラブの多くを知らなかった彼は、18年の年月をともに歩き、クラブを知り、町を知り、そこに住む人たちを知った。

「そういえば僕、プロ1年目のときは、試合当日に、家から電車で武蔵小杉駅まで通っていたんですよ」

タイムスリップしたかのように、中村は当時を振り返った。

プロになったばかりのルーキーは、試合当日、自宅のある最寄り駅から南武線に乗り、チームが指定した武蔵小杉駅の近くにある集合場所に向かっていた。移動中は私服だったとはいえ、これから試合を戦うプロサッカー選手が電車に乗っていても、当時は誰にも気づかれることはなかったという。

「目の前に明らかにサポーターの人が座っていたこともあったのですが、それでも気づかれなかったんですよね（笑）」

その移動手段はJ1リーグに昇格する2005年ころまで続けていたという。もし、その後も中村が、試合当日の南武線に乗って移動していたとしたら、川崎フロンターレのファン・サポーターに声をかけられ、大騒ぎになっていたことだろう。

「それを想像すると、僕が選手として在籍した18年間で、確実に川崎の町にフロンターレは根づいたんだなと思います」

続けていくことの大切さを知った。だからこそ、中村は今後も続けていくことの大切さを思っている――。

第6章

愛されて、勝つチームへ。ピッチからの証言

第6章の証言者

登里享平（のぼりざと・きょうへい）

1990年11月13日生まれ。大阪府出身。川崎フロンターレの左サイドを疾走するDF。背番号は「2」。香川西高校を卒業後の2009年に加入し、クラブ一筋で2023年には在籍15年目を迎え、これは現役選手では最長。チームが3度目のJ1優勝を成し遂げた2020年にはJリーグベストイレブンに選出された。

小林悠（こばやし・ゆう）

1987年9月23日生まれ。東京都出身。川崎フロンターレのJ1歴代最多得点記録を持つストライカー。背番号は「11」。 麻布大学附属渕野辺高校、拓殖大学を経て2010年にクラブへ加入し、2023年で在籍14年目を迎えた。チームがJ1初優勝を果たした2017年にはキャプテンを務め、J1得点王、Jリーグ最優秀選手賞、ベストイレブンに輝いた。

脇坂泰斗（わきざか・やすと）

1995年6月11日生まれ。神奈川県出身。川崎フロンターレの中盤を支えるテクニックに優れたMF。背番号は「14」。2011年に川崎フロンターレU－18に加入し、高卒でのトップチーム昇格こそならなかったが、阪南大学での4年間を経て2018年に川崎フロンターレ加入。2021年、2022年にはJリーグベストイレブンに選出された。

証言 16

登里享平

フロンターレらしさの体現者

Kyohei Noborizato

「プロデューサー」と呼ばれる男

2017年の明治安田生命J1リーグ初制覇から、わずか6年で6つの星を胸に刻んだ。いまや〝強豪〟というイメージがすっかり定着しているが、それ以前からの川崎フロンターレの代名詞といえば、やはりユーモアあふれるプロモーションの数々だろう。

いわゆるクラブの〝ノリ〟を、在籍している選手たちは、どのように感じてきたのか。話を聞くならば、この選手しかいない。そう考えて取材を依頼したのが登里享平だった。

川崎フロンターレ一筋で、在籍期間は14年を数える。サイドの仕掛け人としてピッチで活躍するかたわら、ピッチ外でも常に周囲を楽しませる姿から、クラブやチームメート、ファン・サポーターからは〝プロデューサー〟という愛称で親しまれている。

純粋にピッチ内の話をすれば、2020シーズンで現役を引退した中村憲剛が、長らくチームをけん引してきた。しかし、周囲が川崎フロンターレに抱く〝ユーモア〟や〝温かさ〟といった雰囲気を築きあげ、同時にイメージとして定着させるにいたった立役者は、選手の視点で見ると、登里ではないだろうか。毎年、趣向を凝らしてファンを楽しませていた中村のゴールパフォーマンスが恒例になったのも、キャンプ中に実施される『デジッちが行く！』の企画力、構成力、はたまたおもしろさも、すべては登里の主導により、この世に生み出されてきた。川崎フロンターレのクラブイメージを築きあげたのは、他でもない登里である。

登里が香川西高校を卒業して、川崎フロンターレに加入したのは2009年だった。

2006年に、川崎フロンターレが香川県の丸亀競技場で天皇杯全日本サッカー選手権大会を戦ったときは、まだ高校1年生だった。その試合でボールボーイを務めていた登里が当時、川崎フロンターレの選手で名前を知っていたのは、日本代表に選ばれはじめたばかりの中村と我那覇和樹くらいだった。それが、加入が決まった2008年には、鄭大世を筆頭に、ジュニーニョ、レナチーニョ、ヴィトール・ジュニオールといったブラジル人攻撃陣の名前まで知っていて、優勝争いに加わる常連チームへと成長していた。登里は「まだ世間知らずな高校生だったということもあって、加入する前は『やれる』という自信しかなかったですね」と、苦笑いを浮かべる。

クラブと仮契約を結び、2008年11月23日に行われたガンバ大阪戦（J1リーグ第32節）で、初めて等々力陸上競技場を訪れた。ファン・サポーターの前に出て挨拶したときには、2万1714人の観客が詰めかけていて、川崎フロンターレはすでに地域に定着し、人気のあるクラブになっていた。

「優勝争いをしているチーム、優勝を狙っているチームに加入するということで、知り合いや周りからの期待感も大きかったのを覚えています」

すなわち、選手の立場になって考えてみると、創設時に在籍していた中西哲生や伊藤宏樹が行ってきたようなファンとの交流や地域との関わりについては、その重要性が必要以上に感じられる環境ではなかったということになる。

ただ、地域との関わりの大切さや応援してくれるファン・サポーターがいることで自分たちがプレーできている現状を、間もなくして把握する機会があった。

2009年になってすぐに行われた新体制発表会見では、多くのファン・サポーターが、新人である自分たちをひと目見ようと、集まってくれた。また、前日に行った商店街の挨拶回りでは、大先輩である伊藤や中村が嫌な顔一つせずに、担当する商店街へと向かっていった。

自分自身も実際に商店街を回り、「よろしくお願いします」と頭を下げると、「頑張ってね。期待しているよ」と声をかけてもらえた。

「町の人たちが自分たちを応援してくれている熱量を感じて、逆にパワーをもらいました。地域との関わりがクラブにとって、自分たちにとって大事なことだと、そこで感じました」

商店街の人たちが、町の人たちが、応援してくれていることを直に感じて、気が引き締まるとともに、活力へと変わった。

「性格的に、もともと人と関わるのが好きで、話すことや触れ合うことが苦ではなかったところもあったと思います」

そう本人が言うような〝もともとの性格〟と、〝地域を大切にする〟川崎フロンターレの姿勢が相まって、登里は自然と〝地域とファン・サポーター〟を喜ばせようとする選手になっていったのである。

一方で、ルーキー時代は、先輩の選手から「地蔵かよ」と笑ってつっこまれるほど、ロッカールームでは大人しかったという。ファンや地域のために選手内でも先頭に立ち、率先してクラブと話し合い、自分が思いついたアイデアを提案するようになったのは、2012年に選手会長を引き受けてからだ。

「チームの選手会の会長として、クラブから頼まれたこと、選手同士で話し合ったことを発信していく機会が明らかに増えました」

その変貌ぶりは、かつて川崎フロンターレに所属し、登里のルーキー時代を知る川島永嗣が、日本代表の活動で小林悠と一緒になった際に、「今はノボリ（登里）がチームのムードメーカーになっていますよ」と聞いて、ひどく驚いたほどだった。

近年はコロナ禍のため自粛しているが、以前は、シーズンオフに選手たちだけで温泉旅行に出かけたり、USJ（ユニバーサル・スタジオ・ジャパン）に遊びに行ったりしたこともある。チームワークを高めるイベントを先頭に立って企画したのも登里だった。クラブの雰囲気は、必然的にチームにも伝播していく。中村に「USJでおそろいの被りものを被りましょうよ」と提案すれば、「いいね！」と、先輩もすぐに乗ってくれた。

ふざけるならば、全力でふざけたい

登里を語るうえで欠かせないのが、2002年から2020年までテレビ朝日系列にて放送されたサッカー番組『やべっちF.C.～日本サッカー応援宣言～』（現在はDAZNで配信されている『やべっちスタジアム』へと移行）の人気コーナー、『デジッちが行く！』だろう。これも、なにより選手たち自身がその企画自体を楽しんでいた。

各チームの選手が自らデジタルカメラを回し、Jリーグ開幕前のキャンプ中のチームの様子を撮影する人気企画で、登里は〝プロデューサー〟として、毎回話題になるフロンターレの映像を演出している。そのなかで、中村の「今年のゴールパフォーマンス」を発表するのが、毎年の恒例になっていた。

「最初は『SKP14』でしたね。コバくん（小林）がその場でゴールパフォーマンスのお手本を見せるみたいな感じで、憲剛さんに提案してくれたのがはじまりでした」

ちなみに2014年のゴールパフォーマンスだった「SKP14」は、中村の特徴であるすきっ歯と、中村の背番号14を掛けている。クラブがプロモーションの企画名にダジャレを用いる手法を自然と登里も採用しているところに、どことなくクラブ全体としてのカラーや統一感を感じる。

2016年は、スマイルの「ウーイェイ」、2017年はサンシャイン池崎の「ジャスティス！」、2018年はバイク川崎バイクの「BKB」と、お笑い芸人のギャグを用いたパフォーマンスが続き、2019年はWWEに所属するプロレスラー中邑真輔の「イヤァオ」を採用した。特に中邑にはSNSでDM（ダイレクトメッセージ）を送り、事前に許可を取るなど、抜かりない準備をするあたりも、プロデューサーと言われるゆえんだろう。

「憲剛さんという絶対的なカリスマ性を持っている人がやってくれるからこそ、スタジアムは盛り上がる。実際に、憲剛さんも目立つのが好きだったこともあって、楽しんでくれていたように思います」

そうした一つひとつが、スタジアムに一体感を生み出していく。スタジアムの雰囲気を作るのは、クラブやファン・サポーターだけの仕事ではない。選手たちにもできることはある。それを証明していたのが、登里考案の中村のゴールパフォーマンスだった。

等々力陸上競技場では、試合終盤になればなるほど、劇的なゴールが生まれる。いつしかそれが〝等々力劇場〟と呼ばれるようになった背景には、ファンの熱気とともに、選手たち自身の働きかけもあったように感じてならない。

「ピッチにおるのに、鳥肌もんというか。サポーターと一緒になってパフォーマンスをして、一緒に盛り上がって、一緒にスタジアムの雰囲気を作っていく。あのゴールパフォーマンスからは、たくさんのヒントをもらいましたね」

前述の『デジッちが行く！』の撮影では、チーム内で年長者になった中村が付き添ってくれる機会も多く、自然と周りも協力しようという空気を作り出してくれていたと、登里は振り返る。たとえば、普段は寡黙なイメージで知られる家長昭博が、このときばかりは全力で協力してくれるのも、そうした空気感があればこそ、だ。

登里が、家長との一幕を明かす。

「アキくん（家長）は年々嫌がっていますけど、結局は『もうええ、1回やるわ』って言ってやってくれる。で、結果的においしいところを全部持っていくんです」

2021年は、YouTuberでお笑い芸人のフワちゃんに扮して、「アキちゃんだよー」と言いながらはじける家長の姿が画面上にあった。

「アキくんをどう生かすかは、毎年、考えるテーマの一つです。アキくんには毎回、軽く説明をして、あとはアドリブで対応してもらっているんですが、いつもこちらの想像を超えてくるんですよね。だから結局、僕はケラケラ笑いながら撮影しているだけなんです」

とはいえ、登里はいつも楽しんでいるだけではない。彼の意識の高さ、クラブへの視点、そしてファン・サポーターへの思いを強く感じたエピソードがある。

パートナー企業の一つであるロッテが協賛して行っている「KAWAハロー！ウィンPARTY」というイベントがある。これも毎年恒例になっているプロモーションの一つだが、試合当日のイベントだけでなく、2018年からは選手たちが仮装した写真がSNSで展開されるようになり、ハロウィンの時期を盛り上げている。今年は誰がどんな姿に扮するのか、ファン・サポーターが楽しみにしているコンテンツの一つだ。

その初年度の撮影に、登里が臨んだときだった。クラブのスタッフは、衣装などを用意していたが、どれもが既製品で、仮装と呼ぶにはあまりにも貧相だった。

それを見た登里はスタッフに告げた。

「せっかく選手全員が協力してやるんだから、ちゃんとやろうよ」

その一言に、クラブスタッフも目が覚めたという。登里本人は、その意図について「スベるのは仮装した僕ら選手なので」と茶化したが、その裏には、川崎フロンターレが発信するものなのだからできる限りのクオリティーを追求すべきだという思いも見え隠れする。

クラブスタッフも登里の意見に共感し、その日の撮影は中止された。そして後日、再撮影する日にはスタイリストとメイクが用意されていたという。それからは、登里自身が、事前にクラブからリストをもらい、チェックしたうえで仮装するキャラクターの調整・変更を行うようになったという。（ちなみに、2022年の仮装については、スケジュールの都合で登里はノータッチだったそうだ。これは本人からの強い要望もあり、ここに記載しておきたい）

「どうせやるなら、選手たちも〝やりきった〟ほうがファン・サポーターも楽しんでくれると思いますし、この先も続けやすくなって、定番化することができる。これも、フロンターレだからというよりも、自分自身の性格なのかもしれませんが、ふざけるならば全力でふざけたい。なにより、やるこちら側が全力でふざけていないと、周りだって楽しくないと思うんですよね」

ふざけるならば全力でふざける。楽しむならば自分たちも思いっ切り楽しむ。これもまた、集客プロモーション部が、企画を考えるうえで大切にしていることと同義だった。登里は、クラブから受け継いできた哲学と、自分自身の姿勢や考え方によって、川崎フロンターレをチーム、はたまた選手という視点から、地域に愛されるクラブへと、さらに押し上げてきたといえる。

「仮装といえば、ファン感謝デーも含め、チームとして結果が出ない時期もずっとやり続けてきたことです。今では試合だけでなく、一つのイベントや一つの企画を楽しみにしてくれているファン・サポーターもきっと大勢いると思います。それは続けてきたからこそ。そう思えば、今後も続けていくべきだと思いますし、チームが勝てるようになった、タイトルを獲れるようになったからといって、もしやめてしまえば、離れていってしまうファン・サポーターもたくさんいると思っています」

気づけば、チームを統括する強化部からも「ピッチ外での貢献も非常にクラブにとっての助けになっている」と、評価されるようになった。

それがうれしい一方で、プロのサッカー選手である以上、やはりプレーで評価されたいという意地もある。その葛藤が、登里の選手としての成長につながっていった。

「声」でチームに貢献できることを知った

シーズンが終わったあとに行われる強化部との面談では、ピッチ内でのプレーの評価よりも、ピッチ外での貢献度について話題にのぼる時間のほうが長かったこともあった。そのたびに、登里は悔しさを滲ませていた。

度重なる膝のケガにより、２０１４年はリーグ戦19試合、２０１５年はリーグ戦１試合の出場に終わった。ただし、ケガで思うようにプレーできない時期も、登里は自分の成長を決して諦めていなかった。

前を向き続けることができたのは、２０１２シーズン途中からチームを率いていた風間八宏監督との出会いが大きかった。当時を振り返って、登里は言う。

「自分は風間さんと出会ったから、なんとか今日までプレーすることができていると思っています。それくらい、自分にとっては大きな出会いでした」

それは、風間が説き、今日の川崎フロンターレを支えるコンセプトになっている「（ボールを）止めて蹴る」といった技術だけを指している言葉ではない。

「技術や動きの質はもちろんのこと、風間さんが教えてくれたことは、それまでの自分が持っていたサッカーに対する価値観とは、真逆と言えるようなものでした。そこで、自分自身が成長するために、自分が持っているサッカーの概念をすべて取っ払って、一からサッカーそのものをきちんと理解しようと思って、毎日、練習に臨んでいた記憶があります」

プロになるほどの才能を持っている選手が、それまで築きあげてきた概念を捨て、一からサッカーを学び直す。これは容易なことではない。それはポジションも同様である。

川崎フロンターレに加入したときには、スピードを武器にしたサイドアタッカーだった登里は、風間監督就任以降は1列後ろになるサイドバックでプレーする機会が多くなった。新たなポジションで試行錯誤する日々のなかで、風間監督にこう言われた。

「サイドバックはチームの目になれ」

それが今では、登里のもう一つの武器でもある「コーチング」の原点になっている。

「当時はすべてを理解することはできていなかったですけど、〝声〟でもチームに貢献できるんだ、ということを知りました」

指示によって前にいる味方を動かし、チームの優位な、または自分がプレーしやすい状況を作り出す。チームメートに指示を出すということは、それだけ責任が伴う。裏を返せば、正しい状況判断ができていなければ、チームメートに迷惑をかけるばかりか、批判され、信頼を失う可能性だってある。自信がなければ、確信がなければ、決して言葉を発することはできなかった。

登里は、風間監督やチームの中心だった中村とコミュニケーションを取っていくことで、サッカーを理解し、〝状況を把握できる選手〟へと変化を遂げた。ロッカールームでも積極的にチームメートと話す機会を作るように努めた。そこには、ルーキー時代に先輩から「地蔵」と呼ばれた彼の姿はなかった。

新型コロナウイルス感染症の拡大により、スタジアムからはしばらくの間、ファン・サポーターがチームを後押しする〝声〟が消えた。その分、ピッチでは選手たちがボールを蹴る音、激しくぶつかりあう音、そして、試合中にかけあう声だけが聞こえていた。

その時期、等々力陸上競技場で際立って響いていたのが、登里の〝声〟だった。

「いったん落ち着いてやろう！」

「そこ、しっかり絞って！」

「逆サイドに展開できるよ！」

チームを鼓舞する声もあれば、的確にチームメートに指示を送る声もある。

風間監督からバトンを受け継ぐ形で、鬼木達監督がチームを率いるようになった2017年、クラブにとって初タイトルとなる明治安田生命J1リーグでシャーレを掲げられた理由の一つに、登里の活躍があったことは間違いない。その年、彼は前年の14試合から飛躍してリーグ戦23試合に出場した。リーグ連覇を達成した2018年も、25試合に出場し、主力として活躍した。

川崎フロンターレにとって〝最初の〟リーグ連覇である2017年、2018年のチームを登里は、こう振り返る。

「これは今もオニさん（鬼木監督）が言うことですが、来てくれた人たちに、（自分たちのサッカーで）魅せよう、楽しませようといって、僕ら選手をピッチに送り出してくれています。その魅せる、楽しませるといった姿勢がクラブ全体に浸透していったことも、ターニングポイントの一つだったように思います。2017年と2018年に（J1リーグで）連覇したときは、ボールを保持して、全員で守り切るなど、交代選手も含めて全員で試合に勝つための任務を遂行していたイメージが強く残っています。先制点を取ったら勝ち切れる試合が多かったように、試合を経るごとにゲームの終わらせ方もよくなっていきました」

タイトルを獲ったことで得た自信が、勝者のメンタリティーとなり、さらなる勝利への執着心をもたらしていった。

一方、同じくJ1リーグで〝二度目の〟連覇を達成した2020年、2021年のチームについては、こう語る。

「1点のリードに満足することなく、さらに追加点も奪いにいく。取れるだけ点を取って勝利を目指す。そういうサッカーを遂行していた。ただ走るという動作に対しても、強度や質がより高まったと感じています。また、チーム全員のサッカーへの理解度が高く、相手の戦い方に応じて、自分たちで頭を使って攻略していくことができていた。チームのために、各々が各々で判断できる自立した選手が多かった印象ですね」

ピッチでのフロンターレらしさって？

香川西高校を卒業し、川崎フロンターレに加入して14年。その間に、登里自身もチームと一緒にあと一歩のところでタイトルを逃す経験を何度もしてきた。そんな彼は、〝タイトルを獲れるようになった理由〟をどのように感じているのか。

「よく聞かれる質問ではあるのですが、答えは今も漠然としています。でも、絶対的に違うのは、タイトルが懸かった試合での落ち着きや慣れ。そこは、タイトル獲得以前と以降ではまったく変わりました」

例として挙げたのは、２０１９年10月26日に戦ったＪリーグＹＢＣルヴァンカップ決勝の北海道コンサドーレ札幌戦だった。2―2のスコアで迎えた延長前半の96分に、センターバックの谷口彰悟が退場になった。それにより与えたフリーキックをコンサドーレの福森晃斗に直接決められ、チームは絶体絶命の窮地に立たされた。

「それでもチームメートは慌てていなかった。そういう意味でも、やっぱり経験は大きいのかなと思いました。だから、今、振り返って思うのは、これをしたからタイトルを獲れたということではなく、優勝できたという成功体験が自信になり、次のタイトルにもつながっただけだと思っています」

タイトルを獲れなかった時期には、少しの綻びにもチームが慌ててしまっていた。だが今は、タイトルを獲った自信が経験となり、落ち着きへと変わった。JリーグYBCルヴァンカップ決勝でも、一人少ない10人で戦いながら109分に小林のゴールで追いつき、PK戦を制すると、見事に優勝カップを掲げた。

改めて、登里が「勝者のメンタリティー」を言葉にする。

「チームとして、勝負ごとの〝綾〟を見極められるようになりました。このワンプレーで、セカンドボールを拾うのと、失うのとでは流れがガラッと変わる瞬間があるように、球際で負けないこと、戦うこと、走ることといった勝つうえで大事なことに加えて、勝敗を分ける大事な場面で負けないようになりました」

その視点は、練習の雰囲気にも表れるようになった。求める質が変わったことで、練習中からミスを許さない空気や、ワンプレーへのこだわりが増した。勝敗は日常に宿り、細部も日常に宿るということなのだろう。だからこそ、登里は言う。

「選手が入れ替わっていったとしても、戦い方が変わっていったとしても、チームとして、決してなくしてはいけない部分だと思います」

クラブのイメージとして、事業が、「地域性」「社会性」「話題性」に加えて「ユーモア」を大切にしてきたとすれば、ピッチ内で表現するチームのイメージは「圧倒と躍動」だと登里はいう。

「相手を圧倒して、躍動している姿こそがフロンターレらしさだと、僕は思っています。等々力で試合を見てもらえれば、きっとわかってもらえると思いますが、勢いがあるときの僕らは、等々力の雰囲気も相まって、誰にも止められない攻撃を見せることができる。ファン・サポーターが作り出してくれるスタジアムの空間も含めて、相手を飲みこむように圧倒するサッカーは、これからも大事なのかなと思います」

車で川崎市内を走っていると、以前よりも川崎フロンターレのステッカーを貼ってくれている車を見かけるようになった。南武線の登戸駅には、「登戸」と彼の名前をかけて、自分のポスターが掲出されていた。町のいたるところで、クラブの存在を感じるようになった。

自分が加入したときには、すでに地域に愛される人気クラブだったかもしれない。それでも、そんな光景を思い浮かべると、自分にもできたこと、自分にもできることがたくさんあることを再認識する。その思いは年々増していくように、これからも選手たちにできること、選手たちにしかできないことはたくさんある。

証言17

小林悠

自分にしかできないことがある

Yu Kobayashi

〝やらされた〟から〝やりたい〟に

大卒で川崎フロンターレに加入することを決めた理由の一つは、チームが「攻撃的なサッカーを標榜していること」だった。ストライカーである小林悠にとっては、たまらない魅力だった。

関東大学サッカーリーグの2部でプレーしていた自分が、J1リーグで優勝争いをするようなチームで、プロサッカー選手としてのキャリアをスタートさせることができる。大学4年時の2009年には、右膝前十字靱帯を断裂する大ケガを負い、リハビリ中だったが、ピッチに立つ日を夢見ていた。

「それが、チームに加入してすぐに新体制発表会見があり、キャンプを終えた必勝祈願のあとには、商店街に出向いて挨拶回りをやらされました。初めてのことだったので、どこのチームもこういった活動はやっていることなのかなとは思いました」

〝やらされた〟と表現したことについて、小林は「言い方がよくないですね」と苦笑いする。だが、学生時代は「プロサッカー選手＝ピッチでプレーする人」だった当時のリアルな心境として、これほど適切な表現はないだろう。

「すぐに、サッカー選手はただサッカーをしていればいいわけではないことを知りました」

商店街の挨拶回りは、自身が川崎フロンターレを知る意味で、最高の機会になった。まず驚いたのは、クラブと地域の人たちとの距離の近さだった。

「新人で入りました、小林悠です」

「頑張ってね。これからのフロンターレをよろしくね」

店の扉を開けるたびに激励された。

同行するクラブスタッフからは、店に入る前に説明を受けた。

「このお店は、クラブ創設当初からフロンターレを応援してくれています」

「このお店は、10年以上前からクラブの後援会に入ってくれています」

お店には、それを証明するかのように、訪れた歴代の選手たちの写真が飾ってあった。

「自分たちは地域の人たちに支えられ、応援されていることを、初めての地域貢献活動で知ることができて、すごく新鮮でした。そうした活動を通じて、自分もフロンターレの歴史やフロンターレの歩みを感じられたことも、その後に大きな影響を与えてくれました」

思わず、〝やらされた〟と表現してしまったが、すぐに〝やりたい〟という心境に変わっていたのは言うまでもない。

コロナ禍では自粛を余儀なくされたが、当時の川崎フロンターレは、練習場の麻生グラウンドで毎日のようにファンサービスを行っていた。大学生までは、応援といえば身内がほとんどで、サインを求められるような機会はなかった。それがまだ試合に出場してもいない自分にファン・サポーターが声をかけてくれ、写真撮影やサインを求めてくれる。

「うれしかったですね。だから、すごく丁寧に対応していました。一人でも多く、自分のサポーターにもなってくれたらいいなと思って」

もともと、性格が真っ直ぐなこともあり、ファンサービスは嫌いではなく、むしろ好きだった。だから、クラブからの依頼にも、加入した当初から協力的だった。

「でも一番、サッカー選手が地域や社会への貢献活動を率先してやらなければいけないと感じたのは、２０１１年でした」

サッカー選手である自分たちにしかできないこと

２０１１年3月11日、東日本大震災が起こった。東日本各地で大きな揺れを観測し、津波や火災といった未曾有の被害をもたらした。サッカー界への影響も大きく、開幕して間もなかったJリーグは中断した。ニュースでは連日、各地の甚大な被害が報道されていた。試合は中止になったが、クラブは事態が収束するのを待って、ただ手をこまねいていたわけではなかった。すぐに被災した地域への復興支援を行うべく、「Ｍｉｎｄ―１ニッポンプロジェクト」を立ち上げ、街頭募金を実施した。小林も選手の一人として、街頭募金の呼びかけに参加した。

そのとき、誰よりも声を張り上げ、頭を下げ、町ゆく人に募金をお願いしていたのが、中村憲剛だった。

「憲剛さんがこんなにやっているなら、後輩の僕たちはもっとやらなければダメだ」

その姿は、ずっと脳裏に焼きついている。小林がベテランと呼ばれる年齢になった今も、率先して地域の活動や社会への貢献に力を入れているのは、中村の背中を、今度は自分が次代に伝えていくためでもある。

またクラブは、震災による被害で陸前高田市の小学生たちが使う教材が不足していると聞いたときもすぐに行動した。クラブが制作し、川崎市内の小学校に配布していた「算数ドリル」を寄付したのである。それにより、今も続く陸前高田市との交流は始まった。

2011年9月18日には、リーグ戦の合間を縫って、モンテディオ山形とのアウェイゲームを終えた選手たちが陸前高田市に赴き、サッカー教室を開催した。

震災からまだ間もないこともあり、行く前は「サッカー教室なんてやってもいいものか」「サッカー選手が行っても迷惑なだけではないだろうか」と葛藤した。バスで向かう道中に震災の爪あとを目の当たりにすれば、その被害の大きさに、なおさら不安は募った。

しかし、現地に着いて子どもたちと触れ合うと、それが杞憂だったことを知った。

「サッカー選手である自分たちにしかできないこともある」

ただし、感じたのはそれだけではなかった。

「サッカー選手として、子どもたちに元気や勇気を与える存在でなければいけないと思っていたのに、むしろ逆で、無力さも感じました。震災で負った、特に心の傷は簡単に癒やせるものではなかった。子どもたちが時折見せる悲しそうな表情や元気のない顔を見たときには、自分たちといる少しの時間だけでも、忘れさせることができれば、笑顔にさせることができれば、と思いました。それはサッカー選手としてというよりも、一人の人間として感じたことでした。だから余計に、サッカーを通じて、自分にもなにかできることがあるのではないかとも思いました」

一人の人間として無力さを感じると同時に、サッカー選手である自分たちにしかできないこともある。矛盾した二つの感情や思考かもしれないが、それでも後者の存在価値は確かにあった。

「支援はブームじゃない」という合言葉のもと、復興支援を一過性のものではなく、継続して行ってきたクラブの姿勢にも感じることは多かった。

「続けていくことの大切さを知りました。クラブの行動力も、継続力も、スタッフの人たちの力はすごいなと、毎度、毎度、思わされています」

サッカー教室で知り合った子どもが、大学生になり、川崎フロンターレでアルバイトをしていると聞けば、なおさら縁や継続性の大切さを身に染みて感じる。それを小林が知ることができたのも、川崎フロンターレでプレーし続けてきたからこそ、だった。

「一つのチームに長く在籍しているから、見えてくるもの、感じられるものは必ずあると思います。陸前高田市との交流も、最初は募金や算数ドリルの寄付といった小さなものでしたが、どんどん輪が広がり、今や毎年のホームゲームで陸前高田ランドを開催しています。等々力で陸前高田の特産品を食べることができたり、購入できたりする機会もある。僕らが行くだけではなく、来てもらえる。純粋にいい企画ですよね」

川崎フロンターレの選手として、長くクラブの活動やプロモーションに協力してきたことで、サッカー選手としての姿勢に大きな影響を受けている。

「人にはいろいろな考え方があるように、選手にもファンサービスや地域貢献活動に積極的ではない人もいました。でも、これは個人的な印象ですが、そうした活動をいやいややっていた選手は、プロサッカー選手として長く続けられていないような気がしています」

試合や練習をするだけがサッカー選手だと考え、クラブから求められる地域への活動やファン・サポーターとの交流を敬遠していれば、それは周りにも伝わってしまう。ひいてはそれをファン・サポーターも感じ取り、応援することを躊躇してしまう。すなわち、選手としての存在価値を、自ら下げてしまうことになる。

小林は言う。

「僕はクラブが行っている活動や協力に対して、真面目に取り組んでいる選手のほうが断然、格好いいなって思っていました。だから、自分もそうありたいと思ってきたし、見習うべき人を間違えなかったとも思っています」

そして、こう言葉を続けた。

「結局、応援してもらうことって、ピッチに立っている自分に返ってくるんです」

スタジアムに自分の背番号をつけたユニフォームを着ている人が増え、それが声援に比例していく。声援が増せば、増すほど、自分のプレーに力がみなぎり、ゴールという結果、そしてチームの勝利へとつながっていく。

川崎フロンターレに在籍している13年間で、通算157得点を記録してきた彼のゴールは、ファン・サポーターの力が宿った軌跡でもあった。

だから、長くタイトルを獲れなかった時期には、期待に、応援に応えたいと思い、もがいてきた。

「もどかしかったですよね。こんなに多くの素晴らしい活動をしているクラブに対して、それがタイトルを獲れない理由であるはずなんて絶対に、絶対にないのに、それを理由に挙げられてしまっていた」

2017年に明治安田生命J1リーグで初優勝したときには、もちろん選手として喜びを噛みしめたが、このクラブがタイトルを獲った事実がなによりうれしかった。

「タイトルを獲ったことで、フロンターレがやってきたことが間違いではないことを証明することができた。僕ら選手だけでなく、いろいろな人の思いが報われた瞬間だったと思います」

同時にこうも思う。それを証明してくれたのもまた、選手である彼らだったと――。

2017年の明治安田生命J1リーグ初優勝を皮切りに、6年間で6つのタイトルを獲得した。今や若手選手たちの多くが、〝タイトルを獲得できるようになってから〟の川崎フロンターレに加入している。

だからこそ、小林は危機感も抱いている。

「強いフロンターレのことしか知らない選手たちも増えているのは確かです。僕自身もスタジアムに多くのファン・サポーターが来てくれるようになったフロンターレしか知らないように、(伊藤)宏樹さんや憲剛さんが経験しているJ2時代や、観客がいなかった時代のことを知らない世代も増えています。フロンターレはサッカーだけをやっていればいいクラブではないということも、しっかりと伝えていかなければならないと思っています」

震災後、陸前高田市に初めて行ったとき、子どもたちの笑顔を見て、心配や不安が杞憂に終わったように、小林の話を聞けば、しっかりと伝統は後輩たちに受け継がれていくと確信できた。なぜなら、彼自身が先輩たちの背中を見て育ってきた選手だからだ。

今日はどれだけうまくなれるのか

川崎フロンターレでJ1リーグ通算最多得点記録を持っているのは、〝川崎の太陽〟として知られるジュニーニョでもなければ、在籍時に3度のリーグ得点王に輝いた大久保嘉人でもない。J1リーグ通算135得点を挙げている小林が最多になる。

チームがJ1リーグで初優勝した2017年はキャプテンを務め、得点王に輝き、Jリーグ年間最優秀選手にも選ばれた。記録や功績が示すように、彼こそが川崎フロンターレのエースストライカーであることに、異論を唱える人はいないだろう。

その小林がエースストライカーとして目覚めるきっかけは、2012年にある。

「僕自身にとっても、フロンターレというチームにとっても、一番のポイントになっていると思います」

シーズン途中の4月23日、それまでJリーグの監督経験がなく、筑波大学サッカー部を指揮していた風間八宏が、川崎フロンターレの監督に抜擢された。

小林は当時を「衝撃的だった」と振り返る。

就任から間もなくして、風間監督は、筑波大学サッカー部の学生を練習場に連れてきたのである。そして練習試合を行うと、「見ておけ」と言わんばかりに、筑波大学の学生たちを起用した。

「ある意味、屈辱でしたよね。曲がりなりにも僕たちはプロで、彼らは学生。その学生のプレーをお手本にしろ、と言われていたんですから」

悔しさを噛みしめながらも、学生たちのプレーを見ていると、風間監督が自分たちに伝えている「ボールを止めて蹴る」といった技術の認識に加え、「フリーの定義」「イメージの共有」といったサッカーの考え方が実践されていた。

「ぼんやりとですけど、たしかにこれをプロのクオリティーで表現することができたら、すごいサッカーができるのかもしれないと思った記憶はあります」

ただし、練習は複雑で、内容も難解だったこともあり、小林は風間監督の指導をなかなか受け入れることができなかった。試合ではFWではなく、右サイドで起用される機会が多かったことも拍車を掛けた。

「最初は言われるがまま練習していた感じでした。相手のマークを外すために、『相手に矢印を出させる』と言われても、当初は意味がわかりませんでした」

風間監督は、ストライカーとして相手DFの背後へ抜ける動きを得意としている自分に対し、わざわざ相手に〝矢印を出させる〟ために、近寄っていけと言う。頭には「?」の文字が浮かんでいた。

ただ、素直さも小林が成長したポイントの一つなのだろう。試合でも言われたとおりに動き、相手に近づいてみた。当然だが、相手がプレッシャーをかけてくる。それが相手の矢印であり、その方向が分かると、逆に相手の裏を取ることができた。相手に近寄っていき、瞬間的に離れる。それにより、いともたやすくフリーになることができたのである。

「うわっ、これのことを言っていたのか！」

成功体験が重なっていくと、突如として目の前が開ける感覚があった。

「どれだけ相手がいても、パスの出し手と受け手の関係だけで崩せる。それがわかって感動したことを覚えています」

風間監督の指導を試合で実践できる割合が高くなるにつれ、出場機会も得点数も増えていった。

「練習していても、自分が確実に伸びていることがわかりました。プロになっても成長できることを知って、あれだけ練習も嫌だったのに、今日はどれだけうまくなれるのかと、ワクワクしながら練習場に向かうようになりました」

ただ、風間監督が率いた5年間でも、チームはタイトルを手にすることはできなかった。風間監督の退任が発表され、ラストゲームとして臨んだ2017年1月1日の天皇杯決勝でも鹿島アントラーズに1―2で敗れ、またしても無冠に終わったのである。

「攻撃については、引き出しも増えて、（大久保）嘉人さんや憲剛さん、（大島）僚太といった選手たちがそろっていれば、ゴールを奪えないわけがないという感覚でプレーできていました。そう思っていたように、攻撃ではワクワク感を抱きながらも、守備や勝負に徹する姿勢は足りていなかったと、あとで振り返ると感じます」

決して風間監督も、試合に勝つことや勝負に勝つことを求めていなかったわけではない。だが、チームとして〝勝つこと〟よりも〝うまくなること〟に視線は向いていた。それがタイトルを獲れなかった一つの要因にして、最大の要因だったと知ったのは、2017年から鬼木達監督がチームを率いるようになってからだった。

自分に矢印を向けてやり続ける

2017年、鬼木監督が川崎フロンターレの指揮官に就任した。風間監督のもとでコーチを務めていた彼は、前任者の攻撃的なサッカーを継続しつつ、異なる視点を選手たちに植えつけた。

その変化を、チームのなかで体感してきた小林が明かす。

「球際の強さ、ハードワーク、攻守の切り替え。今思えば、当たり前のことですが、オニさん（鬼木監督）は、最初のミーティングから、口を酸っぱくして言ってくれました。この3つができない選手は、試合に出られない。そういう認識と基準がチーム内にできたことで、みんなが自然と練習や試合でハードワークするようになり、戦うようになりました」

うまくなることに意識が傾きがちだったチームは、勝つことにも目を向けるようになっていった。

この年より、中村からキャプテンマークを引き継いだ小林も、個人的にチームの〝勝利〟にフォーカスするようになった。

「風間さんのサッカーが浸透して、チームとしては強くなったと思っていましたが、やっぱりタイトルを獲ることはできなかった。2017年の元日に行われた天皇杯決勝に負けて、次のシーズンがスタートしたときは、『内容はどうでもいいから、とにかく勝ちたい』と思うようになっていました。たとえおもしろくないと思われるような試合だったとしても、美しいゴールを奪えなかったとしても、とにかくチームが勝つことができればいいという思考に変わったんです」

例として挙げた天皇杯決勝の相手が、Jリーグ史上最多のタイトル獲得数を誇る鹿島アントラーズだったことも大きかったのかもしれない。

「なぜアントラーズが優勝できるのか、なぜ自分たちは優勝できないのか。それを考えたとき、自分たちは本当に戦えていたのか、ハードワークできていたのか、球際で負けていなかったのか、それを胸を張って言えるのかと自問自答したとき、すべてが足りていなかった」

シーズンを過ごすなかでは、キャプテンとエースストライカーという立場の両立に悩み、苦しんだ時期もあった。それでも先頭に立ち、チームを引っ張り続けたことで、川崎フロンターレは次第に〝うまい〟だけでなく、〝勝てる〟チームになっていった。

「リーグ優勝したシーズンは、連敗することがなく、連続失点も減った。それに、自分たちから崩れることがないチームになりました」

結果を残しているチームと、結果を残せないチームを純粋に比較したとき、後者は少しうまくいかないことがあると、ネガティブな空気が流れ、選手たちは愚痴をこぼすようになる。チームやサッカーに対しても迷いが生じ、個々がそれぞれに独自の考えを展開し、実行していくようになる。それはまとまりの欠如につながり、結果的にチームはバラバラになっていく。一方で前者は、ぐらつきそうになるところでぐっと堪え、迷うことなく突き進んでいく。その土台を支えている選手たちが、愚痴や不平を口にすることがないから、チームとして苦しいときもバラバラにならずに踏ん張ることができる。

まさに2017年の川崎フロンターレは、そういう姿勢を貫くことができたチームだったと、小林は振り返る。

さらに、「自分たちから崩れることがないチーム」とは、試合中はもちろん、負けた試合のあとの姿勢や行動のことも指していた。

「敗戦やミスを人のせい、誰かのせいにすることなく、自分に矢印を向けてやり続けることができる選手たちが明らかに増えました。なにより監督自身がそうでしたから……」

チームを率いて6年が経つ今もそうだが、鬼木監督は敗戦時、必ず次のように話す。

「監督である自分の責任です」

「監督である自分の力が足りなかった」

現場のトップである指揮官が、選手たちのせいにすることなく、自分の責任だと言い切る。選手たちも、「人のせいにしている場合じゃないな」となる。自然と自分に矢印を向け、次はミスをしないようにしよう、次のチャンスでは必ず挽回しようという思考になっていく。

戦術やシステムも、サッカーにおいては重要だが、監督の思考や姿勢が大きいことは、鬼木監督が率いるようになってからタイトルを獲得している事実に表れている。

かく言う小林自身も、前述したようにキャプテンとエースストライカーという二つの役割を果たそうと葛藤していたが、自分に矢印を向け続けた結果、ゴールを奪うことが自分の役割だと答えを見つけた。そして、ゴールを決めることでチームを引っ張り、得点王に輝いただけでなく、チームに初タイトルをもたらしたのである。

「こんなに練習しているチームってないと思うよ」

2017年と2018年、2020年と2021年の2度、明治安田生命J1リーグ連覇を達成している川崎フロンターレのサッカーは、どのような変化や進化を遂げてきたのだろうか。

川崎フロンターレ一筋でプレーしてきた小林の意見を聞いてみたくなった。

「最初の連覇である2017年と2018年は、オニさんも風間さんの攻撃的なサッカーを継続しつつ、そこに攻守の切り替えやハードワークといった守備の部分を加えることでタイトルを獲れるチームへと導いてくれました。一方で、2019年に3連覇を逃したとき、選手も入れ替わっていくなかで、同じサッカーを続けていくことの難しさも感じていたように思います。システムも4―2―3―1から4―3―3に変えたように、そのとき在籍している選手たちの力を最大限に生かすサッカーを見つけ、改めてチームを導いてくれたことで、2020年と2021年の連覇につながったと思います」

　2017年と2018年を第1フェーズとし、2020年と2021年を第2フェーズとすると、小林はそれぞれの特長を補足してくれた。

「第1フェーズは、試合に出ている特定の選手たちの特長を融合させなければ機能しないサッカーだった。これに対して、第2フェーズは、ポジションによって求められる役割がはっきりしているため、誰が試合に出ても、やるべきこと、やらなければいけないことが見えています。それを大前提にして、プラスアルファで個人の特長を生かしていくサッカーに変わったと思います」

　第1フェーズでは、中村憲剛を筆頭に、小林、大島、家長、阿部浩之ら、攻撃的な選手たちが織り成す〝阿吽の呼吸〟が最大の武器だった。一方の第2フェーズは、三笘薫など強烈な個はいたものの、守田英正や田中碧、旗手怜央、脇坂泰斗をはじめ、当時の若手選手も多くが躍動したように、多彩なメンバーが貢献して勝ち方を見つけていくチームになった。

サッカーは時代の流れや選手の顔ぶれによって変わってきた。一方で、鬼木監督の変わらない働きかけがチームの根幹にあることが〝強み〟だと小林は言う。

「〝徹底〟ですよね。オニさんは、どんな細かいことも絶対に漏らさない。それによって、たとえミーティングが多少長くなったとしても、省いたり、曖昧にしたりすることをしない。それは『あのとき話していれば失点しなくてすんだのに』とか、『あのとき取り組んでいれば負けなかったのに』といった〝タラレバ〟をなくすためだと思います。自分に後悔したくないから、オニさんは絶対に妥協を許さないんです」

やはり、指揮官のその姿勢がピッチで表現する選手たちに伝播していくのだろう。

移籍して新たに加わった選手たちが、必ず言うセリフがあるという。

「こんなに練習しているチームってないと思うよ」

それは全体練習のことを指しているのではない。チームの練習が終わったあと、自然と多くの選手たちがピッチに残って、個々のトレーニングを行っている。ピッチに姿が見えない選手は、練習していないかと思うと、ジムでフィジカルトレーニングを行っていたりする。

「練習を多くやっているからよいとか悪いとか、そういう善し悪しの話ではなく、うまくなりたい、試合に出たい、強くなりたいという向上心を持っている選手が多く在籍しているということ。それが自然と『みんながあれだけやっているのだから自分も』という空気感になっていることが大切で、それがタイトルにつながっているのかなと」

在籍して13年。小林自身も、チームがシルバーコレクターと揶揄されてきた時代を知る選手の一人だ。タイトルを獲ったあとと、タイトルを獲る前では、なにが違うのかを問いかけても、「正直、分からない」と言う。旧知の仲である登里も言っていたが、すべては「結果論」でしかないからだ。

ただ、一つだけ言えることがあるとすれば、「空気感」だと教えてくれた。

「これをやったから優勝できた、これがあったから優勝できた、そういう明確な答えは持ち合わせていません。でも、優勝したときのチームの空気感や雰囲気に近づけていくことはできる。それをなくさないためにも、紅白戦やミニゲーム、ハーフコートゲームでも、自分が一番、勝ちたいと思いながらプレーしています」

かつて中村がそうであったように、今度は自分が、試合に出たい、試合で勝ちたいという意欲と熱量を練習から見せていく。それは35歳になった今も変わらぬ姿勢であると同時に、35歳になった今だからこそ伝えられる姿勢でもある。

「自分にしかできないことがあると思っています。同時にそれくらいやらなければ、タイトルは獲れないという姿も見せていかなければいけないとも思っています。自分の年齢が若かったときには、年上の選手たちに対して、『もっとやれよ』と思ったこともありました。そう若手に思わせず、『悠さんがあれだけ頑張っているんだから』と思わせる存在でありたいですよね」

ルーキーだった2010年、初めて参加した商店街の挨拶回りで、自分が誰に支えられ、誰に応援されているかを知った。同時に、多くの先輩たちが地域に貢献してきたことで、愛されるチームになったことを実感した。今度は自分が先輩として、後輩たちに地域とのつながりやファン・サポーターの大切さを伝えていく順番になった。

加えて、クラブにとって念願だったタイトルを獲得することもできた。その結果、タイトルを獲るために必要な姿勢やチームとしての空気感を知り、それを後輩たちに伝えていくこともできるようになった。

そうやって、伝統は受け継がれ、膨らんでいくのだろう。小林は先輩たちよりも、さらに多くのことを示せる存在になった。

18

証言

脇坂泰斗

クラブを愛するのに年月や時間は関係ない

Yasuto Wakizaka

出会いは中3の夏

外から中、中から外へ――そして再び川崎フロンターレのエンブレムを背負って戦っているから、見える景色とクラブへの強い思いがある。

脇坂泰斗は言う。

「クラブ愛は、決して時間の長さだけで育まれていくものではないと思っています」

神奈川県横浜市で活動するエスペランサSCのジュニアユースでプレーしていた脇坂は、ユース年代でも高体連ではなく、クラブユースでサッカーを続けたいと考えていた。

そのため、神奈川県内にあるJリーグクラブのセレクションを受けることにした。その一発目が、川崎フロンターレだった。

中学3年生の夏だった。

募集要項を見ると、「若干名」との記載がある。セレクション会場で説明を受けたときには、数人が合格する可能性もあるが、適任者がいない場合は、誰一人として獲らないこともあると告げられた。

グラウンドを見渡すと、自分も含めたセレクションの参加者は70人近くいた。

「これはかなり狭き門だぞ。相当、難しそうだな」

数日にわたって行われたセレクションは2日目を迎えると、早くも20人程度に絞られていた。最終日となる3日目に進めたのは10人くらいだった。そのなかで脇坂は1日目、2日目を通過すると、3日目も会場に呼ばれた。最後はU—18に所属する高校1年生と試合をするという。その試合でゴールを決めた脇坂は、U—18の練習への参加を打診された。

声をかけられたのは自分も含め、わずか3人になっていた。

3日ほどの練習参加を終えると、スタッフから説明があった。

「合格の場合は、今週末に電話にて連絡します。もし、土日のどちらかで連絡がなかった場合は、ご縁がなかったと思ってください」

脇坂はどぎまぎしながら週末を迎えたが、土曜日の夕方に家の電話が鳴った。電話を取ったのは母親だったが、気になって見にいくと、すぐに受話器を渡された。

電話の主は、U―18のコーチをしていた久野智昭だった。

「脇坂くんは合格になります。可能ならば、都合のつくときは早速、U―18の練習に参加してもらえるとうれしいです。あと、ちなみに今回のセレクションで合格したのは、脇坂くんだけでした」

全身に鳥肌が立つと同時に、最後のひと言を聞き、身の引き締まるような思いがした。その喜びと感動は、今も鮮明に思い出すことができる。

「神奈川県内には、横浜F・マリノス、湘南ベルマーレ、横浜FCなど数多くのJリーグクラブがありますが、そのなかでも入れるのならフロンターレがいいなと思っていました。見ている人が楽しいと感じられる攻撃的なサッカーをしているチームだったので」

高校生になり、正式にU―18に加入してからは、必死に食らいついていく毎日だった。当時のチームでは、技術もさることながら、運動量やハードワークも重視されていた。中学生までの脇坂は、決して運動量の多い選手ではなかったが、練習からハードワークすることを意識した結果、苦手意識を克服した。

「入ったときは、レベルの高さについていくのが精一杯でした。でも、1年生が終わるころには、かなり自信がついていました」

高校1年生のときから試合への出場機会を与えられたことも自信が芽生えるきっかけになったが、それ以上の転機を迎えたのは高校2年生になった2012年だった。

できるようになる＝できないときがわかる

２０１２シーズンが開幕して間もなかった4月11日、川崎フロンターレのトップチームでは監督交代があった。相馬直樹監督が契約解除となり、23日には風間八宏監督の就任が発表された。

風間監督は「ボールを止めて蹴る」といった基本技術を重視し、トップチームの選手たちに求められるプレーの質と内容は大きく変わった。そうした影響は、下の世代に当たるU—18にも当然、下りてきた。

それからしばらくした夏のある日、風間監督がU—18の練習にやってきた。技術を高めるのはトップチームだけではなく、育成年代から。そう考えていた風間監督は、自身が持つノウハウを育成年代の指導者に伝えると、選手たちにも直接、指導を行った。

「１日限定ではありましたが、風間さんが来て、トップチームと同じメニューの練習を指導してくれました。1年のときにハードワークの部分を伸ばせたのはよかったけれど、自分の良さは技術だと考えていました。風間さんは、その技術を向上させるための指導を行ってくれただけでなく、U—18もその技術をより生かしたサッカーをするようになりました」

クラブのレジェンドである中村憲剛が風間監督から言われたように、脇坂もまた、同じことを言われた。

「それじゃあ全然、ボールが止まっていることにはならないな」

意識して、正確に「ボールを止めて蹴る」を実践し、できたときには「おお！」と褒めてくれた。

「止めることはできているけど、その体勢ではシュートは打てないよね。それは自分がシュートを打てるボールを置く位置じゃないな」

わずか1時間か2時間の指導だったが、脇坂にとっては、目から鱗の出来事ばかりだった。その後はU―18の練習でも、監督やコーチの指導視点が変わり、脇坂の技術はさらに伸びていった。

クラブとして、トップからアカデミーまで一貫した指導方針を確立したこと、またそれを働きかけた風間監督の功績は大きい。一方で、それを自分のモノにしようと、努力した脇坂の姿勢もまた、振り返ったときにプロへの扉を開ける一つになっていた。

「練習前には、対面でパスをする練習をして、ボールを止めて蹴るといったプレーを正確にできるように取り組みました。学校が早く終わって、早く練習場に行けるときは、いつも練習していましたね。グラウンドにちょうどいい壁があったんです。だから、いつもその壁に向かってボールを蹴って、トラップして、というのを繰り返していました」

努力は嘘をつかないとは、よく言ったもので、繰り返していくと、試合でもそれが生かせるようになっていった。脇坂は言う。

「できるようになってくると、逆に〝できないとき〟がよくわかるようになる」

正解がわからなければ、反対になにが失敗なのかもわからない。成功体験を実感するからこそ、これはミスで、どうしてミスが起きたのかを把握することができる。脇坂の技術へのこだわりはより一層、増していった。

U―18では、1年生のときはハードワーク、2年生のときはテクニックと、1年ごとに成長の転機や契機を与えてもらった。3年生のときは、リーダーシップや責任感だった。

3年になり、U―18は今野章（現・U―15コーチ）に監督が代わった。風間の下でトップチームのコーチを務めていた今野は、脇坂をキャプテンに指名した。

「自分はユース年代になってフロンターレに加入した外部の選手です。しかも僕はキャプテンをやるようなキャラクターではないですけど、いいんですか？」

今野に聞くと、こう返された。

「内部とか外部とかは関係なく、プロに近い選手が、キャプテンをやるべきだと思う。今はプレーでチームを引っ張ってくれているけど、キャプテンという責任ある立場を経験することで、さらに成長につなげてほしい」

わずか2年だが、脇坂は川崎フロンターレというクラブを取り巻く環境や雰囲気の素晴らしさを実感していた。高校2年生で初めてトップチームの練習に参加させてもらったときには、先輩であるプロの選手やスタッフが温かく迎え入れてくれた。

それは自分たちの試合でも感じていた。U―18の試合にもかかわらず、多くのファン・サポーターが会場に駆けつけ、応援してくれた。高体連だけではなく、他のJリーグのユースチームと対戦する機会もあり、そのたびに応援の温かさと後押しを強く感じていたのである。

「（U—18に在籍した）3年間で、僕はものすごいクラブ愛を持ちました」

抱いていた「プロのサッカー選手になりたい」という夢は目標になり、そしていつしか、「川崎フロンターレでプロになりたい」という思いに変わっていた。

「4年後に見送り」の意味

結論から先に書くと、脇坂はU—18からトップチームに昇格することはできなかった。

高校3年生になったある日、トップチームの強化本部長を務める庄子春男に呼ばれた。

「トップチームへの昇格は、4年後に見送りだ」

ストレートでU—18から昇格することが叶わず、選手として悔しさはあった。だが、「4年後」に可能性を残す伝え方をしてくれたことがありがたかった。

大学でサッカーを続けた4年後に、川崎フロンターレでプロになれる保証は微塵もない。しかし、それでもクラブは、U—18での活動を終えた時点で、その可能性を閉じることなく、未来を見据えてくれていたことが励みになった。

「その言葉に、見捨てられたわけではないんだなと思うことができました」

実際、クラブは言葉だけでなく、行動でも脇坂の背中を押してくれた。次のプレー先として阪南大学を薦めてくれたのである。U―18の先輩に当たる可児壮隆が、やはりU―18から阪南大学に進み、2014年からプロとして川崎フロンターレに戻ってくることが決まっていた。強化部でスカウトを担当する向島建は、その例を挙げて言った。

「チームや地元を離れることで感じることや、得られるものもあると思う。実際に、可児は大学の4年間で、人間的にも大きく成長した」

その言葉を聞いた脇坂は決心を固め、「一度、練習参加してみたいです」と伝えた。

クラブのサポートは、その際にも感じた。阪南大学の練習参加が決まると、U―18の今野監督と、当時スカウトを担当していた西澤淳二が同行してくれたのである。

そして実際に阪南大学に入学して迎えた関西大学リーグの開幕戦では、今度は向島がわざわざ試合を見に来てくれた。その試合でゴールを決めると、「よかったね」と声をかけてくれた。向島は、その後もスケジュールの合間を縫っては、自分が出場する試合を見に来てくれた。そのたびに、「なにか食べたいものはあるか?」と聞き、食事に連れ出してくれると、自分の現在地や課題などを聞いてくれた。

「試合に来られないときも、建さんは連絡してくれて、近況を確認してくれました。そうしたクラブの対応がうれしくて、フロンターレに戻って、プロサッカー選手になることしか考えていませんでした」

大学2年生で左足第五中足骨を骨折したとき、U―18時代にお世話になったトレーナーに相談すると、すぐに向島から連絡があった。

「ケガしたんだって？　手術をする可能性があるみたいだね。こっちで病院を紹介できるから、戻ってきて診察を受けたら？　すぐに手配するよ」

向島の提案を受け入れ、帰省すると、病院には西澤が顔を出してくれた。

U―18からトップチームに昇格することはできなかったが、大学時代を通じて、脇坂は一度も「見捨てられた」という感情を抱くことがなかった。むしろ、サッカーに、自分の成長に、目を向けることができた。

憧れであり、目標であり、使命にもなった川崎フロンターレへと加入できることがわかったのは、大学3年の終わりに参加したキャンプの帰りだった。

空港に向かう車のなかで、脇坂を送ってくれていた向島が言った。

「うちは泰斗を獲るつもりでいる。他のチームからも練習参加の声はかかっていると思うけど、行かずに、うちに決めてもらいたい」

脇坂の返事は、ずっと前から決まっていた。

「もちろんです」

その2017年12月2日、川崎フロンターレは明治安田生命J1リーグで初優勝した。大学での練習を終えて、その瞬間をテレビで見届けたときは、思わず号泣していた。

「感動して大泣きしました。うれしかったですし、おめでとうとも思ったので、きっと感覚としてはサポーターに近かったのかもしれません。でも、同時に、来年はこの景色のなかに自分も入りたいな、と思っていました」

誰もが、好きになったその日からクラブのファン・サポーターである。脇坂が言うように、クラブ愛の深さは、年月や時間で計るものではないだろう。ただ、クラブを離れてもなお、脇坂が川崎フロンターレへの思いを持ち続けられたのは、彼の強い信念とクラブのサポートがあったからに違いない。

日本一高いハードルを越えていけ

トップチームの選手として川崎フロンターレに戻ってきた2018年、リーグ連覇を目指すチームは、新加入選手も錚々たる顔ぶれだった。

FC東京から、FW大久保嘉人が2シーズンぶりに復帰を果たした。さらに、横浜F・マリノスからはMF齋藤学、鹿島アントラーズからはFW赤﨑秀平が加入した。湘南ベルマーレからは下田北斗、モンテディオ山形から鈴木雄斗、さらに脇坂の同世代では、流通経済大学から守田英正が加わった。

改めてその顔ぶれを見た新体制発表会見では「一から頑張ろう」と身が引き締まった。U―18で培った技術と、大学で養った自信もあり、脇坂の言葉を借りると、練習は「そつなくやれていた」。

ただし、プロ1年目の2018年は、リーグ戦の出場がゼロに終わった。「このままでは試合に出るのは難しいな」とも感じていた。

「体力的にもフィジカル的にも自分は足りていないと実感していました」

同期の守田が開幕戦から途中出場を果たすなど、着実に存在感を示していたため、はやる気持ちもあった。そんななかで、脇坂は決意した。

「このまま続けていても、きっとなにも変わらない。目の前の試合に出場することを目指すのは、一度やめよう」

脇坂が目を向けたのは、自分に足りないと感じている部分だった。選手は往々にして、試合前日は翌日の試合を考慮して、トレーニングの負荷を下げる傾向にある。だが、自分は試合のメンバーに選ばれる選手ではないと、冷静に省みた脇坂は、試合前日であっても、フィジカルトレーニングを行い、身体を強化した。日々の練習後も、残って筋力トレーニングに励み、欠点や弱点の克服に努めた。もちろん、日本一になったチームでも通用する技術をさらに高めつつ……。

そうした取り組みにより、自身の身体に変化を感じるようになったのは、夏を過ぎてからだった。苦手だと感じていた〝強さ〟が身についたことで、練習試合では得点、アシストと目に見える結果を残せるようになったのだ。

練習試合をよく見てくれていた強化本部長の庄子からも声をかけられた。

「泰斗は、（練習場のある）麻生の得点王だな」

練習でも、シーズン当初とは違った感覚を得ることができていた。今度はそれを実践の場＝公式戦で試すだけだった。

それでも簡単に出場機会は巡ってこなかった。川崎フロンターレが4―2―3―1システムを採用して明治安田生命J1リーグで連覇を成し遂げた当時、トップ下を主戦場とする脇坂が、ポジションを争っていたのはクラブのレジェンドである中村憲剛だった。

そのころのインタビューで脇坂が語ってくれた言葉は、今も強烈に脳裏に刻まれている。

「憲剛さんとポジションを争うのはたしかに厳しいですが、その憲剛さんとポジションを争うことができるのも日本で僕しかいない。だから恵まれていると思っています」

そのポジションに絶対的な選手がいるのであれば、違う方法を模索するのも一つの手段である。しかし、脇坂はそこにあえて挑むことで、自分の成長があると信じていた。その姿勢はプロ1年目の2018年を終え、強化部との面談でもしっかりと意思表示した。

「泰斗はこの1年で確実に力をつけてきたから、もし出場機会を求めるのであれば、期限付き移籍先を探すこともクラブとしては考えようと思っている」

脇坂はすぐに首を横に振った。

「いや、僕はこのクラブで試合に出たいですし、少なからず今はこのチームで試合に出られる自信もあります。1年間、積み重ねてきたことを、このクラブで発揮することが一番の喜びだと考えています」

脇坂は「根拠のない自信だったんですけどね」と言って笑ったが、決意の背景には、川崎フロンターレへの思いが確実に存在していた。他のクラブに期限付き移籍して、出場機会を得たからといって、その翌年に川崎フロンターレで試合に出られる保証などどこにもない。憧れが夢になり、夢が目標に変わり、ようやく着ることができたこのユニフォームを簡単に脱ぐわけにはいかない。自分の成長を実感するのは、日本一のチームであり、日本一の先輩と争ってこそだと思っていた。

「やりがいしか感じていなかったですね。自分が目指しているのは、越えなければならないのは、日本一高いハードルでした。ヒデ(守田)は1年目から多くの試合に出ていたので、焦りはありましたが、立ち向かっているハードルの高さが、焦りを抑制してくれました」

2019年4月19日に行われた明治安田生命J1リーグ第8節の湘南ベルマーレ戦で途中出場からリーグ戦デビューを飾ると、第10節のベガルタ仙台戦では初めてスタメンに名を連ねた。続く第11節の清水エスパルス戦では前半終了間際に得点し、初ゴールを記録した。2019年はリーグ戦18試合に出場して5得点と、脇坂は大きな一歩を踏み出したのである。

結果的にチームは3連覇を逃したが、脇坂はそこから存在感を示すと、2020年、2021年はリーグ戦で30試合以上に出場。明治安田生命J1リーグ連覇に貢献した。大学生のとき、一人でテレビを見て、「あのなかに入りたい」と思っていた彼は、歓喜の輪のなかにいた。

「優勝したときに感じたのは、自分たちに目を向けることが大事だということでした。自分たちが積極的にアクションを起こしてプレーできているときは強いけれど、相手の攻撃を受けに回ってしまったときには難しくなってしまう。タイトルを獲れたときは、そうした状況に陥る前に、自分たちからギアを上げていくことができるメンタリティーが備わっていました。シーズンを通して、または試合の時間帯によって、どうしても流れはあるもの。そこで、『行ける』と思ったときに畳みかけることができた」

２０２２年から、中村のトレードマークだった背番号14を自ら望み着けるようになった。その覚悟が示すように、小林悠や家長昭博といった「先輩たちに頼ることなく、自分たちが突き上げていかなければいけない」と未来を語る。だが、脇坂の歩みを見ていて感じたのは、小林も話してくれた「自分に目を向ける」という姿勢だった。

逃げることなく、避けることなく、彼は自分に矢印を向け、成長し続けてきた。「ボールを止めて蹴る」といった技術の高さも、川崎フロンターレの特徴ではあるかもしれないが、それ以上に息づいているのは、個の成長なくしてチームの成長はないという、向上心の塊ではないだろうか。

２０２２年、クラブのYouTubeチャンネルで配信されたある企画では、小林とともに、ファン・サポーターにドッキリを仕掛ける役を担って、スタッフ以上に楽しそうに参加する脇坂の姿があった。

「僕は、そういった企画やプロモーションに参加するのは好きなんですよね。むしろ、進んでやりたいくらいです。しばらくの間、コロナ禍でファン・サポーターと触れ合えず、応援してくれていることへの感謝の気持ちを伝える機会が少なくなっています。だからこそ、スタッフと一緒になって、選手たちもファン・サポーターの目線に立って、みんなが喜んでくれることを考えていきたい。それもまたフロンターレならでは、ですよね」

間違いなくクラブの未来を担っていく選手の一人である脇坂は、川崎フロンターレがなくしてはいけないものとして3つを挙げた。

「プロモーションを担うスタッフたちが考えるユーモア」

「ファン・サポーターの温かさ」

「選手たちから周りの人たちへの感謝の気持ち」

それは創設26周年を迎えた川崎フロンターレの土台である。そこに脇坂の歩みを見て、勝手ながら、もう一つ加えさせてもらいたい。

「選手が自分に矢印を向け続ける姿勢」

クラブ愛を育むのに年月や時間は関係ない。ならば、クラブの伝統を受け継ぐのも年月や時間ではない。脇坂の言葉を聞いて、なおさらそれを確信した。

第7章

「365日まちクラブ」への挑戦

第7章の証言者

谷田部然輝（やたべ・ぜんき）

大学生のときにアルバイトを経て、川崎フロンターレ入社。ホームタウン推進室、チケット、グッズ担当の業務などを経て、管理部プロジェクト担当シニアマネージャーに。これまでに「フロンタウンさぎぬま」設立や等々力のメインスタンド改築など多くの施設開発に携わり、2023年3月オープンの「Ankerフロンタウン生田」の担当も務める。

岩永修幸（いわなが・のぶゆき）

スポーツ誌の記者・編集者などを経て、2005年に川崎フロンターレへ入社し、試合運営担当に。並行して、等々力陸上競技場のメインスタンド改築プロジェクトで中心的な役割を担い、現在はタウンコミュニケーション事業部ホームタウン担当、等々力リーダー、施設横断リーダーなどさまざまな肩書きで活躍。

吉田明宏（よしだ・あきひろ）

1964年5月11日生まれ。1988年に富士通入社。総務人事本部リスク管理推進室長、総務・リスクマネジメント本部長兼川崎工場長、東京オリンピック・パラリンピック推進本部長など要職を歴任し、2021年10月より副社長として川崎フロンターレへ。2022年4月、代表取締役社長に就任した。

証言 19

谷田部然輝

Zenki Yatabe

365日、フロンターレの存在を感じてもらうために

「フロンタウンさぎぬま」が拠点として果たす意味

Jリーグのクラブが1年間でホームゲームを開催するのは、わずか20日程度である。むしろ、365日のうちたったの20日程度しかない、と言い換えたほうがいいだろう。

2022年の川崎フロンターレの日程を見返してみても、ホームゲームは明治安田生命J1リーグが17回、JリーグYBCルヴァンカップが1回だった。サッカー協会が主管となる天皇杯の2回を含めても、やはり20日しかなかった。

クラブが〝ホームゲーム〟というプロモーションで勝負できるのは、1年のうち、たっ

たの20回ということになる。残る345日、もしくは365日の1年中、いかにして町の人たちに川崎フロンターレの存在を感じてもらうか。

普及――「広く一般に行きわたること、また、行きわたらせること」とある。その普及活動に、管理部のプロジェクト担当として、事業面で大きくかかわってきたのが谷田部然輝である。

「ホームゲームでは、年間20日しか町の人たちと触れ合うことはできませんが、町に拠点を作ることで365日、クラブを感じてもらうことができ、なおかつクラブのPRもできる。クラブが拠点を持つことは、ランドマークとしての意味合いも大きいと思っています」

大学時代にアルバイトとして川崎フロンターレで働きはじめた谷田部の気づきは、ワールドカップが自国で開催されるとあって盛り上がりを見せていた2002年にあった。

その年、クラブは「FOOTBALL TOGETHER」のスローガンを掲げ、「スポーツ文化の振興」を推進し、「市民、選手、スタッフ、スポンサー、そしてサポーター、すべての人とともに歩むクラブ」としてリスタートしていた。その一環として、サッカーを〝見る人〟だけでなく、〝やる人〟も増やそうという話題が上った。

そこで企画されたのが、川崎球場（現・富士通スタジアム川崎）を活用して開催された「ローソンカップ」だった。クラブはサッカーとフットサルへの理解者を増やすことを目的とし、川崎市サッカー協会と川崎フロンターレの共催により、ローソンの協賛を得て大会を実施。谷田部は同大会のスタッフに抜擢されると、開催に向けて尽力した。自国でワールドカップが開催される効果もあって、このローソンカップは200チーム以上が参加する大規模な大会として、大成功を収めた。

「企画したローソンカップは、競技としてはフットサルの大会でしたが、そこで一つ、サッカーだけでなく、フットサルもビジネスとして成り立つことを知りました」

ちょうどそのころ、川崎市宮前区にある鷺沼プールが、施設の老朽化やレジャーの多様化による採算性の悪化により、廃止が決定した。鷺沼プールは、川崎市上下水道局が管轄する鷺沼配水池上部の有効活用として、長く市民に親しまれてきた施設だった。

「川崎市の水道局の方から、鷺沼プールが閉館すると聞き、その跡地を使ってフットサル施設を展開してはどうかという提案をされました。すでにローソンカップを開催していたこともあり、点と点が線でつながる感覚がありました」

当時から働いていた多くのスタッフが、商店街を中心とした地域への広報活動を行っていたように、谷田部も商店街をはじめとする町の人たちと触れ合い、クラブにとって地域の大切さや、クラブが地域に認知されることの重要性を理解していた。そのため、「ローソンカップ」だけではなく、他の企画を実現する際には、女性をターゲットにしたサッカースクールも発案し、クラブとして展開していた。また、子どもたちを対象にしたイベントでも、川崎市内を飛び出し、長野県でキャンプを行う企画を実施するなど、クラブは幅広い層に目を向けはじめていた。

「長野県でのキャンプでは、のちにアカデミーで育って、トップチームでもプレーした可児壮隆くんが参加してくれていたり、女性向けのサッカースクールに参加してくれていた方が、今もサポーターとしてチームを応援してくれていたりと、普及活動によってクラブの認知を高める方法や手段があることに気づきはじめ、自分自身も興味や魅力を抱くようになりました」

二子玉川駅周辺の再開発により、当時あった「ミズノフットサルプラザ二子玉川」が２００６年で閉鎖されることも決まっていた。上司に相談すると、同沿線にある鷺沼プール跡地でフットサル施設を運営するのは、クラブにとっても好機になるかもしれないと、背中を押された。他のJリーグクラブでは、すでに清水エスパルスがフットサルコートの運営を行っていた事例もあり、当時の社長だった武田信平にも提案すると、ゴーサインが出た。

こうして川崎フロンターレの拠点の一つとして、２００６年4月に、「フロンタウンさぎぬま」はオープンした。

「住民説明会では、ナイター設備を設けて夜遅くまでスポーツをするとあって、当初は騒音や治安の問題を懸念される方もいました。でも、今ではそうした方たちがウォーキング教室に参加してくれたり、施設でのお祭りに協力してくれたりと、最大の理解者であり、協力者になってくれています」

このフロンタウンさぎぬまの運営に際して、川崎フロンターレが意識したのは次の三つだ。

□スポーツ施設として利益を出すこと。
□居心地のいい空間であること。
□地域のスポーツ拠点になること。

利益については、2006年4月のオープンからずっと黒字が続き、売上は1億5000万円にも上るという。居心地のいい空間としては、ただフットサルのコートを建設するだけでなく、クラブハウスにはシャワーブースや更衣室を設置するなど、環境面や衛生面にも配慮した。フットサル施設ながら、可動型完全個室のベビーケアルームを設置しているのも、さまざまなユーザーのニーズに応えるための気配りである。施設ではフットサルだけでなく、ストレッチ教室やヨガ教室、さらにはグラウンドゴルフ大会なども催され、地域に住まう老若男女にとっての憩いの場であり、スポーツの拠点として機能している。

「難しいのは、身内が施設を使えば使うほど、売上は上がらないということ。その調整が大変でしたけどね」と谷田部は笑うが、フロンタウンさぎぬまができて、アカデミーがスクールを開催できるようになったことこそが、クラブにとって最大の利点だった。

日本代表の守護神としてカタールワールドカップに出場した権田修一は、小学生時にはさぎぬまSCに所属していたが、中学生になるとFC東京の育成組織でプレーするようになった。一方、川崎市宮前区出身の三笘薫や田中碧もさぎぬまSCに所属していたが、彼らが川崎フロンターレのアカデミーに加入し、トップチームにたどり着いた。その背景には、フロンタウンさぎぬまの存在が大きい。

「フロンタウンさぎぬまができる前までは、地域に優秀な選手がいても、違うチームを選択してしまう子どもも多かったんです。しかし、三好康児や板倉滉、三笘や田中と、アカデミーからトップチームに昇格した選手たちの多くがこの施設を使ったことがあるように、鷺沼にクラブの拠点ができた影響はあったと思います。それは、子どもたちに限った話だけでなく、その地域で生活する人たちに365日、フロンターレを感じてもらえるきっかけにもなっています」

ファン・サポーターに「アハ体験」を

谷田部は担当者としてフロンタウンさぎぬまの創業に携わっただけでなく、2005年からはチケット担当、2009年からはグッズ担当としても、さまざまな施策に関わってきた。数々の集客プロモーションを手がけてきた天野春果や、営業部の部長として多くの企画に参画してきた井川宜之と同じく、担った事業を挙げればキリがない。

「チケットやグッズも担当してきましたが、施設面では、等々力陸上競技場のメインスタンドの改築にも携わりました。なかでも、個人的に印象に残っているのは、『iTSCOM

ファミリーシート』です。自分も子どもがいるのですが、試合を観戦するときに、子どもたちを一時的に託児室に預ける選択肢しかなかったことに疑問がありました。子どもたちが遊んでいる後ろで、親が試合を観戦することができる環境があればいいなと」

2015年に完成した等々力陸上競技場のメインスタンド改築にあたっては、プロ野球の広島東洋カープがホームとする「Mazda Zoom-Zoomスタジアム広島」や、東北楽天ゴールデンイーグルスが拠点とする「楽天生命パーク宮城」の視察に赴き、それぞれのバラエティーシートを参考にした。だが、ウッドデッキのバルコニーのようなスペースで子どもを遊ばせながら、広い座席で家族がゆったり試合を観戦できるファミリーシートは、「川崎フロンターレ、等々力陸上競技場のオリジナル」だと、谷田部は胸を張る。

「実現にいたるまでの過程は大変でしたが、『等々力陸上競技場の全面改修を推進する会』も賛同してくれて、クラブの特徴である市民、ファン・サポーターを巻きこむ形で、実際にファミリーシートを作ることができたのでうれしかったですね」

他にも川崎フロンターレは、メインスタンドの改築においては、座席と座席の間に設置する通路の間隔にもこだわった。東京ドームなどでは約20席置きに通路が設置されているが、それでは出入りが困難になるため、改築されたメインスタンドは約8席間隔で通路を設置するなど、工夫を凝らした。そのため、収容人数は当初の1万人想定から6983席に減ったが、すべては利用する側の目線に立ったためだった。

また、グッズを担当していた際には、「三角」と「丸」に苦労したという。谷田部の言う「三角」とは、デザイン的に洗練されていて〝格好いい〟と受け取られるものだという。一方で「丸」とは、デザイン的に万人受けするものだという。

「〝三角〟と〝丸〟の判断には、いつも悩んでいました。個人的には『格好いい』という言葉にはトラウマすらあります(笑)。なぜかというと、周りの評価として格好いいと言われるものほど、実売につながらなかったりするからです。一方、こちらが売れると予想していなかったものが、数字的に伸びたりするんです」

そのなかで、クラブがこだわってきたのが、コンセプトだった。なかでも毎年、大きな注目を集めるユニフォームを例に語ってくれた。

「たとえば、ヨーロッパのサッカークラブでいうと、ACミランやマンチェスター・ユナイテッドといったチームは、毎年、それほどユニフォームの大きなデザイン変更やイメージチェンジは行っていないですよね。フロンターレも伝統と格式のあるクラブになるためには、そうあるべきだと言われたこともありました。でも、クラブとしては、そのユニフォームを見たときに、『あの年』と思い出せるユニフォームがいいのではないかと思い、パートナー企業であるPUMAさんとともに、デザインについても相談してきました」

代表的なところとしては、2011年のユニフォームに、川崎生まれの芸術家・岡本太郎が書いた「挑」を組みこんだデザインを採用したことだろう。クラブ創設26周年を祝った2022年のユニフォームが、お風呂のタイルからインスピレーションを受けたデザインになっているのも、まさに時代やシーズンを思い出してもらえるパーツになっている。

2016年に『宇宙強大』のイベント開催に合わせて発売したリミテッドユニフォームも同様だ。デザインに宇宙服のモチーフが盛りこまれ、いつ、なんの企画のものだったかを思い出すことができる。2021年のリミテッドユニフォームのデザインに、『かわさき水道100周年』を記念して、蛇口から流れる水をグラフィックに用いたのも同様である。

「コンセプト作りは一番、大変な作業ではありますが、それがなければしっくりこない。クラブとしても、個人としても、ファン・サポーターの人たちに〝アハ体験〟をしてもらえることがうれしいんですよね」

グッズを担当していた人間らしく、2017年に明治安田生命J1リーグで優勝した際に、中村憲剛が掲げた風呂桶のシャーレがその好例だと話してくれた。

クラブは集客プロモーションを実施するうえで地域性、社会性、話題性、そしてユーモアの4つのテーマを掲げてきたが、グッズや、それこそ施設にもその哲学は生かされていた。

「その4つの考えは、あらゆるところでクラブのアイデンティティーになっていると思います」

これもまた谷田部が担当し、2020年に誕生した「FRO CAFE」もまさにその一つである。

カフェが生み出すパートナー企業との新しい関係

2020年春、武蔵小杉駅からすぐの場所にオープンした川崎フロンターレ初の常設オフィシャルカフェ「FRO CAFE」のコンセプトも、クラブの代名詞である「ダジャレ」から着想している。

「ニューヨークのカフェと聞くと、どこかオシャレなイメージがあるじゃないですか。そのニューヨークと、フロンターレの『フロ』から風呂の入浴を組み合わせたところから、コンセプトにできないかと考えました。そこで、『ニューヨーク風』かつ『入浴風』の設計コンセプトで、カフェを表現することにしました」

時期的には、東京・日本橋にオープンした「Pokémon Café」やメルセデスベンツの「Mercedes me」といったコンテンツカフェが流行りはじめていたころだ。担当するグッズが右肩上がりで売上を伸ばしていたこともあり、さらにアクセルを踏むために、グッズショップに付随したカフェを考案した。クラブとしては初めて展開する飲食店だった。

「通常のJリーグクラブのパートナー企業は、看板を出す広告形式が一般的ですよね。でも、フロンターレではイベントでも相互に協力してアイデアを出し合っているので、カフェがあることで、また違った展開もできるようになると考えました」

その一例として挙げてくれたのが、パートナー企業の一つであるJAセレサ川崎とのコラボメニューである。川崎市内でイチゴの生産者が増えていると聞き、期間限定で川崎産のイチゴを使ったパンケーキを販売した。これまたパートナー企業の一つであるマルコメとは、「第4のお肉」として注目を集めるソイミートを使ったコラボメニューを販売した。他にも、東日本大震災後、交流が続く陸前高田市が、農業復興のシンボル及び地域ブランド米としての確立を目指しているお米「たかたのゆめ」を用いたおにぎりを、これまた期間限定で販売した。

「カフェをやることで、パートナー企業とのリレーションにおいて、新たな選択肢が生まれてきた感覚があります」

プロモーションや営業と同じく、人と人、もしくは企業と企業をつなげる戦略だった。

谷田部は言う。

「今までは、ホームゲームを開催する20日間しか、クラブをPRする機会はありませんでした。しかし、クラブがいくつも拠点を持つことで、まだまだ限られた人だけかもしれませんが、365日、ずっとクラブを感じてもらえる環境を届けられるようになってきました。それはパートナー企業についても一緒で、ホームゲームの開催日だけPRするのではなく、日常においてもフロンターレというクラブを接着剤にして、ファン・サポーター、地域の人たちに届けることができるんです」

クラブ創設から26年が経ち、市内に川崎フロンターレの拠点はますます増えている。川崎市中原区にホームスタジアムである等々力陸上競技場、そして「FRO CAFE」、宮前区には「フロンタウンさぎぬま」、麻生区にはトップチームが練習する「麻生グラウンド」がある。また、川崎区にある「富士通スタジアム川崎」は、川崎フロンターレが東急コミュニティと共同で指定管理者として運営する施設である。さらに2023年3月から一部利用が開始される予定になっている「Ankerフロンタウン生田」は、アカデミーの拠点として多摩区に建設される施設である。高津区には、川崎フロンターレの事務所があり、生田の新施設の誕生で、市内の7区中6区に拠点ができることになる。

「クラブとしては、フロンタウン構想を掲げていて、さらに町中にフロンターレを感じられる場所を増やしていこうと考えています」

フロンタウン構想については、次に登場するタウンコミュニケーション事業部ホームタウン担当の岩永修幸に詳しく語ってもらうとしよう。谷田部には、現在進行形で手がけ、2023年に利用がスタートするAnkerフロンタウン生田について聞くことにする。

鷺沼に続いて生田にも。新たなフロンタウン

Ankerフロンタウン生田は、フロンタウンさぎぬまと同様、川崎市上下水道局が管轄していたもので、元は浄水場用地であり、廃止を受けて川崎フロンターレがスポーツ施設として有効利用し、2023年より供用を開始する。

人工芝のサッカーグラウンドが2面に、テニスコートが6面、さらには体育館も完備される。すべての施設が完成すると、公園、多目的グラウンド、病院、保育施設、学童施設、カフェ、コインランドリーと、地域のさまざまな人たちが利用できる憩いの場になる。

川崎フロンターレは、ここをアカデミーの拠点として活用していくことになる。アカデミーはこれまで、川崎市内の各グラウンドを転々としていたが、Ankerフロンタウン生田を拠点することで、各カテゴリーがそろって同じ施設で練習することも可能になる。クラブとしては近年、続いているアカデミー出身選手を、さらにトップチームへと輩出していく機運として大いに期待されている。

「Ankerフロンタウン生田も、町づくりの一つだと考えています。アカデミーの拠点としてだけでなく、川崎市民の幸せにつながるような施設にしようと、具体的な施策やアイデアを盛りこんでいきました」

Ankerフロンタウン生田も、川崎フロンターレがクラブとして指標とする地域性、話題性、社会性をふんだんに取り入れた「フロンターレらしい施設」になっている。

まずは「地域性」。この施設は川崎フロンターレだけが利用するのではなく、体育館はBリーグの川崎ブレイブサンダースが使用することになっている。川崎ブレイブサンダースもアカデミーの活動においても使用する方向で調整を進めており、実現すれば日本初となるJリーグとBリーグのアカデミー拠点になる。

また、アテネオリンピックの体操団体総合の金メダリストである水鳥寿思が代表を務め、フロンタウンさぎぬまでも体操教室を開いている水鳥スポーツクラブが、ここでも教室を実施する予定だ。人工芝のグラウンドもテニスコートも含め、子どもから大人まで、地域にかかわる人たちが、スポーツに触れ合う場所として活用されていくことになる。まさに地域性を網羅した施設といえるだろう。

次に「話題性」においては、前述した日本初のJリーグ・Bリーグ合同のアカデミー拠点になることもさることながら、練習後の選手たちに提供される食事が特徴的かつ魅力的だ。監修に迎えたのは、管理栄養士としてJAXAに勤務し、宇宙飛行士の栄養管理などを担ってきた港屋ますみ。彼女は公認スポーツ栄養士としての資格も持ち、幼稚園をはじめとする給食事業でも実績がある。アカデミーに所属する選手の食事だけでなく、保育施設や学童施設においても活躍していくことになりそうだ。

最後の「社会性」はどうか。主にアカデミーが使用することになる人工芝のグラウンドは、天然素材由来の充填剤を用い、また施設には太陽光パネルを設置するなど、こちらも環境に配慮した取り組みをしている。それだけではなく、公園や多目的グラウンドは、災害時の一時避難場所としても活用でき、地域や市民の安全・安心を守る役割も担う。

まさにホームゲームを開催する20日間ではなく365日、川崎フロンターレを感じてもらえる施設であり、子どもからお年寄りまで地域の人たちが集まる拠点になる。

「ファンやサポーターにも、ライフステージが変わる時期は必ず訪れます。たとえば、女性ならば妊娠・出産したタイミングが一つですよね。それまでは毎試合、トップチームの応援に来てくれていた人が、そうしたタイミングでスタジアムに来られなくなってしまうことがあるかもしれない。男性だって子どもが生まれ、その子が習っているスポーツの試合と、トップチームの試合が重なって、スタジアムに足を運べなくなってしまうかもしれない。そうしたライフステージの変化によって、川崎フロンターレとの接点が切れてしまうのではなく、Ankerフロンタウン生田のように、町のなかでさまざまな形で、常にフロンターレとのつながりを作っていくことができればと考えています。そうなれば、いつかまたライフステージが変わったときには、スタジアムに足を運んでもらえる日が来るかもしれないので」

初めてスタジアムを訪れるきっかけがさまざまなように、スタジアムに戻ってくるきっかけや時期もさまざまでいい。デートでも、子どもと一緒でも、定年退職したあとでもいい。そのために、心のなかにずっと川崎フロンターレがあり続ける環境を作る。

20日を365日にするために、クラブが続けてきた、そして続けていく普及活動でもあった。

谷田部自身も、大学4年生だった2000年にアルバイトとして川崎フロンターレで働きはじめ、ホームタウン、チケット、グッズと各部署に携わるなど長くチームがタイトルを獲れなかった時代を走ってきた一人である。2017年にチームが明治安田生命J1リーグで初優勝したことで、変化はあったのだろうか。

「それまでは優勝したいという思いで、みんながみんな同じベクトルを向いていました。

あの頂上に登りたいと思い走り続けて、ようやく尾根を登り切ったと思ったら、その先にまた途方もない道が続いていることに気がつきました」

やっとの思いで頂上にたどり着き、裾野を見渡してみたら、まだまだ広大な土地が広がっていた。それは果てしなく、終わりなき道とでもいえばいいだろうか。

川崎の人たちに365日、フロンターレを感じてもらう構想は、まだ始まったばかりだ。

証言20

岩永修幸

Nobuyuki Iwanaga

道路や水道、学校と同じ「なくてはならないもの」に

地域ネットワークをつなげるコーディネーター

行政と企業、企業と地域、そして地域と人をつなげるコーディネーターとでも言えばいいだろうか。それはサッカークラブとして地域に根ざしてきた〝川崎フロンターレ〟にしかできない事業かもしれない。

川崎フロンターレが目指す〝365日のまちクラブ〟を推進していく業務を、「タウンコミュニケーション事業部」という部署で担っているのが、岩永修幸だ。

「構想自体は、何年も前から頭のなかで思い描いていて、事業部長の熊谷（直人）とも話をしていたのですが、まずクラブ各拠点を束ねて前身となる施設事業グループを作ったのが2018年。そこに市内各地域担当を抱えるプロモーション部隊も巻きこんでタウンコミュニケーション事業部とし、本格的に活動をはじめたのは2021年からになります。それまで、試合の運営担当をしながら、等々力陸上競技場のメインスタンド改築などスタジアムづくりをやってきましたが、それは部署としてではなく、プロモーション部、営業部などのメンバーが横串で並ぶプロジェクトでした。今後、スタジアムも含めたさまざまな拠点を生かして町とのつながりを強化していくうえで、より協力・発展できるよう、タウンコミュニケーション事業部という一つのグループになりました」

社外だけでなく、横串でつながっていた社内の連携をさらに強化していくことで、クラブの活動を滑らかにし、より膨らませていくこともできる。「ホームタウン担当」「等々力リーダー」「施設横断リーダー」などさまざまな肩書きを持って活動している岩永は、そう話すと、一枚の紙を取り出して、活動の概要を説明してくれた。

「クラブを人の体で表したとき、〝顔〟になるのが、トップチームの存在であり、試合になります。試合は非日常空間と呼ばれることもありますが、ホームゲームは年間20日程度しかありません。しかも、場所はホームスタジアムである等々力だけ。それ以外の345日や等々力以外ではなにもしなくていいのかと言うと、決してそうではない。だから、日常の喜びを作り、市民に提供していかなければならない。それこそが地域に密着した活動を続けてきた、僕ら川崎フロンターレの役割であり、使命だよね、と」

顔が、トップチームであり、トップチームが開催する試合とするならば、体の部分を構成する〝ボディー〟としては、どんなものが挙げられるのか。

スポーツを通した環境作りだった。

U―10、U―12、U―13、U―15、U―18で構成されるアカデミーがその筆頭であり、随時開催しているサッカーやフットサルのスクール、教室が当てはまる。また、学校で行っている体育の授業における巡回指導、さらには川崎市サッカー協会との連携により行っている指導者や選手の育成もその一つだ。

等々力陸上競技場をはじめ、麻生グラウンド、フロンタウンさぎぬま、富士通スタジアム川崎がある富士見公園、武蔵小杉のFRO CAFE、2023年に供用がスタートするAnkerフロンタウン生田など、川崎市全域に広がりつつある拠点もまた、川崎フロンターレを構成するボディーになる。

サッカーを中心としたスポーツの力を生かして市民の喜びを育み、町を活気づける。それが、クラブが創設されてからの26年間で、顔や体を確実に整え、肥やしてきた川崎フロンターレの〝立ち位置〟だ。

一方で、クラブはスポーツ以外の活動として、数々の地域貢献活動も実施している。

2009年にスタートし、今なお継続している「算数ドリル」の作成は、教育分野での貢献になる。「川崎フロンターレと本を読もう！」という事業は文化活動。「ブルーサンタ」

活動に代表される病院への慰問や「多摩川〝エコ〟ラシコ」の清掃活動などは社会貢献だ。

とはいえ、これらの活動は年1回の開催であったり、対象者が小学6年生や入院患者に限定される側面もある。「もっと、誰もが日頃から触れられる活動を増強していくことが大事」。増加したクラブの活動拠点を今まで以上に各地域のハブとすることを目指した。

そして、日本全国同様に川崎でもまだまだ、「スポーツ」を声高にうたっても興味を持たない人は多いため、ボディーにはプラスアルファが必要と考えた。健康事業はもとより、文化事業、地域と人々のつながり、つまりは、みんなの日常の居場所づくり……これらを重視し、クラブスタッフたちの目線をそろえることに取り組んだ。

目先の利益よりも大切な市民との「タッチポイント」

タウンコミュニケーション事業部の「施設横断リーダー」である岩永は、横串でつながっていた、もしくは部署ごとに分かれていた各プロジェクトにおいて、クラブの全員が「一番大事にすべき指標をちゃんと統一」して連携を強化することが必要だったと語る。

まず、社内に目を向けると、例として挙げてくれたのが、拠点の一つである「フロンタウンさぎぬま」だった。フロンタウンさぎぬまは以前、営業部に所属していた。部の特性を考えると、会議をすればどうしても数字ばかりに目がいきがちだ。極端な例だが、黒字か赤字かの視点で見たとき、仮に赤字が続けば、事業から撤退する方向に行きかねない。

ただし、岩永は言う。

「でも、クラブの人間は、たとえ赤字だったとしても、施設をやめることに〝異〟を唱える人が多数でしょう。たとえばフロンタウンさぎぬまであれば、達成すべき目標は、お金を稼ぐことだけではなく、フロンターレに触れる人の数を増やしていくことにあるからです。施設運営で指標に据えるべきは、クラブと市民のタッチポイントを設けて〝潜在的な支援者〟の数をいかに増やせるかです」

これまた、極端な例ではあるが、フロンタウンさぎぬまを、1日100万円で貸し切りたいという企業があったとする。ただし、使用するのは10人だとする。一方で同日に、地域の人たち90人が1人1万円ずつを出し合い、90万円の予算でお祭りをやりたいと申し出たとする。単純に経営を考えれば、10万円の差額が出る企業に貸すほうが理に適っているのだが、クラブは地域の人たちとのタッチポイントを増やすことを重視しているため、後者に貸すことを選択するという。

要するにフロンタウンさぎぬまは、クラブに目先の利益を生み出すためだけに存在しているわけではないということである。

「フロンターレに触れて暮らす人たちを増やしていくことで、しっかりとした土台を築くことができる。拠点が目指すのは、そういった活動です。年間約20日しか開催できない試合以外の場面で、さらに拠点や地域活動を生かしていこうという考えを持っています」

２０１１年の営業収入は約33億円で、Ｊ１リーグのなかでは11位でしかなかった川崎フロンターレは、約10年間で大きな飛躍を遂げ、２０２１年の営業収入は約70億円と、Ｊ１リーグのなかでも１位の実績を残すクラブへと成長した。しかし、岩永は言う。

「Ｊ１でもトップレベルの営業収入を誇るクラブにはなりましたが、約40％がトップチームの人件費になります。それを考えると、大型のショッピングセンターなどには負けてしまうくらいの事業規模でしかない。やはり、自分たちだけでできることには限界がある。そのために行政や企業と連携して、さまざまなことに取り組んでいく必要があるんです」

そのためにクラブは「かわさき〝フロンタウン〟構想」を打ち出した。

「各拠点や地域活動の方針を統一して、行政や企業と連携を図り、もっと、もっと大きな渦を作っていく。スポーツに限らず多くの市民に触れてもらえる各種事業を３６５日展開し、市民からの『このまちにフロンターレがあって、よかった』という声を増やしていこう、という考えを書きまとめ、手法も併せてクラブ内で提案したんです」

クラブとしての目線に立つと、川崎フロンターレに触れる人が増えれば、後援会の会員増が見こめる。それはクラブの顔であるトップチームの試合への集客にも効果がある。また、各拠点の売上増にも結びつき、最終的にはクラブの利益にもつながっていく。

かわさき〝フロンタウン〟構想は、川崎フロンターレが思い描く〝３６５日のまちクラブ〟化に向けた考え方である。

行政・企業との連携が〝365日のまちクラブ〟の肝

岩永は、20代前半のころ、ドイツで生活していた時期があった。小・中学校のインターン教師とスポーツライターの仕事をしながら、町のスポーツクラブでもサッカーをプレーしていた。それだけに、ヨーロッパにおけるサッカー文化やスポーツ文化を目の当たりにしてきた。その経験をふまえて日本の歴史や文化、環境を考えたうえで、「これからのサッカークラブは試合だけじゃない」という思いを持っている。川崎フロンターレに入社後は10年間も、試合運営の責任者をしていたというから、これまた興味深い考え方だ。

「興行をするだけのクラブではなく、まちのクラブになっていかなければいけないということは、ずっと考えていました」

川崎フロンターレが〝365日のまちクラブ〟を目指していくなかで、「自分たちだけでできることには限界がある」と語り、そのために「行政や企業と連携していく必要がある」と話してくれたが、まずは〝行政〟との連携手法について聞いた。

行政との協力体制は、今日の川崎フロンターレを築いていくために欠かせない項目の一つであり、今後も重要なパートナーであることに変わりはない。

「これもたとえばですが、スポーツ団体が行政への提案としてやってしまいがちなのは、我々フロンターレだとしたら、『サッカーを普及したいからグラウンドを使用させてください』とか、『グラウンドの利用料を減額してください』という伝え方です」

〝サッカーのため〟は、行政側の立場になって考えてみると、〝サッカーだけのため〟に聞こえてしまう。これでは行政も首を縦に振ることはできない。そのため、川崎フロンターレでは、その大枠に付加価値をつけ、意味を見出す。「川崎市（＝地域・市民に寄り添う存在）の計画を、ともに推し進めていくクラブ」として、地域とともに活動をするのだ。

「クラブの意向を行政にぶつけるのではなく、行政や地域の思いをクラブが受けとる。つまり、ベクトルが逆なんです」


川崎市に幸区という地区がある。幸区は町内会加入率が市内全7区でトップだが、近年は高齢化が進み、活動の担い手が不足してきている傾向にあるという。そこで幸区は、川崎フロンターレに地域コミュニティーの再興を手伝ってくれないかと、サポートを依頼した。クラブは、地域コミュニティーの再興につながる若い力を取りこむための企画を提案することができる。提案内容が結果的にサッカー教室を開催することになったとしても、そこには、若い力を呼びこむ地域活動という社会的価値が埋めこまれている。

たとえサッカーと関係のない取り組みになったとしても、クラブは地域に住む人たちとのタッチポイントを増やせる。また、行政は、川崎フロンターレにサポートしてもらうことで、地域を活性化することができる。企画にはパートナー企業を巻きこむこともできるため、地域性、社会性、話題性、そして収益も創造することができるのだ。

行政との関係性において、別の具体例として興味深かったのは、2009年からホームゲーム時にスタジアム周辺で開催しているお祭り「川崎フロンパーク」だった。

2005年にJ1リーグに再昇格してから、右肩上がりで観客動員数が増えた。それに比例して等々力陸上競技場の周辺に住む人たちからの苦情も多くなっていった。その苦情の多くは、「うるさい」または「サッカーに興味がないから迷惑だ」といった声だった。

フロンパークは、そうした〝興味がない人たち〟を〝興味がある人たち〟へと変えていくのに大きな貢献を果たしていた。

クラブからのフロンパーク実施の相談に対して市からは当初、都市公園条例に基づき、貸出対象外エリアを占有するような形での催事はNGとの回答があった。しかし、クラブはもともと、試合チケットを所有する人たちだけのためにフロンパークを実施する意向はみじんもなく、あらゆる人に楽しんでもらえる催事にしようと考えていた。交渉は足かけ3年にも及んだが、クラブの意図に共感した市側の公園責任者がついに承認し、フロンパークがスタート。ほどなくして地域からの苦情は劇的に減ったという。

なぜなら、フロンパークにはサッカーに興味がなかった人たちも楽しめる空間が広がっていたからだった。

「興味がなかったものが、触れられるものになったことで、興味があるもの、楽しいものに変わってくれたんです。近くに住む方のなかには、チケットは持っていないけど、孫が遊びに来たからフロンパークに連れてきたと言ってくれた人もいました。また、フロンパークでは川崎市の特産品をＰＲ、販売する企画や、あるときは鉄道車両を展示したり、過去には川崎大師名物の風鈴市を開催するなど、文化に触れられる企画も実施しています。その風鈴市を行ったときには、おじいちゃん、おばあちゃんたちが、たくさん来ていました。聞くと、フロンターレの試合があることなんてみんな知らなかった。それでもどこかで見聞きして、集まってくれるんですよね。私はフロンパーク実施の許可を取りつけただけですが、プロモーション部などが生み出す企画が当たって、まさに、『フロンターレがあってよかった』と思える空間を作り出せているように思います。もし、フロンパークがチケット購入者のみに開かれた催事だったら、絶対にここまでの広がりにはなっていないですから」

条例上ＮＧだったはずのフロンパークはいつしか、行政から「公園の活性化事業を行いたいのでフロンパークの備品を貸してほしい」とクラブに相談がくるほど、認められたものになっていった。

年々、行政との連携が強化されている背景の一つには、クラブがホームスタジアムとして使用している等々力陸上競技場の〝使い方〟もあるのだと、岩永は話してくれた。

「スタジアムでは、これまで突拍子もない企画をいくつも行ってきましたが、常にクラブが意識してきたのは、どんなことをしようが〝ちゃんと使って、ちゃんと返す〟ということ。スタジアムを使用したあとは、ちり一つ残さないくらいにゴミを拾い、きれいにして、元通りのスタジアムを返却する。その積み重ねが、川崎市からの信頼を勝ち得た結果につながっているように思います」

　プロモーション部が大胆な企画を実現すべく、川崎市に許可を取りにいった際にも、むげに拒否されることなく承認が下りてきたのは、クラブの姿勢と蓄積があればこそだった。

日本のクラブだからできる「つながり活用術」

　川崎フロンターレは、2022年に川崎市と「SDGsに関する協定」を結び、その際に発表した「かわさきこども食堂ネットワーク」への支援では、ロッテ、マルコメ、ドールといったパートナー企業も食品の提供等で協力をしている。フロンターレは行政と企業を結びつけるハブとしても機能している。

　このような民間企業とのつながりを、かわさき〝フロンタウン〟構想において今後どのように考えているのか。行政の次は、民間企業との連携手法について岩永に聞いた。

「クラブがここまで築いてきた活動、地域とのつながりそのものを〝財産〟として生かしていこうと考えています。これまでのつながりをひもといていくと、山のように、それこそ書き切れないほど多くの糸や輪が見えてきました」

　地域においては、幸区の事例を挙げたように、各地域のコミュニティーや町内会などとのつながりを築きあげている。

ほかにも、警察、消防、学校、幼稚園、保育園、病院、公園、さらに省庁では文部科学省、国土交通省、経済産業省などとも関わりがある。パートナー企業も、大手企業から地元の中小企業、商店街の個人商店まで多岐にわたる関係性を持っている。

また、各地域との交流があるように、それぞれの地域の活動や、さらには各地域が抱えている課題にも明るい。活動例としては、地域の体操やお祭りであり、課題例としては多文化の共生や活用されていない地域施設などがある。

パートナー企業がなにかに取り組みたいとき、なにかをPRしたいときに、川崎フロンターレがハブとなり、それらのつながりすべてを活用することができるのだ。

「試合や選手という強み以外にも、クラブが築いてきた関係を生かして事業化していきましょう、という提案ができるんです」

これの具体例としては、タウンコミュニケーションパートナー契約を締結した企業の一つであるサントリーウエルネス株式会社との取り組みがある。「セサミンEX」をはじめとする健康食品や美容商品を販売している企業である。

同社の脚サプリメント「ロコモア」の商品チームから、「日本を世界で一番歩ける国にする」というブランドビジョンのもと、従来の通販以外にも直接顧客の脚づくりに役に立てる場を作りたいという想いを聞いた。

ならば、その想いを形にするために、川崎フロンターレが企画を練ろう。そう考え、地域の人たちが参加する企画を実施し、社員たちが消費者のリアルに触れる機会を作った。

フロンタウンさぎぬまや富士見公園で、ロコモアのユーザーをはじめ、地域のシニア層が参加するポールウォーキング教室を通年開催。健脚促進を図るとともに、教室後には同社社員と参加者がお茶をしながら気軽に語らえる場を作った。ちなみに参加している高齢者からは「運動するきっかけができた」「毎回、ここに来るのが楽しみ。やっと自分の居場所が見つかった」といった声が聞かれるという。また、企業と企業を結びつける手法でテレビ番組も制作。この番組は、宮前区×同区全町内・自治会連合会×フロンタウンさぎぬまの地域催事「みやまえご近助ピクニック」がコロナ禍で中止になった際、さぎぬまの支配人である浦野珠里が、フレイル防止のため少しでも体を動かす機会を、ということで提案して始まったテレビ番組「みやまえご近助体操」が前身。浦野からの呼びかけに、ケーブルテレビ局のiTSCOMが無料放送枠を毎日用意してくれた。番組オープニング曲の部分は、町内会の方々がたくさん登場する映像になっている。区長、市長も出演する番組だったが、区の予算が続かなくなったところで、サントリーウエルネスが提供社になり、「かわさきご近助ロコ体操」が誕生した。区提供期の最終回では、市長自らが同社提供の番組を告知・宣伝してくれた。まさにクラブが軸となり、企業と自治体、そして地域の人たちのことを思い、つなげた活動だった。しかも、サッカーは一切、関係がないのだから、サッカークラブという枠組みを超えた好例と言える。

さらにサントリーウエルネスとは、高齢者を対象にした「健康長寿フェスタ」も実施、同社はPRブースや足裏・姿勢測定会を行った。他にも、認知症専門病院でオンラインの脳トレ・体操会を実施。市内5つの高齢者施設では、同社が推進する「Be Supporters!」に参加した。これは、サッカーの応援を通じて、いくつになってもカラダもココロも動かして〝ワクワク〟する参加型プロジェクトである。

「クラブと関係各所の相関図を書いてみると、地域をはじめ驚くほど多くの人たちとの友好関係があることに気づかされます。たとえば病院での体操会が実現したのは、病院職員の方が日頃からフロンタウンさぎぬまの利用者で、フロンターレの活動に好意的だったからです。そうした関係性を築くことができたのも、地域に根づいて活動してきたからこそ。サッカー以外でのつながりの広さと太さは、イングランドやドイツにもない、日本独自のもの、日本のオリジナルだと思っています」

ヨーロッパにおけるサッカーは、文化として根づき、多くのクラブが100年以上の歴史を誇っている。イングランドではフットボールがステイタスとして確立されている。ドイツでは地域の施設でスポーツをすることが生活の一部になっている。Jリーグはプロ化してまだ30年であり、ヨーロッパに追いつこうと日夜、励んできた。世間から認められるために、スポーツ以外にも積極的に取り組んだ。気づけば、その30年の歩みのなかで、「日本、それもJリーグのクラブだからこそ、できること」が生まれ、〝財産〟になっていた。確実に日本スポーツ界の文化を築きつつあることが、川崎フロンターレの活動を通じてしっかりと見えてくる。Jリーグの理念にある「豊かなスポーツ文化の振興及び国民の心身の健全な発達への寄与」、そして川崎フロンターレの理念である「広く一般の人々へ、スポーツの機会を提供し、交流の拠点となる」という考えに基づき導かれた、結実の形だ。

なくてはならない存在に。それが「かわさき〝フロンタウン〟構想」

2022年11月8日、クラブのオフィシャルウェブサイトでは、次のようなタイトルのリリースが発表された。

「等々力緑地再編整備・運営等事業における落札者の公表について」

内容は以下の通りだ。

「川崎フロンターレは、東急株式会社を代表企業とするグループの一員として、川崎市が公募した『等々力緑地再編整備・運営等事業』に係る総合評価一般競争入札において、落札者として選定されました。本事業は、川崎市が策定・改定した『等々力緑地再編整備実施計画』に示す、『新たな等々力緑地の目指すべき将来像の実現』を目的としています」

これは川崎フロンターレがホームスタジアムとして使用している等々力陸上競技場の改築工事だけでなく、スタジアムを含む都市公園「等々力緑地」全体の再編整備に大きく関わっていくことを意味し、その後の運営維持管理にも、クラブが携わっていくことになる。

また、川崎市が発表した等々力緑地再編整備実施計画には、改築される等々力陸上競技場は球技専用スタジアムになり、2015年に完成したメインスタンドと合わせて、

3万5000人規模にすることも記されている。

「スタジアムづくりについては昨今、〝スマート・ベニュー〟と言われる周辺のエリアマネジメントを含む、複合的な機能を組み合わせたサステナブルな交流施設が打ち出されていました。要するに多機能複合型にして、スタジアムではコンサートも開催し、ショッピングセンターなども併設することで、施設の稼働日を増やすという考え方です」

しかし、日本のエンターテインメント業界で、大規模な集客を見こめるアーティストは限られている。日本中にそうしたスタジアムが増えたとすれば、バッティングすることにもなるだろう。しかも、サッカーのホームゲームが年間20日程度なのと同様に、音楽イベントで使用される日数も限られている。また、大型ショッピングモールがあることで利益が出る構造であれば、スタジアム併設でなくとも、あちこちに建設されているはずだ。利益を生み出すには、その地域の人口や環境も大きく影響してくる。

そのため、川崎フロンターレも参画して行われる等々力緑地再編整備では、地域から365日求められるスタジアムの価値を追求していくことが検討されている――すなわち道路や水道、学校などと同じく、その地域で暮らしていくために「なくてはならない存在」であり、「あるべき存在」――。

地域に暮らす人々を豊かにするとともに、川崎市におけるスポーツの聖地とでも言えばいいだろうか。

「メインスタンドを改築するときから、川崎市の陸上競技協会は理解を示してくれているのですが、再編整備にあたっても、川崎市の大会のために、決して規模は大きくはなくていいので、陸上競技場が一つあることが望ましいという考えを示してくれました。そのため、等々力緑地内には、収容人員5000人以上の陸上競技場の建設が計画されています。市の陸上協会の方たちも、我々と同じで常々、地域やスポーツ界が盛り上がってほしいという気持ちに変わりはありませんとおっしゃってくれているので、本当に感謝しています。そのうえで、現在の等々力陸上競技場は、球技専用として3万5000人規模のスタジアムを目指していくことになります」

また、スポーツの聖地と表現したのは、等々力陸上競技場が改築され、球技専用スタジアムとして生まれ変わるだけでなく、Bリーグの川崎ブレイブサンダースが利用しているとどろきアリーナも園内で移転、再整備されるからだ。完成すれば川崎市をホームタウンとする二つのプロスポーツクラブが試合を開催する公園になる。

プロスポーツクラブの興行だけでなく、川崎市の学校に通う生徒たちが行うさまざまな競技の大会が、今まで以上に等々力緑地で開催されることになるだろう。スタジアムだけがある閉ざされた空間ではなく、川崎市で生活する人たちが集まり、触れることのできる場所になる。365日、等々力緑地は市民の憩いの場として機能するのである。

繰り返しになるが、まさに道路や水道、学校と同じく、川崎のまちにとって〝なくてはならない存在〟と言えるだろう。

そしてまた――川崎フロンターレも、その道路や水道、学校と同じく、川崎のまちにとって〝なくてはならない存在〟を目指していく。それが「かわさき〝フロンタウン〟構想」であり、「365日のまちクラブ」の思い描く光景だ。

岩永は言った。

「きれいごとに聞こえるかもしれませんが、Jリーグが開幕してまだ30年。Jリーグにも、フロンターレにも創設時のメンバーが残っていますが、そうした人たちがいなくなった10年後、20年後、クラブを次の世代が担うようになったとき、そしてさらに次の世代へと移り変わっていくときに、残っているものがクラブの〝骨〟なのではないかと思います。そのとき、たとえばA～Gまであったフロンターレの活動のうち、AとBは消えて、新たなHやIが追加されているかもしれません。それでも残っているC～Gが、きっと骨の部分。その残ったなかに、かわさき〝フロンタウン〟構想が含まれていればうれしいですね。できれば、次世代が時勢に合わせてバージョンアップしてくれれば、さらにうれしい」

Jリーグ開幕から30年が経ち、岩永が「顔」と表現したサッカーの特徴も、クラブによってさまざまなスタイルが構築されている。同様に、ピッチ外も含めてクラブが大切にするアイデンティティーやカラーも、多種多様になってきている。

「フロンターレは地域と一緒にやってきたクラブで、その力のすごさを僕自身も感じ、今もなお感じています。これからも、そこを大事にしながら、これまで以上に地域とともに歩んでいけるクラブになりたいですね」

川崎フロンターレの主語はいつも、「川崎のまちのため――」にある。

証言21

吉田明宏

Akihiro Yoshida

川崎フロンターレは地域のインフラになりたい

同じアスリート、同僚として応援したJ参入

「おい、吉田。これやっておけよ」

サッカー部に所属する先輩社員から、仕事を投げられた。その先輩は午前中の業務を終えると、いそいそと練習に向かっていった。

当時は心のなかで、こう思っていた。

「えーっ、またかよ……」

2022年4月8日に、川崎フロンターレの代表取締役社長に就任した吉田明宏は、も

ともとアメリカンフットボール（以下、アメフト）の選手だった。１９８８年に富士通株式会社に入社すると、富士通フロンティアーズの選手としてプレーしていた。平日のアメフトの練習は水曜日の午前中だけで、主な活動は休みの土日、もしくは祝日だけだった。一方でサッカーは、月曜日から金曜日まで午後は毎日練習し、土日は試合や遠征に出掛けていく。そのサッカー部とは、当時ＪＳＬ（日本サッカーリーグ）に所属していた――川崎フロンターレの前身――富士通サッカー部だった。

「今はもうなくなってしまいましたが、私が入社した１９８８年に、川崎市中原区に富士通の運動部寮ができました。そこにアメフトと、サッカーと、陸上部の選手たちが住んでいたんです。職場も富士通の川崎工場で、ほとんどの選手が総務や勤労といった管理部門に配属されていました。私たちアメフトの選手たちは、平日の練習は水曜日の午前中だけでしたが、サッカー部は午後になると毎日、練習に出掛けていく。私たちが仕事を終えて寮に戻ったときには、もうサッカー部の選手たちは帰ってきていて、食事をすませている。当時のサッカー部はＪＳＬの２部でした。一方のアメフトは、１９８７年に日本社会人１部リーグに昇格し、強くなってきていました。１９９２年には東日本社会人選手権の『パールボウル』で準優勝したように、東京ドームがいっぱいになるくらいの会場で試合をしたこともありました。会社のために働いている時間、チームとしての成績も含めて、会社への貢献度は自分たちのほうが高いんだ、と思っていたこともありました」

そう言って吉田は笑うが、１９９３年にＪリーグが開幕し、遅まきながらも１９９７年に、富士通サッカー部がJリーグ参入を目指すことになったときには、同じアスリート、または同僚として応援した。

「Jリーグが創設されたときにはプロ化を表明しなかったので、遠巻きに難しいのかもしれないなと思っていましたが、サッカー部の方々の情熱と、Jリーグにチャレンジしたいという意欲が会社にも伝わり、機運が高まっていったころには、一緒にやってきたアメフト部の人間としても純粋にうれしかったですね」

そのとき、富士通サッカー部はチーム名も新たに川崎フロンターレとしてスタートすることも知った。まさか時を経て、自分がその川崎フロンターレの代表取締役社長に就任することになるとは、当時は露も思っていなかったことだろう。

30歳でアメフトの選手を引退した吉田は、２００１年に「Fujitsu America, Inc.」に出向すると、5年間をアメリカで過ごした。赴任した年の9月には「９・11」と呼ばれるアメリカ同時多発テロ事件を経験。その際にも感じたが、駐在期間中にはリスクマネジメントやコンプライアンスの重要性を学んだ。帰国後、２００８年には自ら提言して、総務人事本部リスク管理推進室長を務め、その後は総務本部長、サステナビリティ推進本部長として、昨今のSDGs（持続可能な開発目標）へとつながるサステナビリティ経営にも取り組んだ。

２０２０年に東京でオリンピック・パラリンピックが開催されることが決定し、富士通がトップパートナーとなり、さらにシステムも担当していたことから、２０１９年には総責任者として、同社の東京オリンピック・パラリンピック推進本部長に就任した。

「富士通からオリンピックに出場する選手も多数輩出していましたし、ＪＯＣ（日本オリンピック委員会）との連携、日本陸上競技連盟、日本バスケットボール協会、日本体操協会など、さまざまな競技の連盟や協会とかかわり、スポーツ団体がどういうふうに成り立っているのか、スポーツの世界とはどういうものなのかを垣間見ることができました」

２年という期間ではあったが、世界的なスポーツの祭典に、仕事として携わった経験は、川崎フロンターレの代表取締役社長に就任する際にも、理解として大きな力になった。

コロナ禍により東京オリンピック・パラリンピックの開催は２０２１年になったが、転機はその業務の完遂が見えてきたころだった。

しっかりと足場を築いたものは、そう簡単に崩れることはない

「富士通はジョブ型人材マネジメントを採用しているため、ステップアップするためには、空いているポジションに手を挙げて、プレゼンテーションが評価されて、次のポジションを自ら勝ち取らなければならないんです」

吉田は、そう教えてくれた。

東京オリンピック・パラリンピックが開催された２０２１年の夏だった。富士通の代表取締役社長の時田隆仁に呼ばれると、今後についての話になった。吉田は、自分の次の業

務についていくつか提案をしたが、そのどれもが首を横に振られた。そこで逆に提案されたのが、川崎フロンターレの次期代表取締役社長のポストだった。

「わかりました。ぜひ、お願いします」

吉田は即答したが、社長は異を唱えた。

「ならば、なぜ自分が川崎フロンターレで仕事をしたいのか説明して、こちらを納得させてほしい」

会社から提案された役職を引き受けようとしていただけに、逆に提案しなければならない事態に戸惑うところもあったが、会社からは2週間の時間を与えられた。

吉田は、当時、川崎フロンターレの代表取締役社長を務めていた藁科義弘のもとを訪ねると、クラブの中長期計画をはじめとする資料をもらい、川崎フロンターレの歩み、Jリーグの現状、さらにはヨーロッパ各国リーグの構造などなど……さまざまな視点から考察を重ねた。

「その2週間は、ほぼ徹夜でした(笑)。クラブが指針としているJリーグ百年構想がどういうものなのか。そのなかで川崎フロンターレはどんなことを行ってきたのか。また、地域密着を掲げた活動を続けてきた次のステップとしてはどうすればいいのか。プレゼンでは、ヨーロッパにも目を向け、ドイツの〝スポーツフェライン〟の考え方、すなわち地域の学校も含め、子どもから大人までが共通して活用することができるスポーツクラブの形についてなど話をしました。ここまで地域密着をモットーに活動してきたのならば、それをさらにスケールアップする方向性についても、とうとうと語りました」

プレゼンの場には、富士通の社長や副社長、さらには人事担当と、そうそうたる役員が並んでいたが、吉田のプレゼンは一蹴された。

「我々もフロンターレが地域密着を大切にして活動してきたことは見てきているので知っている」

そのうえで、こう言われた。

「なぜ、フロンターレをイングランドのマンチェスター・ユナイテッドにしますと言わないのか」

求められていたのは、地域に密着していくことにより、地域の文化としてクラブが存在するだけでなく、営業力や収益においても、ありとあらゆる分野で世界を目指せるサッカークラブになることだった。

前任である藁科からの引き継ぎもあったため、2021年10月からまずは川崎フロンターレの副社長を務め、翌年4月から社長に就いた。プレゼンをするために、川崎フロンターレの歩みをひもとき、武田信平が行ってきた改革や施策、引き継いだ藁科の功績なども実感したが、その際に強く感じたのは、親会社である富士通のスタンスだった。

「富士通の社長と話していて感じたのは、投資に対する回収としての配当を川崎フロンターレに期待しているのではなく、地域の人たちとサッカーファンに夢を与えていくことで、富士通を含めたスポンサーそのものの価値を最大化することでした。だからこそクラブ創設から26年もの間、見守り続けてきたんだと思います。川崎フロンターレというクラブを企業としての業績だけで評価しているのであれば、武田さんが地域密着を方針として成果を挙げていたとはいえ、優勝という結果を出せないのであれば、体制を変更する、もしくはクラブを売却するといった結論にいたっていても、決しておかしくはなかったわけです」

富士通が川崎フロンターレに期待していたのは、結果よりも地域にいる人たちの夢や幸せだった。振り返ると、自身が選手として活躍した富士通フロンティアーズも同じだった。１９８７年に日本社会人リーグ１部に昇格したが、川崎フロンターレと同じく何度も準優勝に泣いていた。１部リーグで優勝したのは２０１４年であり、１９８５年の創部から約30年もの間、富士通はフロンティアーズを存続させ、活動を支え続けてきたのだった。

「結果が出るまで会社は30年もの間、耐え続けてくれたんですよね。その結果、今やフロンティアーズはこの9年間で7度も日本一になるチームになりました。駅伝を筆頭に陸上部も、多数のオリンピアンを輩出した女子バスケットボール部も同様です。スポーツで足場を固めるには、何事も20年くらいの年月がかかるもの。その代わり、しっかりと足場を築いたものは、そう簡単に崩れることはない。自分自身もアメフトで経験しているように、フロンターレも、事業、強化を含めてブレることなく足場を築いてきたから、今日があることを感じました」

クラブとして絶対に忘れてはいけないもの

社長に就任してからは、その足場を築いてきた武田とは、頻繁に会話を重ねて、アドバイスをもらっているという。

「武田さんには、行政の方々から商店街の方々まで、フロンターレを支えてきてくれたいろいろな人たちを紹介してもらっています」

先駆者たちの意志を受け継ぎ、自らも川崎市内の商店街へと足を運んでいる。

「大師駅前商栄会の石渡（孝明）さんや星野（義孝）さんをはじめ、フロンターレが勝てなかった時代から応援してくれる人たちの話を聞き、どんな気持ちでフロンターレを応援してきてくれたのかを実感しました。一方で、商店街に行き、端から端まですべての店舗に挨拶していくのかと思っていたのですが、今ではところどころ、関係性が途絶えてしまっていたり、新たに関係性を築くことができていなかったりするお店もありました。経営者としてドライな話をすると、川崎市内にも大型施設が増えてきている今、商店街との関係性を維持していても、それほど多くのチケットの売上は望めないかもしれません。しかし、フロンターレが大切にしていかなければならないのは、そういうことではなく、商店街の人たちの思い。そこは絶対に忘れてはいけないと考えています。自分自身もそれを再認識するために、商店街に足を運んでいます」

まだクラブの人気や知名度もなく、スタジアムが閑散としていた時代を知るスタッフたちは、地域から応援されるようになったありがたみや感謝を痛いほど知っている。一方で、今や60人以上が働く企業になったように、ここ5～6年で若いスタッフも多くなっている。クラブ内にも、かつての川崎フロンターレを知らない世代が増えているのである。

「クラブとして絶対に忘れてはいけないものを、若い世代に知ってもらうためにも、まずは自分が足を使って、それを示さなければならないと考えました」

社長に就任した吉田は社員に、「昼食代を支給するから、川崎市内の商店街に行ってランチをしてくるように」と命じた。その際には、「必ず自分の名刺を置いてくるように」とも伝えた。しばらくして自らも商店街に行き、食事をすると、店主から「この間、誰々が来てくれたよ」と話しかけられた。

「『ありがとうね』って、うれしそうに言ってくれたんですよね。お店にとっても売上としてはたいした額ではないのに、私たちがお店に顔を出したことを喜んでくれている。商店街の人たちは、フロンターレがタイトルを獲り、強くなった今、見捨てられていってしまうといった思いを抱いていたかもしれません。でも、フロンターレの思いはそうではないということをわかってもらいたかったんです」

クラブが築いてきた伝統や哲学をしっかりと受け継ぎつつ、これからの川崎の町、これからの川崎フロンターレのために、新たなことにトライしていく。

「2022年の新体制発表会見でもお話しさせていただいたのですが、フロンターレは地域のインフラになりたい、と。水道や電気と同じように、このまちにフロンターレがなければ生きていけない、フロンターレのない川崎市はつまらないと思ってもらえる存在を目指していきたいと考えています。目指すのは、川崎の人たちにとっての生きがいになるようなクラブです」

たとえ100年の歳月がかかっても

タウンコミュニケーション事業部の岩永修幸は「道路や水道、学校」と言い表したが、吉田は「電気や水道」にたとえ、川崎フロンターレは地域のインフラを目指すと語る。

「そのために、等々力陸上競技場に来てもらうだけでなく、フロンタウンでは健康事業を展開して、たとえばですが、高齢の方々がワンコインでウォーキングができたり、おじいちゃんおばあちゃんがうちの若いスタッフと会話を楽しむような環境を築いていければと思っています。その横では、子どもたちがサッカースクールに参加していて、ウォーキングしたあとのおじいちゃん、おばあちゃんたちが子どもたちを応援している。その子どもたちのなかには、〝未来の三笘薫〟がいる。そんな世界を描いていくことができればと」

その一つが、タウンコミュニケーションパートナーの契約を締結したサントリーウエルネスとの健康事業だろう。詳しくは岩永が紹介してくれたが、吉田は「ウェルビーイング

（身体的・精神的・社会的に良好な状態にあることを意味する概念）でフロンターレがなければ困るような環境を作りたい」と話す。

「クラブは創設してまだ26年ですが、地域にそうした環境を築くには、ヨーロッパのサッカー文化と同様、100年はかかると見ています。たとえば、Jリーグができたころに20代中盤から後半だった人たち、ちょうど私の世代になりますが、その年代の子どもが社会人になり自分で働き、稼ぐようになり、自らシーズンチケットを購入し、スタジアムに足を運んでいたり、はたまた子どもを連れてくるようになってきています。3世代目となるその子どもたちに、さらに子どもができ、『うちはおじいちゃんの代からフロンターレを応援しているんだよ』と、『フロンターレには三笘薫というワールドカップで活躍したすごい選手が小学生時代から所属していたんだよ』と、語れるようになって、本当の意味で、初めてフロンターレは地域に根づくことができたと言えると思っています」

　川崎市が100年後にどんな色になっているのかを想像すると、吉田はワクワクするという。

「町のあちこちが、フロンターレのカラーで染まっている。そんな世界観を想像していま す。それにはやっぱり、100年という単位の時間が必要だと思っています」

　そのために〝今〟からできることに、川崎フロンターレはチャレンジしているのだ。

経済の輪を広げる「FRO経済圏」構想

富士通に勤務していた時代には、サステナビリティ推進本部長を担い、環境経営、リスクマネジメントやコンプライアンスを推進してきたように、吉田は川崎フロンターレでもより「ESG」の観点から経営基盤を強化しようと考えている。

「ESG」の、EはEnvironment＝環境、SはSocial＝社会、GはGovernance＝管理の頭文字であり、透明性のある組織であり経営を遂行し、地域をはじめとする外部に対しては、スポーツ業界が遅れていた「SDGs」を率先して発信していこうとしている。

「フロンターレが行ってきた一つひとつの活動を見ていくと、すべてが『SDGs』につながっていた。今までそれを対外的に発信していなかったので、しっかりと整理して可視化していこうと、社内で話しました」

第2章で井川が語ってくれた「第1回かわさきSDGsランド」がその一つである。

「『SDGs』という旗があることによって、さらに仲間が増えていきます。たとえば、スタートアップのようなリソースが潤沢でない企業だから世の中にインパクトを与える企画や提案が難しいという相談があれば、フロンターレを活用してもらい、『SDGs』の旗頭のもと、一緒に取り組んでいくことができます。この仕組みは、企業にとっても、クラブにとっても、WIN—WINになると考えています」

川崎フロンターレを中心にして、パートナー企業とパートナー企業を結びつける、もしくはパートナー企業と行政を結びつける。「かわさきこども食堂ネットワーク支援」はその最たる例だった。

「これを『FRO経済圏』と呼んでいます」

FRO経済圏――フロンターレを使ってもらいながら経済の輪を広げていく施策である。

「フロンターレを応援してくれているパートナー企業はたくさんいますが、そのみなさんの顔はピッチを向いていて、我々のサッカーを応援してくれています。その企業の方々の顔を横に向かせて、隣にいる企業と企業をマッチングさせ、ビジネスを作っていく。そのつながりとつながりを作っていくのが、我々の役割。最終的にはフロンターレがかかわらずとも企業同士がつながり、ビジネスが生まれたら、それこそフロンターレの価値の証明になりますよね。『かわさきこども食堂ネットワーク支援』は、一つひとつの会社では実現できないことを、集まることで具現化することができました。食品を提供してくれるロッテ、マルコメ、ドール、さらに食品を届けるには物流が必要になるためヤマト運輸が、また、保管場所やシステム面では富士通が協力してくれています」

川崎フロンターレはスポーツクラブであり、製造や食品を生業としている企業ではない。だが、その中心に立ち、それぞれを結びつけることでビジネスや地域の課題解決に取り組んでいく。

今後、ＦＲＯ経済圏を拡大していくことが、川崎市のためになり、地域の人たちの豊かさや幸せにつながっていく――。

吉田は言う。

「人生を豊かにする〝推し活〟は必要ですよね。サポーターと食事をして、話を聞く機会もあるのですが、個人的には、クラブや人を応援するという行為には相当な覚悟が必要だということを改めて実感しています。その人たちが、自分の収入や時間を費やして、なんのために我々を応援してくれているのか。それはきっと、その人の生活や心を豊かにしているからだと思っています。その人にとって、フロンターレが生きがいや心を豊かにする対象であることが、私たちも、そして選手たちも一番、うれしいのではないかと思っています」

やらなければいけないことは、たくさんある

２０２２年の国内リーグ終了後、川崎フロンターレはタイとベトナムに遠征し、アジアツアーを行ったように、その目はアジアにも向いている。

ただし、最大の狙いは、「ＡＣＬ（ＡＦＣチャンピオンズリーグ）に勝ちたい。そのためにアジアに出て戦うことで、選手たちに環境に慣れてもらいたかった」と、吉田は話す。

「クラブの収入を増やすことが目的だとみる人も多いのですが、パートナー企業の多くに費用や経費をサポートしてもらい実現できたように、アジアツアー自体では、利益を生み出すにはいたりません。そのため、1番の目的はACLに勝つための施策でした。2番目としては、ベトナムでサッカースクールを展開していますが、その事業の拡大にありました。現在もベトナムにはコーチが二人ほど駐在していますが、今後はさらに指導者を派遣する、選手を留学させるなど、活動の幅を広げていきたいと考えています。この取り組みは、アカデミーで優秀な選手を育てていくという狙いとともに、サッカーの裾野を広げたいという考えがあります」

アジアツアーを行った理由の3つ目は、Jリーグが強化するアジア戦略も含まれていた。特にASEAN（東南アジア諸国連合）では、サッカーは爆発的な人気を誇っており、昨今はJリーグの中継も広がっている。ASEANでも特に人気なのはイングランド・プレミアリーグだが、同じアジア圏であるJリーグの試合を見てもらう普及の意味合いもあった。

吉田が川崎フロンターレの社長に就任して、まもなく1年になろうかとしている。自身が組織のトップになり戦った2022シーズン、チームは悔しくも無冠に終わった。

逆転でのリーグ優勝を信じて、2022年11月5日に行われた明治安田生命J1リーグの最終節では、アウェイの味の素スタジアムに向かったが、FC東京に3―2で勝利するもタイトルを手にすることはできなかった。

「（FC東京との）最終節は、退場者を出しながらも選手たちが頑張って戦ってくれ、最後は勝利することができ、ファン・サポーターの応援の力も感じて非常に感動しました。でも、翌日、ふと冷静になると、だんだんと悔しさがこみあげてくるんですよね。それも、じわじわと。自分もアメフトに携わっていたときには、2014年に優勝するまでずっと、フロンターレと同じくシルバーコレクターだったので、負けたときの悔しさは痛いほどわかるんです。その悔しさのなかで、またこうした生活が始まったんだな、と身に染みて感じました。同時に、やらなければいけないことがたくさんあるなと思いました」

クラブの創設時を知る中西哲生と食事をしたとき、「サッカーとアメフトは違う」と説明された。

「サッカーはストレスのスポーツだと教えられました。サッカーはなかなかゴールが決まらず、ストレスが溜まるけれど、その思いがゴールや勝利の瞬間に爆発する。だから、かつては世界中の生活が苦しい人たちが抱えている鬱憤やストレスを解消してくれる競技として、これだけ世界に広まっている、と」

Jリーグの調査では、スタジアムでのサッカー観戦は1回ではなく、3回、4回目以降から劇的に観客が定着するというデータが出ている。それは実際に吉田も同じだった。

「フロンターレの一員としてサッカーを見るまで、正直、サッカーのすごさの秘密はわかりませんでした。アメフトは基本的に点を取り合う競技なので、バスケットボールなどと同じく1点の重みが異なり、得点シーンではそれほど高揚感やアドレナリンが上昇する感覚はないんです。でも、サッカーはずーっと拳をにぎっているような状況がほとんど。だからこそ、ゴールが生まれた瞬間にボルテージが跳ね上がって、選手も、ファン・サポーターも、スタジアムも感情が爆発して、高揚感で一つになる。他にたとえられない、人生のなかでも経験できないようなスポーツだと思います」

元アスリートだけあって、タイトルを逃した悔しさも含めて、ふつふつと熱いものが湧き出している。3万6000人規模の球技専用スタジアムとして生まれ変わる新たな拠点の完成は、2030年を予定している。

自分が見るたびに川崎フロンターレの虜になっていったように、3回、4回とスタジアムに足を運んでもらい、熱を帯びていく人たちを地域に増やしていけるかどうか。

100年先を見据えて進めていくフロンタウン構想、FRO経済圏を含め、地域のインフラになるための歩みは、まだ始まったばかりだ。

川崎フロンターレが絶対に忘れてはいけないもの――その主語が「川崎のまちのため」にあるように、勝って愛されるではなく、「愛されて勝つ」365日まちクラブの戦いは続く。

おわりに

まずは本書の執筆に際して、全面的に協力いただいた川崎フロンターレに感謝の言葉を伝えたいと思います。

川崎フロンターレの協力と調整なくして、本書の実現はありえませんでした。それぞれ長時間に及ぶ取材に対応してくださった武田信平元代表取締役社長や吉田明宏代表取締役社長をはじめとするクラブスタッフのみなさまには、厚く御礼申し上げます。

また、自治体の長である福田紀彦川崎市長、パートナー企業である川崎信用金庫の草壁悟朗会長、地域密着のシンボルである大師駅前商栄会の石渡孝明さん、星野義孝さん、OBスタッフとしてトヨタアルバルク東京の恋塚唯さん、さらにはサポーターとして登場してくれた川崎華族の山崎真さんには、貴重なお時間を割いて、外から見てきた、もしくは見た川崎フロンターレのお話を聞かせていただき、多角的にクラブを知る機会になりました。

中西哲生さん、向島建さん、伊藤宏樹さん、中村憲剛さんといったOBの方々、現在トップチームに所属する登里享平選手、小林悠選手、脇坂泰斗選手にも、貴重なエピソードとともにクラブへの思いを語っていただきました。

個人的にも23人にも及ぶ取材をもとに書籍を構成するのは初の試みでした。取材の調整や内容の構成においては、クラブ側の調整に尽力していただいた熊谷直人さん、小学館クリエイティブの担当である寺澤薫さんを筆頭に、多くの方の配慮と励ましによって、なんとか形にすることができました。

思い起こせば、本書の取材をスタートさせたのは春から夏に季節が変わろうかという時期でした。皆様には四季をまたいで協力いただき、誠にありがとうございました。

この場を借りて、改めて感謝の言葉を申し上げます。

すべての原稿を書き上げたとき、取材させていただいたすべての人たちに、川崎フロンターレというクラブとのストーリーがあったように、自分と川崎フロンターレの接点はどこにあったのかを振り返りました。

「サッカーを片手ではなく、両手で扱えるような人になれ」

サッカーメディアの仕事を夢見て、雑誌の編集者として働き始めたばかりだった自分に、当時は川崎フロンターレの選手だった中西哲生さんが授けてくれた言葉でした。

川崎フロンターレが創設して間もなかったころ、取材を通じて知り合った中西さんは、駆け出しだった自分に対しても、丁寧に対応してくれ、取材後も懇意にしていただきました。最初は中西さんを見るために、川崎フロンターレの試合を取材に行く。そして気がつけば、川崎フロンターレを知っていく。まさに私自身が、中西さんが考えていた思考や行動のもと、川崎フロンターレの魅力を知っていった一人でした。

前述の言葉は、そんな若かりし自分に、中西さんが贈ってくれた言葉で、その意味をずっと考えながら今日まで続けてきました。

そして、本書の執筆に当たって話を聞かせてもらった人たちは、それぞれ立場は異なるものの、すべての人が大切なものを〝両手〟で扱っている人たちでした。

所属する選手やチームの強化に携わる人たちは、もちろん競技であるサッカーを、事業に携わるクラブスタッフは、サッカーと地域を、そしてクラブを支援する人たちは、地域とクラブを――。

携わる人、関わる人が、大切なものを両手で扱っているからこそ、川崎フロンターレは〝勝って愛される〟クラブではなく、本書のタイトルにもあるように、〝愛されて勝つ〟クラブになったのではないか。

そう思ったとき、中西さんから贈ってもらった「サッカーを両手で扱う」という言葉の意味にも気づかされました。

それはすなわち、サッカーという競技の軸であり、その先にある〝人〟を大切にするということだったのではないかと――。

川崎フロンターレは、サッカーを通じて、地域に暮らす人々の心を豊かにしたい、幸せにしたいと、両手で扱ってきたから今日の姿があるのではないでしょうか。

本書では、創設から今日にいたるまでの川崎フロンターレというクラブの取り組みを、さまざまな人たちの証言をもとに構成させてもらいましたが、クラブが取り組んできた活動はこれでもごく一部に過ぎません。26年の軌跡には、書き切れないほどの細かい活動や、目に見えない働き——そうした積み重ねが、今日の成長につながっています。

証言者として登場してくれた人たちと川崎フロンターレとのストーリーも一部であるように、ファン・サポーターの人たちの数だけ、川崎フロンターレとの物語もあるのだろう。ぜひ、本書を読み終えた際には、仲間うちで、川崎フロンターレと自分たちのタッチポイントの話やエピソードに花を咲かせてもらえれば幸いです。

それがきっと、スポーツが文化になり、クラブがさらに地域に根づいていく一歩になることを願って——。

原田大輔

本書に記載されている内容やデータは
2023年1月時点のものです。

2017年、明治安田生命J1リーグ初優勝を果たした選手たちが、クラブスタッフが用意した「風呂桶」を掲げると、スタジアムは大盛り上がり。

初優勝後、川崎市主催で行われた優勝記念パレードでは、川崎駅周辺に約5万人もの観衆が集まった。

1998年3月13日、川崎フロンターレと、川崎大師のごりやく通り商店会の初めての交流会が行われた。のちに続く商店街回りや、地域密着の歴史はここから始まったと言える。

海外のクラブの取り組みから着想した「算数ドリル」の制作（右）や、選手が水色のサンタクロースに変身し、小児科病棟を慰問する「ブルーサンタ」（右下）、選手たちと一緒に多摩川の河川敷を清掃する「多摩川“エコ”ラシコ」（左下）などは、長く継続しているクラブの大事なホームタウン活動。

試合日にスタジアムの外が地域のお祭りのようになる「川崎フロンパーク」はいつも多くのファン・サポーターや地元の人々で賑わう。

話題を集めるプロモーションイベントの数々を実施。2012年には等々力陸上競技場のトラックをフォーミュラカーが走った。

フロンパークが大いに盛り上がる陸前高田ランド恒例の「餅まき」イベントの様子。当日は試合開始の数時間前からたくさんの人々が集まる。

スタジアムはもちろん、さまざまなイベントに登場するマスコットのふろん太（左）とカブレラ（右）は地域の人気者だ。

2003年に中央大学から加入し、司令塔としてプレーした中村憲剛は、ピッチ内外でクラブの顔として18年間にわたり活躍した。2020年の引退セレモニーには、試合のない平日開催にもかかわらず、1万人以上のファン・サポーターが集まった。